프리즘

* 일러두기

- 책에 등장하는 인명, 지명 등은 국립국어원 외래어 표기법을 따랐지만, 일부 단어에 대해서는 관련 분야에서 주로 사용되는 표기법에 따라 표기했습니다.
- 국내에 소개되지 않은 도서는 직역하여 표기했습니다.

프리즘

대체 불가능한 존재가 되는
5가지 행동과학

가브리엘라 로젠 켈러만
마틴 셀리그만 지음
이현 옮김

PRISM

RHK
알에이치코리아

제시 Jesse 에게

_가브리엘라 로젠 켈러만

멘토이자 벗이자 귀감이었던

에런 템킨 벡Aaron Temkin Beck(1921~2021)을 기리며

_마틴 셀리그만

낙오될 것인가,
나아갈 것인가?

그레임 페인Graeme Payne이 '인적 오류human error'(어떤 기계, 시스템 등에 의해 기대되는 기능을 발휘하지 못하고 부적절하게 반응해 효율성, 안전성, 성과 등을 감소시키는 인간의 결정이나 행동－옮긴이)의 대명사가 되기 오래전, 컴퓨터가 이 세상에 출현하기 전, 그에게 최우선 과제는 군대였다.

페인은 1970년대에 뉴질랜드 크라이스트처치에 사는 중산층 가정에서 삼 남매의 장남으로 성장했다. 그는 새로운 기술을 익혀야 하는 구조화된 활동(특정한 목표를 달성하기 위해 일정 규칙에 따라 실시하는 활동－옮긴이)을 좋아했다. 특히 어린 시절에 그는 럭비를 무척 좋아했는데, 지금까지도 아들들과 함께 즐긴다.

고교 시절 페인은 육군사관후보생단에 입단한 후, 놀라운 군기를 보여 동기들의 감탄을 자아내며 빠르게 진급했다. 손으로 뭔가를 만지고 만드는 일도 좋아했다. 동네에 있는 역사 공원인 페리미드 헤리티지 파크Ferrymead Heritage Park에 거대한 대공포가 전시용으로 설치됐을 때 그는 친구들을 동원해 대공포의 원래 모습을 되찾는 일을 도왔다. 대공포가 멋지게 빛나는 모습을 되찾자 군 박물관을 건립할 기회가 마련됐다. 물론 모든 아이디어가 다 성공할 수는 없는 법. 야심 차게 펼쳐보려 했던 그의 계획은 실현되지 못하고 금세 끝나버렸다.

회계사인 아버지 덕분에 페인도 자연스럽게 숫자에 재능을 보였다. 하지만 그는 회계에서 자신의 관심을 끈 건 수학이 아니라 배움 그 자체였다고 회상한다. 모든 감사 과정은 발견에서 시작되므로 경영 활동의 흐름과 생산 시스템 등 한 회사가 돌아가는 내부 사정을 재빨리 철저하게 이해해야 했다. 그리고 나서야 숫자를 다룰 수 있었다. 바로 이러한 깊이 있는 학습을 좋아하는 그로서는 천성에 맞았다. 단순히 숫자가 나열된 표는 그에게 중요하지 않았다.

페인은 오래전부터 고등학교 졸업 후 군에 입대할 계획이었다. 하지만 입대 직전에 아서 영Arthur Young(현재의 언스트앤영Earnst & Young)이라는 회계법인이 대학 장학금을 제공한다는 사실을 알게 됐고, 충동적으로 지원했다. 수혜자로 선정된 그는 기초 훈련 학점을 받기 위해 예비군에 몸담은 상태에서 장학금을 받았다.

"저는 항상 변화를 적극적으로 수용했습니다."

그는 갑작스럽게 진로를 변경한 것이 자신의 미래에 지대한 영향을 미쳤다고 회상했다.

"그런다고 손해 볼 건 없잖습니까?"

❀ ❀ ❀

좋든 싫든 그와 많은 뉴질랜드인은 변화를 맞이했다. 뉴질랜드는 수십 년간 지속된 농업의 호황으로 세계에서 가장 윤택한 생활 수준을 향유했으나 전통 산업인 모직, 육류, 낙농 경제가 쇠퇴하기 시작했다. 대신 제조업과 그보다 더 뒤늦게 발생한 서비스 부문이 성장하고 있었다. 현재 서비스업은 크라이스트처치 인근 지역인 캔터베리의 GDP에서 60%를 차지한다.

거대한 변화가 회계업에도 몰아쳤다. 페인이 크라이스트처치에 소재한 아서 영에서 재무 감사원으로서 일을 시작했을 당시에는 IBM PC 한 대로 사무실의 모든 업무를 다 처리했다. 이후 몇 년 사이에 대부분의 직원이 책상에 육중한 컴퓨터를 한 대씩 놓고 일하게 됐다. 나이 지긋한 파트너들은 이 새로운 장치에 대해 의구심을 품었다. 심지어 시간을 절약해 줄 기계라기보다 딱히 쓸모는 없으면서 겉만 번지르르한 장치로 여겼다. 그들은 자신들이 원래 사용하던 '워드 프로세서'를 더 선호했다. 당시에 사용하던 워드 프로세서란 전기 장치가 아니라 음성 녹음된 메모를 타이핑하는 사람, 주로 여성을 뜻했다.

파트너들과는 달리 페인은 신기술을 기꺼이 받아들였다. 그래프를 생성하는 프로그램을 사용하고 줄 쳐진 노란색 노트 위에서 손으로 계산하는 것보다 훨씬 빠르고 정확하게 계산할 수 있는 소프트웨어를 사용해 업무량을 줄이면서, 이 기계가 어떻게 작동하는지 파악하며 즐거워했다. 그는 오랜 시간 책을 읽으며 컴퓨팅의 기초를 독학했다.

"저는 얼리어답터였습니다." 페인이 살짝 웃으며 말했다. "심지어 애플 뉴턴Apple Newton(애플이 만든 최초의 휴대용 컴퓨터-옮긴이)도 있었어요."

항상 그랬듯이 그는 앞장서서 주변 사람들이 새로운 업무 환경에 적응하도록 최선을 다해 도왔다. 한 동료와 함께 PC 사용법에 관한 비디오를 제작해 파트너들이 가정에서 비디오 플레이어로 볼 수 있도록 각자의 집으로 보냈다. 아서 영은 페인의 뛰어난 컴퓨터 사용 능력을 높이 평가했다. 회사는 그에게 뉴질랜드 전체를 위한 컴퓨터 교육 프로그램 제작을 요청했다. 페인은 그들의 요청을 수락했고 그가 제작한 컴퓨터 교육 프로그램은 대체로 효과가 있었다. 하지만 일부 나이 든 파트너들은 여전히 컴퓨터 사용을 어려워했다. 페인은 이메일 시대가 돼서도 메일이 올 때마다 비서에게 출력해서 큰 소리로 읽게 한 파트너를 떠올렸다.

누구보다 빠르게 적응한 페인조차 따라잡기 힘들 정도로 변화의 속도는 빨랐다. 하지만 새로운 환경에 적응하느냐 못하느냐에 따라 어떤 일이 벌어질지 그는 잘 알고 있었다. 바로 회사의 명운이 걸려 있었다. 아서 영의 사옥 밖에서 컴퓨터는 기업 고객들의 사업을 빠르게 변화시키고 있었다. 이제 감사를 한다는 의미는 신기술이 어떻게 자료 저장, 급여 지급, 분석과 같은 관행에 통합되고 있는지를 이해한다는 것을 포함했다. 가령 신용업은 100년 동안 문서 기록에 의존했다. 처음에는 노트였고, 그다음에는 창고를 가득 채운 파일 카드가 주요 수단이었다. 1960년대가 되자 기록 매체가 전자 기록으로 바뀌었다. 1970년대와 1980년대가 되자 모든 기록이 데이터 센터에 있는 메인프레임(멀티 유저용 대규모 컴퓨터-옮긴이)에서 처리됐다. 그 시절 기록을 안전하게 보호하는 것은 이러한 센터에 대한 접근을 제한한다는 의미였다. 가령 수위가 문 앞에서 보초를 서거나 커다란 자물쇠를 걸어 잠가두는 식이었다.

그러던 중 인터넷이 출현했다.

조금 과장해서 말하면, 하룻밤 사이에 보안의 세계가 완전히 바뀌었다. 해커들은 무방비 상태인 네트워크를 파괴하는 컴퓨터 바이러스를 만들었다. 즉각적이고 현실적인 위협을 맞닥뜨리자 글로벌 산업에서는 이를 대비하기 위해 완전히 새로운 부문을 내놓았다. 바로 정보 보안이었다. 1995년, 씨티은행은 스티브 캐츠Steve Katz를 최고정보보안책임자CISO(**시소**라고 발음한다)로 채용했고 캐츠는 역사상 최초의 CISO가 됐다.

페인은 대혼란 속에서 잠재력을 봤다. 정보 보안이라는 새로운 황무지에는 도구가 필요했고, 그에게는 아이디어가 있었다. 오클랜드에서 근무하는 동안 페인은 컴퓨터 시스템의 종류가 모두 달라도 너끈하게 분석할 수 있는 '어드바이저Advisor'라는 제품을 제작했다. 싱가포르에서 열린 한 회의에서 그와 뜻이 맞는 미국 파트너가 어드바이저의 가치를 간파하고 제품을 제작하기 위해 페인을 미국으로 초청했다. 호기심과 열린 사고와 무언가를 해내고 싶은 열망을 가진 페인은 1만 3천 km 떨어진 미국으로 날아갔다. 처음에는 클리블랜드에서, 그다음에는 애틀랜타에서 언스트앤영 최초의 보안 컨설팅 사무실을 열었다. 그는 아직 정보 보안 분야의 전문가가 아니었다. 하지만 당시에는 전문가가 아예 없었다. 변화의 물결이 매우 빠르게 몰아치고 있었고, 옛 방식으로 해결하기에는 당면한 문제들이 너무 새로웠다. 기회의 물결이 최고조를 향해 밀려오고 있었다. 페인은 서프보드를 잡아 급물살에 올라탔다.

오늘날 모든 중견 기업에서 CISO라는 직책을 두고 있다. 기업 이사 중 41%가 사이버 보안 경력을 이사의 핵심 자격 요건으로 여긴다. 2024년이 되면 사이버 보안 시장의 가치는 3천억 달러에 달할 것이다. 전 세계적으로 사이버 보안 전문가가 부족하다는 건 290만 개의 자리가 아직 공석이라는 뜻이다. 그사이 사이버 공격에 의한 손실은 해마다 62%씩 증가하고 있으며, 2020년

한 해에만 **1조 달러**의 손실을 보았다.

❋ ❋ ❋

2011년 무렵 페인은 새로운 종류의 변화를 맞이할 준비가 돼 있었다. 그는 이제 그의 분야에서 **전문가였다**. 15년간 보안 컨설턴트로 세계를 누비며 다녔고, 출장으로 점철된 삶이 힘에 부치기 시작했다. 애틀랜타 집에 있는 두 아들에게는 (구조화되고 기술에 토대를 둔) 많은 활동에서 더 많은 가르침이 필요했다.

미국 3대 신용정보업체 중 하나인 에퀴팩스Equifax에서 페인에게 IT 리스크 앤 컴플라이언스 부사장직을 제안했을 때 그는 깜짝 놀랐다. 더 이상 출장을 다니지 않아도 되는 안정된 역할이었기 때문이다. 그가 그토록 간절히 바라던 바이기도 했다. 에퀴팩스는 성숙기에 접어든 기업이었지만 아직도 새로 개발하고 시정해야 할 일이 많았다. 2017년 당시 에퀴팩스는 소비자 10억 명, 중소기업 1억 개, 근로자 1억 명의 신용 기록과 20조 달러에 달하는 부동산 데이터 그리고 20조 달러에 달하는 자산 데이터를 보유하고 있었다. 같은 해 8월, 에퀴팩스의 최고경영자CEO 리처드 스미스Richard Smith는 조지아대학교에서 연설하며 자사의 사업을 이렇게 표현했다.

"세계에서 가장 큰 도서관, 가령 의회 도서관을 떠올려 보십

시오. 에퀴팩스는 매일 그보다 1,200배나 많은 데이터를 처리합
니다."

물론 그토록 방대한 양을 다루다 보니 일이 잘못되는 때도 있
었다. 그것도 자주. 한 예로, 2015년 3월, 메인주 포틀랜드에 거
주하는 케이티 매닝Katie Manning은 퇴근 후 자신의 집 우편함이
터져나갈 정도로 가득 차 있는 것을 발견했다. 300통 모두 에퀴
팩스로부터 온 우편물이었다. 수신자는 모두 매닝으로 돼 있었다.
하지만 정작 우편물에는 그녀가 모르는 사람의 신용기록, 사회보
장번호, 은행계좌정보가 담겨 있었다.

에퀴팩스는 이 사건에 대한 조사를 페인에게 맡겼다. 그는 곧
매닝만의 사례가 아니라는 사실을 알게 됐다. 다른 사람들도 모
르는 사람의 개인 정보가 담긴 우편물을 수백 통, 심지어 수천 통
을 받았다. 회사는 보고서가 담긴 종이 우편물을 직접 수거하기
위해 인력을 파견했다. 워싱턴 D.C.에 사는 한 수령인은 피해망
상에 시달려 수거팀에게 문을 열어주길 거부했다. 그 대신 수거
팀에게 밤에 대로에서 만나자고 했다. 에퀴팩스의 직원들은 마치
범죄 영화의 스파이처럼 약속된 시간에 헤드라이트를 세 번 깜빡
여야 했다. 그제야 수령인은 보고서를 넘겨줬다.

보안 위반 사고는 페인이 반색을 넘어 겁을 먹을 정도로 자주
발생했다. 취약점과 말썽꾼은 항상 바뀌었다. 페인이 이끄는 팀은
사건마다 문제의 핵심을 이해하고 시정하고 배워야 했다. 그리고

그가 기억하는 한, 아무도 해고되지 않았다.

❊ ❊ ❊

2017년 7월, 페인은 타는 듯한 조지아의 태양 아래 아내와 아들들에게서 그의 54번째 생일을 축하받으며 주말을 보냈다. 페인은 일요일에 집에 돌아와 CISO 수전 머들린Susan Maudlin으로부터 걸려온 여러 통의 부재중 전화를 확인했다. 좋지 않은 소식이었다. 머들린은 페인이 관리하는 소프트웨어를 표적으로 삼은 보안 위반 사고가 발생했다고 전했다. 피해 범위는 아직 알려지지 않았지만, 전사에 걸친 대응이 필요했다.

당시 페인의 직책은 글로벌 기업 플랫폼 담당 최고정보책임자CIO였다. 그는 신용보고서에 이의를 제기하고, 신원 도용을 신고하고, 도용 방지를 위해 사용 정지를 실행하거나 보고서의 사본을 원하는 소비자들의 기록을 취합하는 아시스ACIS 포털이라는 소프트웨어 시스템을 담당하고 있었다. 아시스를 데이터베이스에 연결하기 위해서는 아파치 스트럿츠Apache Struts로 알려진 소프트웨어가 필요했다.

보안 위반이 발견되기 넉 달 전, 페인을 비롯한 429명의 에퀴팩스 직원들은 아파치 스트럿츠의 취약점을 알리는 이메일을 받았다. 관련 팀들이 조사를 실시했고, 만일에 대비하기에 충분하다고 여겨지는 패치를 깔았다. 하지만 그들의 판단이 틀렸다. 해커들은 시스템에 침입해 1억 4,800만 명에 달하는 미국 소비자들과 1,500만 명에 달하는 영국 소비자들의 정보를 훔쳐갔다. 그중에는 이름, 사회보장번호, 집 주소, 운전면허번호가 포함돼 있었다. 이 사건은 역사상 가장 큰 손실을 초래한 데이터 유출 사건으로 불린다. 이 사건이 대중에게 미친 여파가 크다 보니 몇몇 간부들은 해고되거나 강제로 조기 퇴직을 했다.

2017년 10월 2일 월요일, 페인은 인사 부서와 회의를 가졌다. 사건과 전혀 다른 안건으로 소집됐다고 생각했지만, 그는 그 자리에서 해고됐다. 이튿날 스미스가 의회에서 증언을 했다. 그는 희대의 해킹 사건이 '기술 혁신이 초래한 실패'와 '인적 오류'가 결합된 결과라고 주장하며 후자를 한 개인의 탓으로 돌렸다. 상원의원 앨 프랭큰Al Franken은 농담조로 그가 말하는 한 개인을 "거스Gus"라고 불렀다. "어째서 1억 4,500만 명에 달하는 미국인의 개인 정보를 보호하는 중차대한 일이 한 사람의 손에 달려 있단 말입니까? 왜 모든 게 거스에게 달려 있는 겁니까?"

하루아침에 실직해 집에서 텔레비전으로 청문회를 지켜보던 페인은 그들이 자신에 대해 말하고 있는 걸 알았다. 그가 바로 거스였다. 곧 그의 실명이 별칭과 함께 밝혀졌다. 별칭은 '인적 오류'였다.

※ ※ ※

시스템의 실패를 한 개인의 탓으로 돌리는 것은 의회가 보기에도 매우 미심쩍었다. 한 의회 보고서는 이렇게 명시했다.

"에퀴팩스의 한 임원이 전임 CEO 리처드 스미스가 의회 앞에서 증언하기 전날, 지시받지 않은 행위인 이메일 전달을 하지 않았다는 이유로 해고됐다. 모든 사실에 비춰볼 때 이런 종류의 보여주기식 행보는 불필요해 보인다."

이보다 타당해 보이는 반론이 제기됐지만, 삽시간에 기정사실이 돼버린 믿음을 되돌리기에는 역부족이었다. 대다수는 페인에게 모든 잘못에 대한 책임이 있다고 믿었다. 하지만 오늘날 일의 세계를 지배하는 관점에서 볼 때 페인은 그때까지 경력에서 **옳은** 일만 해왔다.

그는 일찌감치 기회를 직감했다. 호기심과 학습 욕구와 민첩성 덕분에 호황을 누리는 신생 분야에서 재빨리 전문성을 키울 수 있었다. 또 시간이 지날수록 새로운 기술을 익히고 창의적 제품을 만드는 일에서 의미를 발견했고, 동기와 에너지를 끌어냈다. 누구보다 신중한 예측을 통해 위험을 감수한 뒤 과제를 하나씩 해결해 나갔다.

한마디로, 페인은 '투모로마인드tomorrowmind'를 가졌다. 투모로마인드는 변화를 예측하고, 적절히 계획하고, 차질에 대처하고,

프롤로그

모든 잠재력을 달성하게 해주는 정신을 말한다. 그런데도 2017년 페인은 심연으로 추락하기 일보 직전에 놓이고 말았다.

해고는 끔찍하다. 해고된 사람은 심리적 웰빙과 신체적 건강에 다방면으로 악영향을 받는다. 게다가 페인의 해고 사실이 만천하에 공개됐으니, 그가 얼마나 힘들었을지 상상만 해도 끔찍하다. 그 수개월간 페인은 깊은 두려움을 느꼈다. 누구라도 그와 같은 경험을 하고 그가 마주한 두려움을 느꼈다면 이미 단념했을 것이다.

"의회 보고서가 발표돼 내 이름이 인터넷에 도배됐을 때, 정말로 '내 경력은 이제 끝이구나'라고 생각했습니다. 내 경력의 미래에 대해 생각하기 시작했어요. 에퀴팩스와의 연관성을 미래의 고용주들이 어떻게 볼까?"

에퀴팩스의 대다수 임원에게 그것은 끝을 의미했다. 머들린은 사건 후 사임했으므로 공개적인 자리에 증인으로 나서지 않았다. 스미스와 CIO 데이브 웹Dave Webb도 대중의 눈앞에서 사라졌다. 2018년, 회사는 또다시 많은 직원을 정리해고했다. 수백 명이 이력서에 오점을 남긴 채 모든 걸 다시 시작해야 했다.

이런 현실과 맞닥뜨릴 때 얼마나 많은 사람이 얼어붙어 버릴까? 몇 명이나 포기하려고 할까?

하지만 페인은 다른 방식을 택했다. 그는 깊은 절망감을 느끼며 친구들과 옛 동료들에게 연락을 했다. 페인이 오랫동안 많은 사람을 도와온 터라 그들은 기꺼이 신세를 갚으려고 했다.

"친구들과 동료들은 상황을 좀 더 긍정적으로 바라보라고 격려했습니다. 역사상 가장 큰 규모의 데이터 유출 사고를 겪었으니 남들에게 제공할 게 많을 거라고 하더군요."

페인을 낭떠러지에서 구한 것은 자신의 경력을 절정으로 이끈 바로 그 기술, 즉 회복탄력성resilience, 인지적 민첩성cognitive agility, 예측력prospection, 창의력creativity과 새로운 기술을 습득할 때 발견한 의미meaning였다. 그는 항상 난국에 적극적으로 대처하고 혼란 속에서도 훌륭해지기 위해 갈고닦을 기회를 놓치지 않았다. 자신의 강점과 사회적 네트워크에서 용기를 끌어내어 무너진 경력의 벽돌을 하나씩 다시 쌓아 올리기 시작했다.

페인이 겪은 일은 개인사에서 한때 감당할 수 없을 만큼 큰 참사로 보였다. 하지만 이제 그의 경험은 사이버 보안 컨설팅업계에서 잘나가는 새로운 장을 연 서막과도 같다. 페인의 친구들이 옳았다. 기업들은 무엇을 해야 할지 그리고 하지 말아야 할지를 직접 경험해 알고 있는 사람으로부터 배우길 원한다. 페인은 자신의 경험을 살려 기업 이사들과 임원들에게 사이버 보안 대응책에 관한 조언을 제공한다. 그도 자신의 컨설팅 서비스가 성장해 새로운 시장에 진출하는 데 도움이 되도록 계속해서 새로운 역량을 키우고 있다.

"우리 인생에서 얻을 수 있는 최고의 교훈 중 일부는 실수에서 비롯됩니다."

아이러니하게도 이제 그는 '인적 오류'라는 타이틀에 자부심을
느낀다.

❊ ❊ ❊

우리 둘, 셀리그만과 켈러만은 페인이 에퀴팩스에서 해고되던
시점에 손을 잡았다. 새로운 일의 세계가 제시한 극적인 도전 과
제들, 이를테면 기술 변화의 빠른 속도, 신생기업들의 등장으로
산업 전체가 하룻밤 사이에 와해되는 현상, 모든 세계 시장이 겪
는 불확실성과 변동성의 증가와 같은 문제들에 우리는 이미 관심
을 두고 있었다. 심리적 웰빙을 개선하는 데 경력을 바친 우리 두
사람은 이토록 증가하는 문제들에 사람들이 대처하지 못하는 모
습을 보고 몹시 놀랐다. 심지어 그때는 2020년부터 걷잡을 수 없
이 퍼진 코로나19가 닥치기 수년 전이었다.

미국 노동력의 약 절반은 번아웃으로 고통받는다. 76%는 직
장에서 받은 스트레스로 인해 사적 인간관계에도 부정적 영향을
받는다. 직장에서 받는 극도의 스트레스는 해마다 1,900억 달러
의 보건의료 비용을 발생시킨다. 수십만 명이 불필요하게 사망하
는 원인이기도 하다. 지구상에서 깨어 있는 시간의 대부분을 보
내는 일터에서 우리는 지나치게 불행하고 피곤하고 아프다.

소위 '일의 미래가 사업을 어떻게 바꿔놓을까'라는 주제는 이

미 많이 다뤄졌다. 그렇다면 일의 미래는 우리를 어떻게 바꿔놓을까? 우리는 어떻게 하면 희생되지 않을 수 있을까? 우리는 현재 이러한 질문들을 다루기 위해 전 세계적으로 수백만 명의 직원들을 고용하고 있는 수백 개 기업들과 손잡고 있다.

이 책을 통해 우리는 앞의 질문들에 대한 답을 제시할 것이다. 가장 먼저 오늘날 우리에게 주어진 도전 과제를 이해하기 위한 근거를 과거에서 찾아볼 것이다. 인간종은 지금껏 새로운 일의 세계에 적응해야 했다. 1장에서 살펴보겠지만 인간의 뇌는 특정 유형의 일, 가령 수렵, 어획, 채집과 같이 우리 조상이 가장 잘 아는 일에 적합하도록 수백만 년에 걸쳐 진화했다. 우리의 뇌는 아직도 채집에 가장 잘 적응돼 있다. 채집인의 뇌는 하루 다섯 시간 노동, 공동생활, 새로운 영역을 창의적으로 탐색하기 그리고 자연과의 지속적 교감에 매우 적합하다. 하지만 기원전 1만 년 무렵, 우리의 뇌는 인류 최초로 채집에서 농사로 노동을 변화시킨 기술과 체계를 발명했다. 채집과 농사라는 새로운 삶 사이에서 발견되는 부조화를 고려할 때, 이것은 정말 고통스러운 전환이었다.

이후 발생한 노동의 변천, 즉 처음에는 농업으로, 그다음에는 산업화로, 그러고 나서 오늘날 기술이 주도하는 일의 세계로 변화하는 과정에서 인간은 아주 고통스러운 희생을 겪었다. 어떤 경우에는 그 대가가 너무도 커서 사학자와 인류학자들은 아직도 전환 과정을 설명하는 데 진땀을 흘린다. 한 종으로서 우리는 어저 그토록 낯선 형태로 일을 전환시켰을까? 인간의 천부적 능력과는 완전히 반대되는 일을 추구하면 인간에게 고통을 초래하지 않는가? 물론 인간 사회는 집단 생산성의 향상과 기술의 정교화를 얻었다. 하지만 그 보상은 수십억 명이 결실을 전혀 얻지 못한 채 오랫동안 고통받은 대가에 불과했다.

오늘날의 변천은 우리 주변에서 벌어지고 있는 생생한 미래의 모습으로, 예상치 못한 새로운 방식으로 우리의 육체와 정신의 건강을 위협한다. 2장에서 자세히 다루겠지만, 변화의 속도가 너무 빨라 이미 우리는 산업화의 절정기보다 두 배나 빠른 속도로 직업을 바꾸거나 일을 잃고 있다. 한 추정치에 따르면, 2030년까지 전 세계 8억 명의 노동자가 자동화로 일자리를 잃게 될 것이다. 우리 가운데 무려 80%가 같은 기간에 자동화로 임금 삭감을 경험할 것이다.

우리는 앞으로 어떤 미래가 펼쳐질지 알고 있다. 실직한 해의 사망률은 50~100% 상승한다. 실업만으로도 심장마비의 위험이 35% 상승하며, 거기다 직업이 불안정해지면 우울, 불안, 약물 남용과 같은 주요한 종류의 심리적 고통이 발생할 위험도 상승한다.

이제 일 자체가 가진 새로운 성격에 따른 위험도 고려해야 한다. 사회적 고립을 초래하는 측면들부터 시작하라. 20년을 함께한 동료가 있고 직장 생활 내내 안정적이고 친밀한 직장 내 커뮤니티의 도움을 받던 시대는 지났다. 25세부터 34세 사이 근로자들의 평균 근속연수는 2.8년 남짓에 불과하다. 우리가 그러하듯 동료들도 회사를 들어왔다 나가며 노동 집단이 탄생한 이래 유례가 없고 부자연스러울 정도로 빠른 이직률을 보인다. 미국 노동력의 약 25~30%가 가까운 미래에 원격으로 근무할 것으로 추정된다. 지난 20년간 외로움은 두 배로 확산돼 우울증과 심장병의 발병률과 모든 종류의 사망률을 끌어올렸다.

게다가 개인이든 조직이든 최선의 상황에서조차 변동성과 불확실성에 대처해야 한다. 기업의 사업 모델은 하룻밤 사이에 무너지고 있고, 신생 경쟁업체가 업계 리더로 급부상하기도 한다. 기업 내 팀에서 수개월에 걸쳐 만들어 놓은 제품이 금세 구닥다리가 되고, 팀이 여섯 조각으로 나뉜 후 각각 재활용돼 범세계적이고 새로운 계획에 배치된다. 전일제full-time 직원의 61%가 현대의 직장에서 비롯된 스트레스로 병들었다고 말한다. 직장 내 스트레스는 미국에서 해마다 약 12만 명, 중국에서 최대 100만 명에 달하는 초과 사망의 원인이다.

※ ※ ※

그렇지만 이게 전부가 아니다. 우리의 장래가 꼭 암울한 것만은 아니다. 페인과 같이 뛰어난 사람들의 이야기를 통해 지혜를 얻을 수 있다. 페인은 변화의 급물살을 민첩하게 잘 헤쳐나가고 그 과정에서 주변 사람들을 돕는 뛰어난 능력을 가졌다. 하지만 그만 그런 게 아니다. 이 세상에는 제2의, 제3의 페인들이 있다. 우리가 배울 수 있는 투모로마인드를 가진 사람들은 우리 주변에 넘쳐난다.

우리가 수십 년간 연구한 심리적 웰빙과 번영에 관한 과학을 통해서도 밝혀진 사실이다. 우리 둘은 임상가로서 그리고 혁신가로서 이 과학에 평생을 바쳤다. 셀리그만은 이미 1960년대 펜실베이니아대학교에서부터 연구를 시작했다. 30여 년간의 연구를 통해 그는 사람들이 큰 스트레스를 받으면서도 번영하거나 큰 스트레스를 받아 무너지는 조건들을 증명했다. 그로서는 실망스럽겠지만 학문적으로 심리학은 아직 이러한 연구 결과들의 논리를 따라갈 준비가 돼 있지 않았다. 그렇다. 그의 연구 결과는 우울증 치료에 적용됐다. 이것을 정신 병리학적 렌즈라고 부르자. 하지만 그의 연구 결과가 미치는 영향력은 더 큰 회복탄력성을 갖고 더 충만한 존재로 사는 법과 애초에 부정적 결과를 피하는 법을 알아내기 위해 더더욱 중요했다. 3장에서 소개하듯이, 1990년대에 셀리그만은 일명 긍정심리학이라는 새로운 학문 분야를 이끌게 됐다. 그는 전미심리학회American Psychological Association, APA의 회장이자 펜실베이니아대학교 긍정심리학 센터Positive Psychology Center의 창립자로서 지난 30년 동안 번영이 가까이에 있다는 것을, 우리가 긍정심리학의 핵심 원칙을 진심으로 기꺼이 받아들인

24

다면 사실 우리에게는 거대한 성장 잠재력이 있다는 것을 증명했다.

켈러만은 전문의로서 첫 10년 동안 fMRI 뇌 연구와 정신의학, 공중보건에서 경력을 쌓았다. 셀리그만과 마찬가지로 그녀는 정신 병리를 줄이는 일 이상을 하고 싶었다. 즉, 많은 인구가 번영하도록 돕고 싶었다. 2008년, 그녀는 행동건강behavioral health(사회복지사, 상담사, 정신과 전문의, 신경과 전문의, 내과 전문의 등이 정신건강 상담, 정신과 치료, 결혼 및 가족 상담, 중독 치료 등을 제공하는 분야를 말한다—옮긴이) 기술을 통해 좀 더 급진적으로 혁신할 기회를 발견했다. 이 책에서 소개하는 많은 사람처럼 그녀도 처음부터 모든 걸 다시 시작해야 하는 경력의 전환을 겪었다. 2014년 켈러만은 기술로 구현한 최초의 행동건강 제품 가운데 하나를 시장에 내놓았다. 직급과 상관없이 수백만 근로자들에게 도움이 될 제품이었다. 그 후로 켈러만은 아주 다양한 기업에서 제품과 혁신을 이끌거나 그에 관한 조언을 제공했다. 그중 한 곳이 바로 그녀가 최고제품책임자chief product officer, CPO로 근무한 베터업BetterUp으로, 가상 코칭, 인공지능 기술, 행동과학을 통해 근로자들이 직장생활을 잘 영위할 수 있도록 지원하는 데 주력하는 기업이다.

2017년, 베터업의 CEO 알렉시 로비쇼Alexi Robichaux는 켈러만에게 일터에서 번영하는 기술을 중점적으로 연구하는 베터업 연구소를 세우기를 요청했다. 이 연구소는 전 세계 학자들과 파트너가 돼 협업하며 베터업의 글로벌 개발 플랫폼을 이용해 직장에서의 번영을 측정하고 촉진한다. 셀리그만은 평생에 걸쳐 낙관주의, 긍정적 정서, 사회적 교감, 웰빙을 연구한 터라 자연스럽게 협력자가 됐다.

이 연구에서 중요한 또 다른 협력자는 직원들이 최대한 생산적이길 바라고 그들이 무섭도록 빠르게 변하는 환경에서 점점 늘어나는 심리적 압박과 싸우고 있다는 걸 이해하는 대기업의 진보적 리더들이었다. 가장 혁신적인 기업 리더들은 실험을 좋아하고, 데이터와 과학을 지향하며, 지금보다 더 나은 방법이 있다고 믿는다. 이러한 리더들이 이 책에서 유용한 조언을 많이 발견하길 바란다. 대부분 그들은 여기서 말하는 연구에 직접적으로 관여한 파트너이기도 해 지식 기반 자체를 발전시키는 데 도움을 주고 있다.

❊ ❊ ❊

당신은 관리자일 수도, 개별 기여자individual contributor(팀에서 명확한 역할을 가지고 성과를 내지만 관리의 책임을 맡지 않는 구성원 - 옮긴이)일 수도, 아니면 최고 임원일 수도 있다. 콜센터, 학교 또는 병원에서 고객 서비스 실무자로 일할 수도 있고 아니면, 전면에 나서지 않는 생산팀에서 일할 수도 있다. 당신이 맡은 역할이 무엇이든 간에 이토록 혼란스러운 일터가 우리 삶에서 계속 존재할 거라는 걸 알기 때문에 이 책을 택했을 것이다. 당신도 페인처럼 시급한 변화의 중요성을 느꼈을 테고 반복해서 또다시 변화가 닥칠 거라는 걸 알고 있을 것이다.

우리는 변화를 멈출 수 없다. 그렇다고 변화의 희생양이 될 필요는 더더욱 없다. 우리는 이 책이 변화무쌍한 일의 세계에서 온전한 인간으로서 번영하는 법을 알기 위해 당신이 계속 읽고, 메모하는 지침서가 되길 바란다. 당신이 상상할 수 있는 것 이상으로 높이 날기 위해 날개를 활짝 펴는 데 도움이 되길 바란다. 이 책에서 설명하는 기술들은 하루아침에 계발되지 않는다. 생각과 연습과 다짐이 필요하다. 때가 되면 그러한 기술들은 당신이 현재와 미래를 차분히 잘 헤쳐나가도록 안내하고, 세상을 들여다보는 초점이 잘 맞는 고성능 렌즈를 통해 균형과 주의력을 유지하는 데 도움을 주는 슈퍼파워로 작용할 것이다. 우리는 이것을 번영이라고 부른다. 우리가 모두 마땅히 누려야 하고 모두가 달성할 수 있는 일의 경험이다.

페인의 사례를 생각해 보자. 그는 사관후보생에서 회계사로, 다시 IT업계로 갔다가 정보 보안의 대가가 되는 등 갑작스러운 진로 변경과 부침을 겪었다. 당신도 살면서 페인과 같은 사람을 만났을지 모른다. 많은 걸 겪어내고 경력에 능통해 난관을 잘 타개하거나 심지어 경쟁에서 승리까지 한 사람 말이다. 이러한 사람들은 실제로 존재한다. 우리와 같은 인간이다. 어떤 사람은 이러한 험난한 물결을 잘 헤쳐나가지만, 다른 많은 사람은 그 물살에 휩쓸려 버리고 마는 이유는 무엇일까?

직장에서의 번영에 관한 연구를 통해 우리 연구소는 전 세계 모든 산업에 종사하는 수십만 명의 노동자들로부터 얻은 데이터를 사용해 21세기에 직장에서 번영하기 위해 가져야 할 가장 중요한 다섯 가지 심리적 힘을 발견했다.

① **회복탄력성**Resilience**과 인지적 민첩성**cognitive agility

　변화를 겪고 나서 얻는 번영의 토대

② **의미와 중요시하기**Meaning and mattering

　전진하게 만드는 동기 부여

③ **사회적 지지**Social support**를 구축하는 빠른 라포**

　우리가 번영하는 데 필요한 교감

④ **예측력**Prospection

　변화에 앞서 우리를 포지셔닝하는 메타 기술

⑤ **창의력과 혁신**creativity and Innovation

　조립 라인의 쇠퇴 후 직장에서 중요한 능력으로 다시 부상

　한 인간만이 가진 고유한 재능

이 다섯 가지 힘을 기억하도록 순서를 바꿔 만든 두문자어가

프리즘PRISM이다. 이 다섯 가지가 바로 투모로마인드의 5대 구성 요소다. 투모로마인드는 우리가 변화를 예측하고, 적절하게 계획하고, 차질에 대처하고, 우리의 잠재력을 온전히 달성하게 해주는 마음가짐이다.

이 책은 각각의 힘이 미래의 일에서 번영하는 데 왜 중요한지, 어떻게 계발할 수 있는지를 포함해 하나씩 자세히 설명할 것이다. 기존의 문헌들과 우리가 직접 실시한 새로운 연구를 하나로 엮어 각 기술에 대한 가장 최근의, 가장 완성도 높은 지식을 제시할 것이다.

이 책을 읽는 방법

지금까지 우리는 투모로마인드의 5대 구성 요소에 대한 심층 탐색의 배경이 되는 1장부터 3장까지의 내용을 설명했다. 그러한 힘에 유독 관심이 간다면 바로 4장으로 넘어가 회복탄력성부터 시작해도 좋다.

심리적 회복탄력성은 우리가 어떤 위해 요소에도 오뚝이처럼 패배를 딛고 일어서게 하는 힘이다. 아주 좋게 보면 회복탄력성은 반취약성antifragility처럼 보인다. 도전 과제 앞에서 더 강인해지는 능력이기 때문이다. 페인이 고객사의 컴퓨터 도구들이 빠르게 진화하자 어떻게 대처했는지 떠올려 보라. 나이 든 파트너들에게 새로운 상황의 전개는 위협일지 몰라도 페인의 눈에는 새로운 기술을 배우고 새로운 시장을 열기 위해 자신에게 유리하게 이용할 기회였다. 회복탄력성은 인지적 민첩성과 밀접한 관계가 있다. 인지적 민첩성은 능숙하고 유연하게 새로운 생각들을 들여다볼 때 나오는 능력이다. 이 능력을 활용하면 이로운 쪽으로 좋은 아이디어를 찾아 헤매면서도 집중해서 살펴보는 균형을 잃지 않는다. 이러한 기술들이 새로운 일의 세계가 가진 변동성에 대처하는 심리적으로 건강한 방법의 초석을 이룬다. 우리의 연구를 비롯해 수십 년에 걸친 과학적 연구 덕분에 우리는 이러한 기술들을 키우고 가르칠 수 있다는 걸 안다.

회복탄력성은 우리가 변화를 겪은 후 **어떻게** 제자리로 돌아오는지를 설명한다. 5장은 그 **이유**를 다룬다. 이 역할에서 저 역할로 옮겨가며 자기 자신을 재창조하려면 많은 노력이 필요한데, 우리 모두 그렇게 해야 할 것이다. 재창조하려는 동기는 우리가 느끼는 의미와 목적에서 비롯된다. 끊임없이 '무언가'를 바꾸는 세상에서 우리는 어떻게 하면 우리의 직업적 '이유'를 잊지 않고 품고 살 수 있을까? 페인은 오랫동안 가치를 만들고 키우는 사람으로서 그의 직업적 이유에 빠져 있었다. 가장 힘든 시기에 그는 새로운 고객을 위한 서비스에 어렵게 배운 것들을 적용함으로써 무시무시한 경험을 긍정적 경험으로 바꾸는 기회를 보았다. 의미와 목적을 이해하면 보다 구체적이고 실행 가능한 틀을 제공하는

30

새로운 개념인 '중요시하기'에 도달하게 된다. 우리 모두 중요한 존재가 되길 원하며, 제대로 된 도구만 있다면 우리는 개인으로서나 조직으로서 모두 이 감각을 키울 수 있다.

페인이 사회적 지지가 직업적 성공에 얼마나 중요한지 알게 된 것도 그가 가장 힘들 때였다. 하지만 외롭고 끊임없이 역할이 바뀌며 자주 원격으로 근무하는 직장 생활에서 인간관계를 성공적으로 키운다는 게 무슨 뜻인가? 6장과 7장은 전문가가 되려면 필요한 사회적 기술, 빠른 라포를 소개한다. 지금 우리는 여러 대륙과 언어와 문화와 다양한 기술을 망라해 팀이 꾸려졌다가 해체되고 다시 꾸려지는 시대를 살고 있다. 우리는 우리의 웰빙과 일의 완성도를 높이기 위해 새로운 동료와 신뢰에 바탕을 둔 의미 있는 관계를 신속하게 형성해야 한다. 한편으로 생각하면 그러한 빠른 라포 형성이 우리의 원시적 뇌에는 자연스럽지 않다. 하지만 다른 한편으로 우리는 이것을 달성하는 지름길을 알려주는 심리학과 신경과학 분야의 지식을 많이 알고 있다.

8장에서는 미래를 상상하고 계획하는 능력인 예측력을 다룬다. 예측력은 오늘날의 노동자들에겐 메타 기술이다. 빠른 변화의 시대에 무슨 일이 닥칠지 예측할 때, 가질 수 있는 온갖 예리함이 필요하다. 숙련된 예측은 경력과 웰빙에서 우위를 제공한다. 예측력이란 무엇이며 그것이 어떻게 작동하는지 살펴보고 우리가 더 나은 예견자가 되는 데 도움을 줄 도구들을 제시할 것이다.

　노동자들에게 점점 더 많이 요구되는 형태의 예측력은 창의력이다. '창의 부서'의 시대는 지났다. 9장은 **모두**가 창의적인 사람이 되도록 기대되는 시대에 사는 것의 의미를 분석한다. 그런 후창의력의 뇌 과학을 들여다보고, 개인과 팀, 조직이 더 큰 혁신을촉진하는 방법에 관해 우리가 아는 지식을 분석할 것이다. 더불어 창의력이 어떻게 다양한 형태를 띨 수 있는지 보여주기 위해창의력에 대한 렌즈를 확장할 것이다. 페인의 성공이 변화를 수용하는 것뿐만 아니라 고객을 돕기 위한 새로운 해법을 만들어내는 과정에서 얼마나 많은 성과를 거뒀는지 떠올려 보라. 페인은 자기 자신을 창의적인 사람이 아닌 배움을 사랑하고 열심히기술을 연마해 잠재력과 역량을 키우는 사람으로 본다. 우리 모두 그런 마음가짐을 가질 수 있다.

　마지막 장에서는 조직을 다룬다. 지난 10년간 유수의 기업들과 협업하며 우리는 어떤 기업들은 직원들의 번영을 달성하는 데성공하는 반면, 다른 기업들은 실패하는 이유에 관해 꽤 많은 것을 알게 됐다. 그토록 많은 기업이 반복해 부적절한 해법을 선택하는 역사적이고 구조적인 이유가 있다. 우리는 미래의 도전 과제에 더 잘 맞는 전체론적 시스템을 택하기 위해 그러한 구조들을 다시 상상하는 창의적인 사람이 될 것을 제안한다.

❀ ❀ ❀

일이 어떻게 변하고, 왜 변하고 있는지를 다루는 책은 무수히 많다. 하지만 이 책은 행동과학의 렌즈를 통해 그러한 변화가 왜 그토록 우리에게 힘든지, 어떻게 하면 우리가 난국에 대처할 수 있는지 설명한다. 노동의 변천으로 인해 인간이 얼마나 많이 희생됐는지 알려주는 교훈은 역사에 무수히 많다. 지난 수십 년 동안 긍정심리학과 신경과학의 발전으로 우리의 선조에게는 없었던 고유한 강점이 우리에게 생겼다. 인간의 뇌는 진화를 시작한 이래 별로 바뀌지 않았지만, 인류의 과학적 노력이 선조의 것과 같은 뇌를 현대의 목표를 뒷받침하기 위해 사용할 수 있도록 새로운 운영 매뉴얼을 제시한다.

이 책은 인류 초기의 일과 뇌에서 시작한다.

들어가며

생존을 위한 수단, 프리즘

회복탄력성
긍정심리학의 기원

의미
목적 있는 삶 vs. 목적 없는 삶

교감 1

고독한 현대인을 위한 처방

교감 2

시간에 쫓기는 현대인을 위한 처방

예측력

21세기 슈퍼파워

혁신

인공지능 시대에도 살아남는 인재의 비밀

미래에도 유능한 노동력

1장

사피엔스의
뇌

수십만 년 동안 창의력, 적응력, 박학다식은 우리 종이 생존하는 데 지대한 도움을 줬다. 하지만 다음 시대의 노동은 전혀 다르고 새로운 종류의 문제들을 낳았다. 우리는 이를 해결하기 위해 뇌를 재빨리 재정비해야 했다.

처음에 변화는 서서히 시작됐다. 그리고 주로 날씨를 통해 찾아왔다. 인류 초기에 빙하시대는 천년이 넘는 간격을 두고 찾아왔고 간빙기 동안 기온이 상승하기를 반복했다. 해수면이 대대적으로 높아졌다 낮아지는 바람에 여기저기 경작할 수 있는 땅들이 많이 생겼다. 이 주기는 초기 인류가 오래된 방식으로, 즉 자연 선택으로 진화해 적응할 수 있을 만큼 적당히 느렸다. 가령 유럽의 네안데르탈인은 추운 기후에서 살았기 때문에 팔다리가 짧았다. 사지가 짧다는 건 그만큼 표면적이 적어서 좀 더 쉽게 체온을 유지할 수 있었다는 뜻이다.

하지만 이 패턴을 되돌릴 수 없이 바꿔버린 사건이 약 7만 년 전에 발생했다. 우리 조상인 **사피엔스**는 뇌의 두정 부위와 소뇌 부위가 확장되고 둥글게 되는 심오한 변화를 겪었다. 이 부위들은 계획, 장기 기억, 언어, 도구 사용, 자기 인식을 담당한다. 호모 사피엔스는 복잡해진 새로운 지능 덕분에 과거와 비교도 안 되게 더 영리하고 빠르게 환경 변화에 대처할 수 있게 됐다. 그 후로 지구상의 모든 게 달라졌다.

핵심은 이렇다. 같은 기후대에 살던 네안데르탈인과 달리 **사피엔스**는 열대 지방에 살던 이웃처럼 여전히 팔다리가 길었다. 그럼 우리는 어떻게 추위에도 긴 팔다리의 체온을 유지할 수 있었을까? 새로운 신체 부위가 진화할 때까지 수천 년을 기다리는 대신, **사피엔스**는 인간만이 할 수 있는 방식으로 문제를 해결했다. 바로 기술technology을 이용한 것이다.

구멍이 있는 바늘이 증명하듯이 인간은 옷을 입어 체온을 유지했다. 구멍 난 돌에 남은 흔적에서 알 수 있듯이 원시적 모터를 사용해 마찰을 일으켜 불을 지피는 등 인간은 원하는 대로 불을 지필 수 있었다. 덫과 어망의 잔재는 에너지를 좀 더 효율적으로 활용하는 형태의 수렵이 이뤄졌다는 것을 보여준다. 좀 더 커지고 둥그스름해진 뇌 덕분에 우리는 좀 더 영리하게 일하고 포근한 옷을 입고 깔끔하게 덫을 치고 불을 쬐며 살 수 있었다.

무엇보다 이러한 혁신적 기술들은 끊임없이 재발명할 필요가 없었다. **사피엔스**는 언어라는 가장 중요한 단 하나의 도구 덕분에 자신들이 확보한 기술들을 아주 자세히 설명해 전할 수 있었다. 인간은 복잡한 구문 언어를 이용해 앞선 세대가 남긴 지식의 토대 위에 각 세대가 새로운 지식을 쌓았다. 현대 인간의 언어 덕분에 우리는 추상적 개념을 주고받고 상상을 공유하고 집단으로 의미를 만들고 발명할 수 있다. 인간의 언어는 지금-여기만을 설명하지 않는다. 미래의 모든 가능성까지 말할 수 있다.

언어와 산업과 가내수공업에서 발생한 획기적 발전 이면에는 오직 인간만이 가진 인지 기술들이 공통으로 존재했다. 긴 문장을 만들고 이해하며 덫을 짜고 생가죽으로 겉옷을 만들려면 모두 작업 기억과 단계별 계획, 정신적으로 지금-여기를 초월할 수 있는 능력이 필요하다. 이러한 우월한 능력 덕분에 **사피엔스**는 모든 다른 초기 인간종을 말살시킨 거친 환경을 극복하고 세상 위에 '군림'할 수 있었다.

당신은 당신의 놀라운 뇌 덕분에 그리고 앞서 존재한 모든 놀라운 뇌 덕분에 이 글을 읽을 수 있다. 약 1.360kg에 표면이 구불구불한 축구공을 닮은 옅은 분홍색의 살덩어리가 칼슘으로 이루어진 헬멧 아래에서 지금 이 단어들을 처리하고 있다.

○　　**성공의 비결**

역사의 95%에 달하는 기간에 **호모 사피엔스**는 생존을 위해 수렵, 채집, 어획에 의존했다. 이것이 바로 '일', 즉 자급자족에 필요한 정기적 활동들이다. 우리의 뇌는 이 일을 하도록 진화했다. 우리는 오늘날까지 수렵-채집인의 뇌를 가지고 있다. 또한 무수하게 다양한 일의 세계에서 성공하기 위해 수렵-채집인의 뇌를 사용해야 한다.

수렵-채집인의 뇌는 세 가지 특징이 있다. 바로 박학다식과 적응력과 창의력이다. 채집인인 우리 조상들은 무엇보다 세상에 대해 두루두루 아는 게 많은 **제너럴리스트**generalist였다. 뱀을 피하는 법, 영양가 있는 딸기류와 독성이 있는 딸기류를 구분하는 법, 야수의 출현을 예측하는 법, 낚시에 미끼를 다는 법, 사냥감을 쫓는 법을 누구나 알아야 했다. 우리는 작고 서로 의존해야 하는 부족 사회에서 살며 높은 신뢰를 바탕으로 협조하며 서로를 보호해 주며 살았다. 흔히 여성이 채집을 더 많이 하고 남성이 수렵과 어획을 더 많이 했을 것으로 생각하지만, 자원이 증감하면서 부족들은 전략을 바꿔야 했다. 따라서 역할 구분은 좀 더 유연했을 것이다. 자영업자라면 누구나 이 말을 이해할 것이다. 어느 날은 마케터가 됐다가 다른 날은 사무직이 되고, 또 다른 날은 고객 응대원이 돼야 한다. 한마디로 모든 일을 할 줄 알아야 한다.

사정이 이렇다 보니 일은 흥미로울 수밖에 없었다. 유목 생활도 마찬가지였다. 매번 새로운 환경에서 수렵이나 어획이나 채집을 하다 보니 새로운 무언가를 발견하게 됐다. 새로운 기후, 낮의 길이, 토양 등 새로운 환경에 매번 **적응**해야 했지만, 새로운 환경은 새로운 능력을 계발할 기회를 제공하기도 했다. 우리는 채집인이 하루에 3~5시간만 일했을 거라고 믿는다. 이렇게 '근무 시간'이 짧아야 많은 시간 동안 여흥을 즐기고 사람들과 어울리고 탐색하는 것은 물론이고, 학습을 할 수 있기 때문이다.

결과적으로 즐기면서 수행하는 탐색이 **창의력**과 **혁신**을 촉진했다. 우리 조상들은 강력한 뇌를 이용해 개인과 종 모두를 위해 아주 큰 결과를 일궈냈다. 고고학에서는 네안데르탈인의 기술이나 문화적 발전은 별로 없는 반면, **호모 사피엔스**의 예술과 기술은 놀라운 속도로 발전했다고 분석한다. 무기는 부품의 수가 점차 늘어가며 점점 더 복잡해졌다. 선박은 정교해져 오스트레일리아까지 항해할 수 있었고, 다른 종은 닿을 수 없던 땅에 정착할 수 있었다. 단순한 동굴 벽화에서 시작한 예술이 점차 발전해 상아와 도자기를 사용한 신비로운 창작물로 꽃피웠다.

채집인으로서 인류는 대단히 기발해 기존의 삶의 방식에서 벗어날 정도로 혁신을 이뤘다. 대표적으로 식품 저장법을 발명했다. 그 덕분에 다음 끼니를 위해 끊임없이 먹거리를 찾아 헤맬 필요가 없어졌다. 일단 식품 저장법을 발명한 이후에는 **사피엔스**답게 계속 혁신을 거듭해 점점 더 발전했다. 저장 기술은 동물 가죽부터 가마로 구운 도자기를 거쳐 냉장 시설까지 급속도로 진화했다. 기원전 1만 년경에 이르러 수렵과 채집은 완전히 다른 형태의 일에 자리를 내줬다. 바로 농업이다.

수십만 년 동안 창의력, 적응력, 박학다식은 우리 종이 생존하는 데 지대한 도움을 줬다. 하지만 다음 시대의 노동은 전혀 다르고 새로운 종류의 문제들을 낳았다. 우리는 이를 해결하기 위해 뇌를 재빨리 재정비해야 했다.

○　노동의 시작

오늘날의 관점에서 농업은 지극히 평범해 보이지만 농업이 얼마나 급진적 전환의 결과인지는 말로 다 표현하기 어려울 정도다. 단언컨대 농업은 호모니드homonid(오스트랄로피테쿠스 다음으로 출현한 종으로, 뇌와 몸집이 더 크고 더 발전된 도구 제작 능력을 갖췄다－옮긴이)의 역사에서 가장 중대한 노동의 비약적 발전이라 할 수 있다. 수렵, 채집, 어획은 자연이 맺은 결실을 수확한다. 하지만 농사를 짓고 가축을 키우려면 인간은 자연을 **바꿔야** 한다. 채집과 농사는 완전히 다른 생활 방식이다. 채집은 채집하는 개인에게 아주 많은 혜택을 주지만 농업이 주는 혜택은 미미해서 고고학자들은 인간이 농업으로 전환한 이유를 밝히기 위해 애를 먹고 있다.

기껏해야 우리는 농업이 기원전 1만 년경에 현재의 튀르키예, 레바논, 이스라엘, 요르단과 시리아가 점령하고 있는 서아시아 지역인 레반트Levant에서 발생했다는 정도만 설명하는 수준이다.

여기서도 날씨가 한몫했다. 당시 세계적으로 기온이 상승했다. 이 시기 전 빙하시대에는 담수가 극지방의 빙관에 갇혀 있고 거대한 빙하가 유럽과 아시아, 북미를 덮고 있었다. 쉽게 말해 가뭄을 겪고 있었다. 이산화탄소가 아주 차가운 바닷속에 갇혀 있어 식물조차 살기가 힘들었다. 게다가 거대한 먼지구름이 전 세계를 뒤덮고 있었다. 따뜻한 시기가 있었지만, 너무 짧고 변동이 심해 농업에 맞지 않았다.

마지막 빙하기가 끝날 무렵, 세계적 온난화로 강수량이 증가하고 해수면이 상승하고 가용한 이산화탄소의 양이 매우 증가했다. 숲은 줄어들고 먹을 수 있는 야생 곡물과 함께 녹지가 확대됐다. 우리 선조들은 처음에 야생 곡물을 수확했지만, 나중에는 집에서 키울 수 있는 것들만 선별했다.

식품의 저장법과 더불어 동식물을 직접 키우는 법에 관한 지식이 생기자 이전에 떠돌아다니던 부족들이 장기간 한곳에 머물 수 있게 됐다. 수렵과 채집은 농업과 공존했다. 심지어 오늘날에도 채집 문화가 일부 남아 있다. 하지만 기술이 점차 정교해지고 정착이 좀 더 복잡해지고 지역 간 교역이 좀 더 원활해지자 농업 사회가 지구를 지배하게 됐다. 좌식 생활이 일상화되고 인구는 기하급수적으로 늘고 우리는 새로운 일의 방식에 길들었다.

채집인과 농부의 공통점은 땅과의 연관성이다. 둘 다 날씨에 좌지우지되기 때문에 채집인과 농부는 날씨를 알기 위해 영혼과

신을 이용했다. 유사점은 여기서 끝난다. 수렵인과 채집인이 자연에 순응하며 가용한 자원을 찾기 위해 여기저기 헤맸던 반면, 농업인은 필요에 맞게 자연을 바꿨다. 농부들은 자연스럽게 발생한 종을 없애는 대신 집에서 키우는 식물을 경작했다. 목축민도 그들의 필요를 진화에 수용해 유순한 동물과 짐을 나르는 동물 또는 식용 동물을 사육했다.

자연을 다스리려면 전례 없는 규모의 계획이 필요했다. 채집인들은 원래 자연에 있는 것들을 수집했다. 설령 미리 생각한다 해도 딱히 달리 준비할 게 없었기 때문에 그들은 식사를 위해 미리 생각해야 할 필요가 없었다. 이와 대조적으로, 농부들은 자연에 의해 좌지우지되는 온갖 변수를 고려해야 했다. 하루(작물 수확 순서)부터 한 달(다른 추수 시기), 1년(적절한 식물이나 동물 키우기), 심지어 10년(기근에 대비한 저장) 주기까지 염두에 뒀다.

농업 사회에서 대량의 곡물을 장기간 저장할 수 있는 곡물 저장고가 가장 중요하고 획기적 건축물이라는 사실은 결코 우연이 아니다. 곡물 저장고는 집단이 공유하는 저축 계정이었다. 초기 농부들은 함께 힘을 합쳐 저장고를 만들어 채웠다. 당시 노동자의 마음가짐을 생각해 보라. **'밭농사가 실패할지 모르니 우리에겐 이 식량이 필요해. 그때까지 내가 살아 있을지 모르지만 내 자식들은 살아 있을 거야. 어쨌든 나는 이 저장소가 있다는 게 기뻐.'**

미래에 대해 생각할 줄 아는 능력을 **예측력**이라고 부른다. 이는 곧 농업을 발전시킬 수 있게 만든 힘의 일부다. 이 정도로 미래를 생각하는 마음은 **호모 사피엔스**에게만 있는 것이다. 다시 말해 대단히 강력한 두정엽과 전두엽이 맺은 파트너십의 결과다. 가령 채집인들의 예측력은 동물과 식품 저장 메커니즘을 개발할 때 드러났다. 하지만 예측력과 특히 계획을 자연의 변덕에 대한 최선의 방어책으로 완전히 받아들인 집단은 농사를 짓는 **사피엔스**였다. 심지어 오늘날에도 실시간 사고를 분석하면 미래에 대한 생각의 74%는 계획임을 알 수 있다.

하지만 이처럼 강력한 능력에는 어두운 이면이 있다. 채집인들은 주로 표범이나 홍수 같은 즉각적 위험에 대해 분명 **두려움**을 느꼈을 것이다. 우리의 투쟁 또는 도피 반응은 매우 구체적인 현재형 위협으로부터 우리를 보호하도록 진화했다.

이와 반대로, 농부는 **걱정**에 익숙해졌을 것이다. 농업 사회는 자연을 통제하려고 애를 쓰며 일이 잘못될 수 있는 다양한 변수를 빠르게 체득했다. 가뭄이 들면 작물이 초토화될 수 있었다. 역병이 돌면 가축이나 가족이 몰살될 수 있었다. 형편없는 영양 상태와 이웃이나 동물로 인한 감염으로 초기 농부들의 건강은 극도로 나빴다. 인구 밀도가 상승하자 위생 문제 또한 심해졌다. 쓰레기와 인간의 분뇨를 처리하는 법을 몰랐던 탓에 고대 정착지에서는 질병이 쉽게 전파됐다.

먼 미래에 일어날지 확실하지 않은 사건에 대해 미리부터 걱정하는 것을 불안이라고 한다. 불안은 방치하면 개인과 사회 모두에게 재앙이 될 수 있다. 개인은 심신을 약화시키는 매우 심각한 감정 상태, 즉 불안 장애를 겪으면 일을 전혀 할 수 없다. 심각한 불안이 집단의 차원으로 확산되면 해로운 의사결정 패턴으로 이어질 수 있다.

우리의 뇌가 행하도록 진화된 종류의 일인 채집과 우리 종이 직접 만들어 낸 아주 다른 일의 세계가 서로 일치하지 않아 발생한 결과의 첫 사례를 불안으로 볼 수 있다. **달리 말하자면, 농업 혁명부터 시작해 우리의 뇌 구조는 더 이상 우리가 하는 일에 맞지 않았다.** 우리는 성공하기 위해 심리적 유산 가운데 여전히 이치에 맞는 부분에 의존하는 동시에 저조한 결과가 나올 위험에 처하는 부분을 극복해야 했다.

신체적으로나 심리적으로나 나쁜 결과로 힘들지 않고 새로운 도전 과제에 적응할 줄 아는 능력이 바로 회복탄력성이다. 채집인은 눈사태나 화재와 같이 자연에서 발생한 문제가 닥쳤을 때 회복탄력성이 필요했을 것이다. 농부는 자연이 초래하는 과제뿐만 아니라 그들 내면의 심리와 새로운 일의 세계 사이에 존재하는 부조화까지 매일 감당하기 위해 회복탄력성을 갖춰야만 했을 것이다.

지나친 불안은 우리의 손발을 묶지만 약간의 불안은 수행에 이로울 수 있다. 4장에서 다루겠지만, 심리적 회복탄력성은 우리가 걱정을 달래고 이용할 수 있도록 돕는다. 농사와 목축에 성공하려면 불안을 걷잡을 수 없을 만큼 키우도록 방치하지 않고 계획을 세우는 데 이용할 줄 아는 인지적 통제력이 필요했을 것이다.

농업으로의 전환이 낳은 또 다른 주요한 부조화는 제너럴리스트인 채집인의 뇌와 농업이 요구하는 전문화 사이에서 발생한다. 채집인은 끊임없이 변화하는 환경 속에서 다양한 종류의 기술에 대한 지식이 필요했다. 농업인들은 한 장소에만 머무르며 수년간 같은 활동만 하기에 특별한 전문성을 획득하는 게 유리했다. 북동쪽 레반트의 산등성이에서 염소 떼를 키우는 부족으로 태어났다면, 당신은 당신의 전문 분야가 무엇인지 알 것이다. 농부라면 한 종의 곡물이나 밀을 제분하는 것과 같이 생산의 한 측면에만 주력할 것이다.

중국 싱룽와에서 발견된 유골을 보면 전문화와 그에 따른 단조로움을 그린 암울한 그림이 떠오른다. 이 문화권의 젊은 여성들은 평생토록 맷돌 앞에 무릎 꿇고 앉아 일하는 바람에 무릎이 변형되는 고통을 겪었다. 그들은 날마다 매시간 쭈그리고 앉아 몸이 뒤틀리도록 같은 일을 반복했다. 농업인인 **사피엔스**의 유골에 대해 이뤄진 전 세계적 연구에서 채집인에게는 보이지 않던 척추 디스크 질환과 관절염과 같은 새로운 변형이 발견됐다. 즉, 우리의 몸은 뇌와 마찬가지로 농업에 맞게 진화하지 않았다.

더불어 농업은 소수의 개인이 거대한 부를 축적할 수 있도록 사회 구조를 변형시켰다. 농업 사회가 시작될 때는 전제 정권의 형태가 아니었지만 대부분 그렇게 진화했다. 폭군들은 사회를 극단적으로 계층화시켜 인간 노예를 탄생시켰다. 수렵-채집인에게서는 노예제를 찾아보기 힘들다. 노예제의 확산은 사회 계층화와 인구 밀도, 경제적 잉여에 달려 있기 때문이다. 그 결과는 오늘날까지 이어진다. 2019년 현재, 전 세계적으로 약 4천만 명이 강제 노동을 하고 있으며, 그중 아동이 1천만 명에 달한다.

거의 모든 지표에 비춰 볼 때, 농업으로의 전환은 이해하기 힘든 선택처럼 보인다. 한 종으로서 우리는 재미있는 일과 여가를 더 긴 노동 시간과 단조로움, 노예제(다수), 형편없는 영양 상태(모두)와 맞바꿨다. 한물간 수렵을 고집하며 반기를 든 사람들도 분명 있었겠지만 시간이 흐르며 줄어들었다. 서기 100년경, 전 세계에 남은 채집인은 고작 100~200만 명인 반면, 농부는 2억 5천만 명에 달했다. 하지만 대부분이 가난했고 다수는 일에서 마음이 멀어졌으며 아마 지루함과 싸워야 했을 것이다.

○   **기계와 일하다**

우리는 20만 년 동안 채집을 하며 살아왔다. 그리고 약 1만 년 동안 농사를 지었다. 일의 세계에 그다음으로 닥친 대대적 변화는 불과 300년 전에 발생했다. 바로 산업 혁명이었다.

산업화된 일에 대한 인상은 남아 있는 기록들을 보면 알 수 있다. 1832년 22세였던 공장 노동자 매슈 크랩트리Matthew Crabtree가 영국 의회 앞에서 증언한 내용이 아동 노동 환경 조사 기록에 남아 있다. 해당 조사의 시행을 처음으로 주장한 마이클 새들러Michael Sadler 의원은 무려 89명의 증인을 특별 위원회에 소집했다. 다음은 새들러가 크랩트리를 직접 심문하는 과정인데, 현실을 무척 생생하게 드러내어 길게 인용하고자 한다.

새들러 몇 살부터 공장에서 일했습니까?

크랩트리 여덟 살입니다….

새들러 당신이 처음 공장에 갔던 시절에 보통 얼마나 일했는지 말해주시겠습니까?

크랩트리 아침 6시부터 밤 8시까지입니다.

새들러 공장이 잘 돌아갈 때는요?

크랩트리 아침 5시에서 밤 9시까지 일했습니다.

새들러 그 긴 노동 시간이 당신의 건강과 기분에 미친 영향을 말해주시겠습니까?

크랩트리 당시 저는 밤마다 너무나 피곤했습니다. 퇴근 후 너무 힘들어서 걸으며 졸기도 했는데, 그럴 때면 돌부리에 걸려 넘어지곤 했습니다. 자주 아픈 탓에 먹는 게 힘들었고, 먹은 건 토했습니다.

새들러   그 공장에서 당신은 무슨 역할을 했습니까?

크랩트리   저는 실을 만드는 직공이었습니다.

새들러   직공의 일은 기계의 한 부분에서 섬유를 거둬낸 후 그것을 또 다른 부분으로 옮기는 것이지요?

크랩트리   네….

새들러   증인의 경험에 비춰 볼 때, 만약 그 정도의 노동 시간이 보통이라면, 기계의 속도가 대단히 정교하게 계산돼 아동이 최선의 노력을 다하도록 강제한다고 생각하지 않습니까?

크랩트리   그게 아이들이 할 수 있는 최선이었습니다. 하루가 끝나갈 무렵 피로가 누적돼 속도를 따라잡을 수 없게 되면, 아이들은 맞습니다… 기계가 정해진 양의 실을 토해내면 당연히 아이들은 종일 기계의 작업 속도에 맞춰야 합니다. 따라서 (감독관이) 제아무리 인간적이라 해도 기계의 속도를 따라잡아야 하고 그렇지 못하면 잘못한 게 되니 그는 여러 가지 방법을 동원해 아이들이 기계의 속도를 따라잡도록 몰아붙입니다. 그래도 아이들이 졸면 주로 끈으로 묶는 방법을 많이 씁니다.

새들러   그렇다면 지각했을 때 심하게 맞을까 봐 걱정했나요?

크랩트리   어쩌다 지각하면 보통 맞았습니다. 아침에 일어나 맞을 걱정이 너무 심하게 들면 달려서 출근하곤 했고 공장으로 가

54

는 내내 울었습니다.

새들러   그렇다면 증인이 본 것과 경험한 것에 비춰 볼 때, 장시간
          의 노동이 노동하는 어린아이들을 극도로 불행하게 만든
          다는 인상을 받았나요?

크랩트리   네….

새들러   증인은 아이들이 작업을 계속하게 만들려면 구타가 절대
          적으로 필요하다고 말하는 것처럼 보입니다. 모든 공장에
          서 구타가 보편적이었나요?

크랩트리   저는 여러 공장에서 일해봤고, 모두 똑같이 잔인하게 아이
          들을 학대하는 걸 목격했습니다.

노동 운동가들은 크랩트리의 증언을 널리 알렸지만, 기업 동조
자들은 그를 비난했다. 이처럼 대조된 반응은 일이 어떤 지경에
이르렀는지 그리고 우리 종이 이러한 변화를 어떻게 생각하고 있
는지 잘 보여준다.

가령 우리는 이제 노동의 속도가 기계에 의해 정해진다는 걸
알고 있다. 산업 노동자들은 계절이나 어슬렁거리는 가축의 속도
를 따라잡는 게 아니라 인간이 만든 엔진의 속도를 따라간다. 기
계가 지배하는 공장의 노동에서 인간의 자율성은 찾아볼 수 없
다. 기계의 정확성과 일관성이 최우선이다. 일꾼 하나가 실수하
면, 다른 수백 명의 생산성이 떨어지기 때문이다. 또한 농부들과

달리, 공장 노동자들은 미리 계획할 필요가 없었다. 계획은 기계와 기계 설계자들의 몫이었다. 그 결과 예측력은 노동의 핵심 기술로서 그 필요가 사라졌다.

크랩트리의 증언에서 우리는 노동이 하나의 기계가 만든 생산품의 일부를 다른 기계로 옮기는 직공의 일처럼 매우 구체적이고 반복적인 업무로 전락했다는 사실을 알 수 있다. 농업과 함께 시작된 전문화 추세는 이제 가장 극단적 형태에 도달했다. 바로 노력의 철저한 분할이다. 농촌의 삶이 제아무리 지루하다 한들 공장 노동자들이 느끼는 유례없는 수준의 지루함에 견줄 바가 못 됐을 것이다. 공장 노동자들은 자연 세상과의 접촉도 없이 노동의 결과물에 대해 실낱같은 유대감만을 느끼며 날이면 날마다 같은 동작을 몇 시간씩 반복해야 했다. 이처럼 공장 일은 농업에서 이미 비인간적 요소들을 모두 가져다가 더 악화시켰다.

채집에서 농업으로 전환하는 동안 우리 종은 자신이 일군 성공의 희생양이 됐다. 인간은 인간 뇌의 탁월한 인지적 복잡성을 모두 동원해 기계를 설계하고 인간의 창의적 과정을 유명무실하게 만들었다. 아이러니하게도 기계를 작동할 사람들에게는 일 자체에서 그런 복잡성이 거의 필요하지 않았다. 오직 **호모 사피엔스**만이 조면기(면화에서 솜과 씨를 분리하는 기계-옮긴이)를 꿈꿀 수 있었을 테지만 네안데르탈인조차 작동시킬 수 있었을 것이다.

일단 산업화의 물결이 닥치기 시작하자 멈출 방법이 없었다.

사람은 일을 주도하는 역할이 아니라 그 반대 위치에 있었다. 농업 자체가 점점 기계화돼 가자 농업에 종사하는 일은 처음에는 서서히, 나중에는 급속도로 사라졌다. 1900년부터 1940년까지 미국 노동력의 40%가 농업에서 공장 환경으로 자리를 옮겼다. 노동자들은 시골을 떠나 도시로 몰려가 조립 라인에서 일했다.

심리적 회복탄력성은 농민들에게 이미 중요했지만, 가족과 떨어져 혹독한 조건에서 장시간 노동을 견뎌야 하는 환경에서 더더욱 중요해졌다. 사회적 지지도 마찬가지였다. 새로이 도시인이 된 노동자들은 공장 말고는 딱히 소속된 공동체가 없어 바닥부터 새로 기반을 쌓아 올려야 했다. 재정적 격변을 완화하려는 명시적 목표를 가진 새로운 사교 모임들이 출현했다. 우애조합Friendly Society은 당시 영국 노동 계급을 대표하는 제도라고 불린다. 조합은 조합원들에게 금전적, 사회적 서비스를 제공했다. 예컨대 1761년 최초의 근대적 협동조합으로 분류되는 펜윅 직물공 협동조합Fenwick Weavers Society은 형편이 어려운 직물공들을 지원하고 모두에게 공정한 임금을 보장하기 위해 설립됐다. 얼마 후 규모가 더 큰 노동조합들과 정당들이 같은 목표 아래 결성됐다. 하지만 초기에 설립된 소규모 지역 조합들은 적응하기 어려워하는 사람들에게 회복탄력성을 북돋아 주는 것을 목표로 삼았다. 새로운 이민자인 쿀러만의 할아버지가 브루클린에서 처음으로 취업하고 아내가 될 사람을 만난 것도 조합 덕분이었다.

많은 사람이 새로운 변화를 버텨내지 못했다. 우리의 뇌는 공장 생활에 잘 대처하게끔 설계되지 않았다. 그보다 맹수와 폭풍우와 부족 간 다툼에 대처하도록 설계됐다. 우리의 몸은 직공으로 살도록 설계되지 않았다. 여기저기 돌아다니고 채집하고 사냥하고 한가로이 잡담하도록 설계됐다. 그러니 우리가 고통받은 건 당연하다. 하지만 이것은 변화와 현실의 부조화로 개인과 사회가 치른 희생에 대한 기록이 생긴 첫 번째 시대에 불과했다.

새들러는 이러한 심리적 비용에 대해 우려를 표명했다. **"그렇다면… 장시간의 노동이 노동하는 어린아이들을 극도로 불행하게 만든다는 인상을 받았나요?"** 그는 용의주도한 질문으로 공장의 삶이 초래한 신체적 피해뿐만 아니라 정서적 피해까지 부각하려고 했다.

산업화된 세상에서 일과 웰빙의 관계는 놓칠 수 없는 요소다. 산업화된 세상은 노동자들이 가진 수많은 지적 재능은 무시한 채 그들을 신체적 한계 수준까지 몰아붙인다. 1800년에 8세 아동은 하루 3~5시간 동안 여유롭게 무언가를 발견하는 채집 활동을 하도록 진화된 뇌를 사용해, 14~16시간 동안 반복적 생산 업무를 해내야 했다(오늘날 전 세계 1억 6천만 명의 아이들이 여전히 노동을 하고 있으며, 그중 절반은 유해한 조건에서 일한다).

그 결과 많은 공장 노동자가 정신질환으로 고통받았다. 그 시절 병명은 지금과 달랐다. 가령 불안과 우울, 만성 피로 대신 '신경 쇠약'과 '히스테리'가 주를 이뤘다. 특히 신경 쇠약은 1869년에 미국 신경과 전문의인 조지 비어드George Beard가 '신경의 소진'이란 뜻으로 지은 병명인데, 이후 수십 년에 걸쳐 진단명으로 널리 사용됐다. 신경 쇠약 환자들은 근대의 삶이 빚어낸 속도에 지쳐 에너지가 고갈된 것으로 묘사됐다.

신경 쇠약은 때론 부유층의 병으로 여겨졌지만, 노동 계급에도 나타났다는 기록이 남아 있다. 1906년 무렵, 런던에 소재한 퀸 스퀘어 병원Queen Square Hospital에서 내린 진단 중 11%가 신경 쇠약이었다. 1911년 대서양 반대편 뉴욕시의 한 개인 병원에서는 의류 공장 노동자들이 놀라울 정도로 높은 신경 쇠약 유병률을 보인다고 기록했다.

당시에 만연했던 고통의 여파는 오늘날까지도 남아 있다. 2018년, 노동 연구가인 마틴 오촌카Martin Obschonka와 그의 팀은 잉글랜드와 웨일스 전역에서 수집한 성격과 웰빙에 관한 데이터를 분석했다. 그들은 한때 고도로 공업화된 지역, 가령 석탄 광산 지역이나 증기를 이용한 제조업에 관여한 지역들과 공업화가 덜된 지역들을 비교했다. 과거에 공업화가 심했던 지역에 거주하는 현대의 주민들은 해당 산업이 사라진 지 수십 년이 지났어도 공업화가 덜된 지역 주민보다 더 많은 신경 쇠약과 더 낮은 삶의 만족도와 성실성을 보였다. 오촌카와 그의 팀은 미국에서도 같은 분석 결과를 얻어 오랜 시간이 지났어도 산업 혁명으로 인한 심리적 피해가 오늘날 우리 사회를 여전히 괴롭히고 있다는 것을 증명했다.

공장 노동자들은 새로운 삶이 주는 스트레스에 여러 방식으로 대처했고 일부는 좀 더 건강한 방법을 택했다. 가장 악명 높은 자가 치료법은 술이었다. 새로운 증류법이 개발돼 술의 대량 생산이 가능해지자 술값은 내려가고 도수는 올라갔으며 구하기는 훨씬 쉬워졌다. 특히 도시 노동 계급 사이에서 음주가 널리 확산됐다. 집을 떠나 장시간 일하는 외롭고 고립된 노동자들에게 술은 값싸고 충직한 친구였다.

1844년, 청년 프리드리히 엥겔스Friedrich Engels는 그의 가족이 소유한 맨체스터 공장에서 일하는 지역 노동자들을 보며 술이 얼마나 골칫거리인지 묘사했다. 그는 글래스고의 거리에만 3만 명에 달하는 술꾼이 있으며, 술집의 기능을 하는 건물이 도시 가옥의 10%를 차지하고, 1823년부터 1840년 사이 잉글랜드에서 소비된 알코올의 양이 네 배 증가했다는 보고를 인용했다. 맨체스터의 음주 문화에 관해 엥겔스는 이렇게 적었다.

> 토요일 저녁… 모든 노동 계급이 초라한 거처에서 빠져나와 대로를 가득 메우면 무자비한 폭음을 볼 수 있다. 그런 저녁에 비틀거리는 사람들과 하수구에 누워 있는 사람들을 마주치지 않고서는 맨체스터를 빠져나올 수가 없다. … 잉글랜드 노동자들의 폭음이 얼마나 심한지 목격한 사람이라면… 외적 조건의 악

화, 무서울 정도로 피폐해진 심신의 건강, 그에 따른 모든 가족 관계의 파괴를 쉽게 상상할 수 있다.

엥겔스는 자본주의 시스템의 개선보다는 폭로를 택했다. 그해 말, 그는 파리에서 카를 마르크스Karl Marx와 두 번째로 만났다. 두 사람의 만남은 이후 《공산당 선언》을 낳은 협업의 시작점이 됐다. 마르크스와 엥겔스는 근대 시대 일의 세계가 낳은 병폐는 인간 정신에 너무도 유해하므로 자본주의를 완전히 전복시켜야 한다고 생각했다. 노동 시스템이 인간을 병들게 한다면, 시스템 자체가 사라져야 한다는 논리였다.

반면 다른 사람들은 시스템 안에서 돕고자 애썼다. 시카고의 사업가인 로버트 로Robert Law는 이러한 사태에 개입한 최초의 미국인 고용주 가운데 한 명이다. 1863년, 그는 작은 일부터 시작했다. 우선 알코올 중독으로 고생하는 직원들 가운데 한 명을 골라 함께 생활하며 금주를 도왔다. 로는 자신의 재활 프로그램이 성공하자 역사상 최초의 금주생활시설을 설립했다. 그가 세운 전통을 이어받아 근로자 지원 프로그램Employee Assistance Program, EAP이 출현하기 시작했다. 1920년 무렵, 이스트먼 코닥Eastman Kodak과 같은 진보적 고용주들이 중독과 싸우는 모든 직원에게 지원 프로그램을 제공했다.

일부 학자들은 노동자들을 지원하는 행보를 회의적으로 바라보며, 사회주의 정서가 확대되는 것을 미연에 방지하려는 목적에 불과했다고 주장한다. 그런가 하면 노동자가 1년 내내 술에 취해 있으면 자신의 사업에도 해롭다는 걸 공장 소유주들이 깨달으면서 나타난 결과라는 설명도 있다. 이러한 주장은 당시 새롭게 뿌리내리고 있던 **생산성**에 대한 집착과 꼭 들어맞았다. 세계 최초의 효율성 대가인 프레더릭 테일러Frederick Taylor라는 엔지니어는 기업이 노동자의 생산량을 극대화할 때 성공한다는 개념을 널리 확산시켰다. 테일러의 설명에 따르면 술에 취하지 않고 맑은 정신을 가진 노동자들이 바로 생산적 노동자였다.

선의를 베풀려는 동기와 사리를 추구하는 동기의 결합은 현대의 직장과 인사 부서HR가 가진 구조적 온정주의를 끌어냈다. 오늘날 거대 고용주의 97%가 근로자들이 중독을 넘어 온갖 종류의 정신건강에 대한 우려를 해소하도록 지원하고자 인사 부서를 통해 EAP를 제공한다. 신체와 정서의 질병으로 고통받는 직원들에게 기업이 도움을 제공해야 한다는 **기대감도 높아졌다.** EAP의 유산은 자애로우면서도 자본주의적이다. 주요한 단점이 있긴 하지만 치료에 도움이 된다. 10장에서 우리는 EAP 모델과 그 단점을 살펴보고, 인적 자본 관리를 위해 행동과학의 원칙에 더 잘 맞는 대안을 제시할 것이다.

우리의 비전은 단순히 위해 요소를 완화하는 게 아니다. 산업주의 시대 고용주들은 직원들이 맑은 정신을 차리도록 지원하는 것이 최선이었다. 하지만 당시 고용주들의 동기가 무엇이든 오늘날 일의 세계에 새롭고도 거대한 변화가 싹트고 있다. 우리에게 위해 요소를 예방할 기회가 찾아온 것이다. 위대함, 혁신, 웰빙을 촉진할 기회도 놓쳐선 안 된다. 수천 년, 또는 수백 년이 흐른 지금, 예측력이나 창의력과 같이 인간만이 가진 고유한 기술들은 다시 매우 중요해졌다. 시의적절하게도 우리는 **사피엔스**의 슈퍼 파워가 가진 한계를 시험할 수 있는 잠재력을 가졌다. 과거에 농업과 산업화는 일에서 인간적 요소를 없애버렸지만 앞으로 다가올 시대는 동기를 자극하는 새로운 방식으로 다시금 일에 인간적 요소를 더할 수 있는 잠재력을 가졌다.

일에 인간적 요소를 더하려면 가까운 미래에 우리가 해야 할 일이 무엇인지 명확히 이해해야 한다. 또한 우리가 가진 고유한 역사적 강점, 즉 생존이 아니라 번영을 위해 필요한 기술들을 강화하는 법을 알려주는 현대의 행동과학을 배우고 활용해야 한다.

오늘날의 일은 대부분 우리의 뇌가 진화를 통해 최적화된 활동, 가령 딸기류를 따고 나무를 기어오르고 물고기를 잡는 노동과는 전혀 닮지 않았다. 그런 의미에서 우리가 앞으로 펼쳐질 불편한 부조화를 두려워하는 것은 당연하다. 하지만 바로 어마어마하게 강력한 채집인의 뇌 덕분에 다가올 미래에 대해 그리고 많은 면에서 이미 여기 닥친 상황에 대비할 수 있다.

2장

자동화 시대,
급류를 타야 하는 사람들

오늘날 일의 세계에서 0에서부터 다시 시작하는 것은 일상다반사가 됐다. 우리는 경력을 시작하고, 시장과 기술의 변화에 따라 방향을 선회하는 일을 되풀이하며 산다. 코로나19는 소위 일의 미래가 사실상 눈앞에 와 있다는 사실을 깨닫지 못한 많은 사람에게 날벼락과 같았다. 하지만 수백만의 노동자들은 이미 팬데믹 이전부터 현실로 체감하고 있었다.

미시간주 출신인 로버트 밴오든Robert VanOrden은 아버지처럼 자동차업에 종사했고, 그의 아들도 같은 일을 했다. 낮이면 밴오든은 제너럴 모터스GM의 디트로이트-햄트램크Hamtramck 조립 공장에서 냉난방 기기를 가동시켰다. 남는 시간이면 아들과 함께 고물차를 매입해 개조한 후 되팔아 용돈을 벌었다.

공장 노동자인 밴오든은 1980년대 햄트램크 지방 정부가 내린 말도 많고 탈도 많았던 결정의 수혜자 가운데 한 명이었다. 이 지방 정부는 토지수용권법eminent domain law(국가나 자치단체 또는 공공단체가 공공의 이익을 위해 개인이 소유한 재산의 소유권과 기타 권리를 법률이 정한 일련의 절차에 따라 소유자의 동의 없이 강제적으로 취득 또는 사용할 수 있는 권한을 명시한 법 - 옮긴이)을 이용해 폴타운 지역의 토지 300에이커를 GM의 공장 부지로 사용할 수 있게 했다. 많은 사람이 보상에 대해 회의적으로 예상하며 결정에 반대했다.

시간이 흘러 지역 주민들이 돌아가며 공장에서 일하게 되자 공장에서 받은 임금이 주 소득원이 됐다. 하지만 지금까지도 토지 전용의 상처는 전혀 아물지 않았다.

2018년 11월, 또다시 논란이 될 만한 결정이 내려졌다. 이번에는 지방 정부가 아니라 GM의 결정이었다. GM 공장 노동자의 딸이자 18세 이후 줄곧 GM의 직원이었던 CEO 메리 배라Mary Barra가 햄트램크 공장의 문을 닫겠다는 결정을 내렸다. "GM은 장기적 성공을 위해 변화하는 시장 상황과 고객의 선호를 한발 앞서 파악하길 원합니다."

배라는 성명서를 통해 이번 결정에 관해 설명했다. "우리는 지금 이 회사를 탈바꿈하고 있습니다. 엔진 시스템, 자율주행, 차량 공유만 봐도 알 수 있듯이 이 산업은 매우 빠르게 변화하고 있습니다. 우리는 GM과 경제가 잘나가는 동안 이런 변화보다 앞서길 원합니다. 우리는 전기차와 자율주행차에 투자하면서도 자본 지출을 줄일 수 있습니다."

전자공학을 전공한 배라는 한때 햄트램크 공장을 직접 관리했다. 그녀가 인사 담당 부사장으로 일하는 동안 그녀의 전임자인 댄 애커슨Dan Akerson은 배라의 재능을 알아봤다. 인사를 담당하는 직책은 100년 이상의 전통을 가진 기업에서 인재상이 어떻게 변화하는지를 몸소 깨닫게 해줬을 것이다. 2013년 배라가 CEO로 임명되자 〈월스트리트저널〉은 여성에게 획기적 업적이라고 치켜세웠다. 그 후로 배라는 GM의 품질과 브랜드 개선을 위해 헌신한 것으로 잘 알려져 있다. 그녀는 햄트램크 공장 폐쇄라는 어려운 결정을 내리면서 자동차가 진화하듯이 GM 노동자의 인재 요건도 변해야 한다는 메시지를 시장에 알리는 기회로 이용했다. "GM은 적절한 기술을 가진 인재가 필요하고 앞으로도 필요할 것이니 인원 감축이 있더라도 새로운 채용이 있을 것입니다."

햄트램크와 다른 곳에서 수천 명의 직원이 해고됐다. 반면 샌프란시스코에 있는 자율주행 자동차 회사인 GM 크루즈GM Cruise는 계속해서 고용을 창출하는 회사 가운데 하나다. 햄트램크시 공무원들은 GM의 정리해고로 인해 햄트램크의 연간 예산에서 약 100만 달러의 손실이 발생했고, 학교 보조 기금에서 11만 5천 달러가 사라졌다고 추정한다. 오랜 세월 GM과 지역 정부에 대해 지독히 불신하던 지역 주민들은 공장 폐쇄를 보며 자신들이 옳았다고 생각했다. 칼럼니스트 존 갤러거John Gallagher는 시민들의 분개를 이렇게 표현했다.

"윌리엄 포크너William Faulkner가 한때 말했듯이, 과거는 죽지 않았고 심지어 지나가지도 않았다. 그러니 이제 디트로이트가 한 동네를 없애고 자동차 공장을 짓기로 합의한 지 약 40년이 지난 지금, 상처에서 여전히 피가 흐르더라도 놀라지 말라. 기억은 아직도 또렷하고 질문은 사라지지 않았다."

밴오든도 실직해 압류의 위험에 처하기까지 했다. 공장을 폐쇄

한다는 소식은 그에게 충격이었다.

"저는 절망했습니다." 당시 그가 말했다. "몇 시간 동안 의자에 앉아 인생에 대해, 무엇을 할 것인지에 대해 곰곰이 생각했습니다. 저는 현명한 사람이고 술이나 마약은 하지 않았습니다. 그래서 또렷한 정신으로 이렇게 말했어요. '자, 이제 때가 왔다. 이 나이에 나는 0에서부터 모든 걸 다시 시작해야 한다.'"

오늘날 일의 세계에서 0에서부터 다시 시작하는 것은 일상다반사가 됐다. 우리는 경력을 시작하고, 시장과 기술의 변화에 따라 방향을 선회하는 일을 되풀이하며 산다. 코로나19는 소위 일의 미래가 사실상 눈앞에 와 있다는 사실을 깨닫지 못한 많은 사람에게 날벼락과 같았다. 하지만 수백만의 노동자들은 이미 팬데믹 이전부터 현실로 체감하고 있었다.

약 7년 전, 우리의 동료이자 미래학자 겸 제록스의 수석 과학자였던 존 실리 브라운John Silly Brown과 그의 집필 파트너인 앤 펜들턴-줄리언Ann Pendleton-Jullian은 이 현상을 "급류와 같은 일의 세계whitewater world of work"라고 묘사하기 시작했다. 브라운은 1980년대와 1990년대에 레이저 프린터와 그래픽 사용자 인터페이스GUI를 발명한 제록스 PARC팀을 이끌었다. GUI는 컴퓨터의 '바탕화면'에서 이뤄지는 메뉴와 폴더와 마우스 사이의 상호 작용의 기초가 됐다.

브라운은 날카로운 문제 제기와 비유에도 능하다. "내 부모 시절에 전형적인 경력의 궤적은 증기선의 궤적과 유사했습니다. 엔진에 불을 지피고 전속력으로 나아가는 거죠. 하지만 내 세대에 와서는 돛단배와 흡사해졌습니다. 돛이 바람을 잘 받도록 요령껏 잘 조종해 원하는 곳으로 가는 겁니다. 하지만 요즘 대졸자들은 급류에서 카약을 타는 것에 더 가깝습니다. 시시각각 변하는 물의 흐름을 재빨리 분석해 대처해야 하고, 자신을 잘 알고 신뢰해 당황하지 말아야 합니다."

카약으로 급류 타기를 한다는 표현은 오늘날 일터에서 감당해야 하는 긴장감을 생각하면 고상하게 말한 수준이다. 우리는 홀로 카약에 앉아 시시각각 닥치는 물살을 타고 있다. 하지만 동시에 어떤 시점에 어떤 식으로든 전 세계 수백만 명에게 영향을 미칠 중요한 사건이라는 물살을 타고 하류로 내려간다. 한편으로 생각하면 이러한 급류를 자신에게 유리하게 이용할 수 있는 사람들은 무한한 기회를 취할 수 있다. 다른 한편으로는 끊임없는 불확실성이 가장 부지런한 사람들조차 겁먹게 만드는 스트레스와 공포심을 조장한다.

아울러 급류라는 비유는 우리가 채집인의 삶의 방식이 가진 어떤 장점들로 회귀하고 있는 것을 암시한다. 수렵-채집인인 우리의 조상들처럼 모두 환경을 읽을 줄 알고 광범위한 위협과 기회를 포착할 수 있어야 한다. 옛날 옛적에는 순록이 떼로 몰려오면 부족민 전체가 사냥꾼과 도살자 그리고 요리사가 됐다. 운 좋게 야생 딸기류를 발견하면 모두 채집인으로 돌아갈 수 있었다. 우리는 뛰어난 민첩성으로 눈앞의 기회를 포착할 수 있는 제너럴리스트로 진화했다. 바로 이러한 성공 비결이 오늘날의 불확실한 시장에도 적용된다.

우리가 오늘날 일터에서 직면한 변화의 **속도**나 **종류**에는 전례가 없다. 이러한 속도와 종류의 불확실성에 성공적으로 잘 대처하려면, 즉 단지 살아남는 것이 아니라 주변의 기회를 백분 활용해 번영하려면 고유한 한 집합으로 구성된 정서, 사회, 인지 기술이 필요하다. 도전 과제의 이러한 두 가지 차원을 이해한다면 잘 대처할 수 있을 것이다.

○   변화의 속도

우리 선조들이 보기에 산업 혁명기의 세상은 이미 너무 빠르게 돌아가고 있었다. 우리는 어떻게 오늘날 변화의 속도와 100년 전에 경험한 속도를 비교할 수 있을까?

일자리 배치 전환의 렌즈를 통해 살펴보면 이 질문에 대해 한 가지 답을 찾을 수 있다. 즉, 대체된 일자리의 수를 보는 것이다. 어떤 경우에 이것은 기계에 의해 밀려나 사라진 일자리를 의미하기도 한다. 또 이것은 일이 변해 새로운 종류의 고용이 생겨났다는 의미일 수도 있다. 가령 '직공'은 옛일을 대체했다. 최초의 노동 대격변기에 농업이 새로운 일의 방법으로서 채집을 완전히 대체하기까지 약 1만 년이 걸렸다. 산업화 이후 좀 더 신뢰할 만한 정확한 데이터가 생겼다. 미국 인구조사국US Census Bureau이 제시한 베인Bain의 분석에 따르면, 1900년부터 1940년까지 미국에서 실직은 40%의 속도로 발생했다. 달리 말하자면, 산업 혁명기의 마지막 40년 동안 미국 노동자의 40%가 신기술에 의해 일을 빼앗기거나 대체됐다는 뜻이다. 잘 운영되는 공장의 수와 규모 그리고 도시 내 주거 지역이 많았다는 사실을 고려할 때, 그 시대의 막바지에 이르러 실직이 가장 빠르게 발생했다고 보는 게 타당하다.

오늘날의 실직 속도와는 어떻게 비교할 것인가? 대부분의 추정치에 따르면, 2020년은 여전히 새로운 일의 세계를 여는 서막에 해당한다. 하지만 미국 인구조사국이 제시한 2018년 분석에 따르면, 미국 노동력의 약 20~25%가 향후 10~20년 안에 자동화로 인해 일자리를 잃게 될 것이다.

달리 말하자면, 새로운 일의 세계에서 변천의 **초기**에 해당하는 오늘날의 실직은 산업화가 절정이던 1900년보다 두 배 빠르게 진행되고 있다. 그리고 이 속도는 가속화될 것이다. 2018년 당시, 전체 노동 업무의 약 71%를 인간이, 29%를 기계가 수행했다. 세계경제포럼의 추정에 따르면, 이 비율은 2025년까지 인간

50%, 기계 50%로 바뀔 것이다. 맥킨지 글로벌 연구소의 신기술 채택 모형에 따르면, 우리 가운데 80%나 되는 사람이 2030년까지 자동화로 인해 실직이나 임금 삭감을 경험할 것이다.

이처럼 무서운 변화를 주도하는 엔진은 바로 기술 혁신의 속도다. 발화와 텍스트 인식 분야에서 보여준 리더십으로 국가 기술 혁신 메달National Medal of Technology and Innovation을 수상한 발명가 레이 커즈와일Ray Kurzweil은 2001년 수확 가속의 법칙을 발표해 오늘날 자동화, 인공지능, 나노 기술 등의 분야에서 목격되는 기하급수적 가속도를 예측했다. 당시 그는 이렇게 적었다. "21세기에 우리는 100년 치의 발전을 경험하는 게 아니라 2만 년 치에 달하는 발전을 목격할 것이다."

한 세기만에 2만 년 치의 발전이라니! 개인은 그런 변화를 어떻게 경험할까? 우리 개개인이 경력을 쌓아가는 과정에서 얼마나 자주 '0에서부터 다시 시작'해야 할까? 달리 말해, **나는 개인적으로 이런 변화를 얼마나 빠르게 경험할 것인가?**

한 사람의 인생 안에서 변화의 주기를 예상해 보기 위해 사용될 수 있는 유용한 대용물은 바로 기술 도태의 속도다. 컴퓨터 언어, 마케팅 분석의 모범 사례 또는 한 세대의 고객 관리 소프트웨어와 같은 것들은 얼마나 빨리 그 수명이 다할까? 15년 전, 브라운은 기술 도태의 속도를 5년으로 내다봤다. 오늘날 그는 18개월 정도라고 정정했다. 세계경제포럼과 같은 단체들은 특정 기술들을 대분류해 수십 년에 걸쳐 시장 수요의 변화를 추적한다. 세계 경제포럼은 추적 조사를 토대로 우리가 10년 주기로 새 직업을 갖게 될 거라고 추정한다. 맥킨지 글로벌 연구소의 추적 조사에 따르면 2030년 무렵 일이 정교한 기계와 함께 진화해 일부가 아닌 **모든** 노동자에게 새로운 기술이 필요할 거라고 한다.

자동차의 세계만 살펴봐도 전기차와 자율주행차 분야에서 대대적이고 획기적인 기술 발전이 이뤄져 불과 10~20년 만에 완전히 새로운 부문으로 탈바꿈했다. 2040년이 되면 시장에 출시된 신차의 절반 이상이 전기차로 대체될 것이다. 현재로서는 밴 오든 같은 노동자들은 이직할 수 있다. 하지만 가솔린 엔진 전문가들은 조만간 자신들의 기술이 쓸모없다는 걸 깨닫게 될 것이다. 그만큼 전문화된 노동이 빠르게 그 수명을 다해가고 있다.

한편으로 이런 상황은 제너럴리즘으로의 회귀를 떠올리게 한다. 채집인이었던 우리의 조상처럼 우리는 점차 여러 역할을 경험하며 제너럴리스트의 폭넓은 기반이 우리에게 유리하다는 걸 깨닫게 될 것이다. 기술 문해력과 기본적인 프로페셔널리즘 같은 능력들의 가치가 오래 지속될 것이다.

다른 한편으로는 오늘날 일의 세계에서 진정한 제너럴리스트는 과거에 등장했던 수렵이나 어획과 같은 어떤 특정 기술에 전문화돼 있다기보다 심리적 역량을 계속 갖추고 있다. 이러한 기술들을 코딩과 같은 '하드 스킬hard skill'에 대비해 '소프트 스킬soft skill'이라고 부른다. 최근 기술 교육만 반복하는 일터에서 소프트 스킬의 이미지를 되살리려는 사람들은 '파워 기술power skill' 또는 '메타 기술meta-skill'로 부르기도 한다. 이러한 심리적 기술들은 인간을 기술과 구별해 줄 뿐만 아니라 구체적 직업 훈련을 초월하는 것이다. 다시 말해 채집인인 선조들이 누렸던 일의 세계와는 너무도 다른 환경에서 살아가는 우리가 변화 속에서 번영하기 위해 온전한 인간으로서 가져야 할 역량을 말한다. 이러한 메타 기술, 즉 프리즘의 힘을 정의하고 키우는 방법을 알리는 것이 이 책의 과제다.

산업화는 세대마다 변화를 만들었다. 급류와 같은 일의 세계에서 변화는 너무도 빨라 우리는 한 세대 **안**에서 여러 차례 변화를 느낄 것이다. 경력을 쌓으며 0에서 다시 시작하는 일도 여러 차례 겪을 것이다. 새로운 업무 기술을 배워도 금세 쓸모없어지거나 기계에 대체되는 걸 목격할 것이다. 무엇보다 우리는 매일 다시 탄생할 것이다. 그리고 우리의 자녀와 그들의 자녀들도 같은 일을 겪게 될 것이다.

○　　**변화의 성격**

급류의 비유에는 속도와 함께 끊임없는 예측 불가능성

이라는 개념도 내재해 있다. 오늘날 변화의 속도는 과거보다 극적으로 더 빠를 뿐 아니라 변화의 종류 자체도 다르다. 브라운에 따르면, "빠르게 변화하고 점점 더 상호 연관성이 커지는 세상이다. 이렇게 점점 커지는 상호 연관성 때문에 모든 게 주변에서 일어나는 다른 모든 것에 달려 있다. 이런 상호 연관성은 그 어느 때보다 더 심하다".

특히 20세기 말이 되자 군과 정계에서는 세계적 사건과 특정 지역에서 벌어지는 사건의 상호 작용에 관심을 가지기 시작했다. 오늘날 기업 환경을 묘사하기 위해 변동성volatility, 불확실성uncertainty, 복잡성complexity, 모호성ambiguity의 약자인 뷰카VUCA라는 단어가 자주 사용된다. 하지만 이 단어는 원래 냉전의 종식에 따라 발생한 변화의 예측 불가능성을 묘사하기 위해 군 지도자들이 만든 말이다.

탈냉전 시대가 되자 더 이상 우리와 그들, 민주주의와 소련, 개인주의자와 집단주의자로 나누어 대립하지 않게 됐다. 지정학에 따른 전망이 갑자기 바뀌며 마크 로스코Mark Rothko가 단순한 색채 덩어리를 나열해 그린 작품보다 잭슨 폴록Jackson Pollock이 그린 난해한 추상화에 가까워졌다. 고도로 세분화되고 모호한 여러 세력이 끊임없이 변하는 동기에 따라 국경을 넘나들며 활동했다. 추적은 말할 것도 없고 예측도 불가능했다. 군은 앞서 말한 뷰카의 각 요소에 대한 대비 태세를 갖춰야 했다.

① **변동성**: 알 수 없는 기간 동안 지속되고 예측할 수 없으며 불
안정한 도전 과제

② **불확실성**: 갑작스레 놀라게 할 만한 잠재력을 가진 예측할 수
없는 사건

③ **복잡성**: 사건에 영향을 주며 상호 연관된 압도적으로 많은
변수들

④ **모호성**: 사건을 일으키는 흐리터분한 인과 관계

뷰카라는 단어를 사용하는 빈도가 늘어난 것은 현재 조직적으로 우리가 겪고 있는 현실에서 그만큼 변화의 현상들이 늘어나고 있는 것을 시사한다. 많은 리더십 교육 기관들도 리더들이 일의 세계에서 성공하도록 지원하기 위해 군대식 사고를 활용하는 뷰카 기반 도구를 제공한다.

뷰카보다 10년 전에 계획자들과 설계 이론가들은 복잡한 사회 문제를 묘사하기 위해 '사악한 문제wicked problem'라는 개념을 만들었다. 사악한 문제는 수학이나 체스 등의 게임 같은 단순한 문제들과는 대조적으로 정보가 불완전하거나 모순되고 요건이 바뀌는 탓에 해결이 어렵다. 게다가 많은 이해당사자와 의견이 포함되며 종종 다른 문제들과 밀접하게 연관돼 있다. 정의상 사악한 문제에는 여러 원인이 있으며 하나의 '정답'은 없다. 테러리즘, 빈곤, 지구 온난화가 사악한 문제의 대표적인 예다.

뷰카와 마찬가지로 사악한 문제라는 개념은 현대의 기업 전략에서 유용하게 사용됐다. 예컨대 피츠버그대학교 존 카밀러스John Camillus 교수는 조직이 끊임없는 변화나 전례 없는 문제에 직면할 때 나타나는 '사악한 전략 문제'의 전문가다.

햄트램크 공장을 폐쇄하기로 한 배라의 결정을 떠올려 보라. 배라는 GM의 주력 사업을 전기차로 바꾸면서 지구 온난화라는 사악한 문제를 하나의 변수로 다뤄야만 했다. 또 미시간 지역 경제 문제, GM이 전통적 차량에 자원을 집중할 경우 경쟁업체들의 기술 혁신 속도에 발맞춰 우위를 차지할 문제도 다뤄야 했다. 모두 하나같이 어려운 문제들이다. 배라는 이 사악한 문제 바구니를 모두 해결해야 했다.

배라는 햄트램크 공장 및 여타 공장들을 폐쇄해 이러한 전형적인 사악한 문제들을 '해결'하면서 동시에 자동차 업계에 완전히 새로운 또 다른 문제들을 안겨줬다. 2019년 9월 16일, 전미 자동차 노동조합United Auto Workers 소속인 4만 6천 명의 GM 노동자들은 공장 폐쇄에 항의하며 파업에 돌입했다. GM은 파업으로 인해 매주 4억 5천만 달러의 손실을 봤다. 이후 한 달 내에 노사는 햄트램크를 전기차 공장으로 재가동해 9천 개의 일자리를 창출한다는 조건에 합의했다. 2020년 1월, GM에서 제시한 숫자는 2,200개로 줄었다. 전략적 결정을 내릴 때마다 배라는 해법이 아닌 행동으로 맞섰고 GM 안에서 그리고 GM과 무관하게 복잡한 상황을 새로이 초래했다.

햄트램크의 실직자들은 이런 사태가 자신들에게 어떤 의미로 다가올지 지금도 궁금해한다. 밴오든은 또 다른 GM 공장에서 잠시 일하게 됐으나 한 회사에 자신의 운명을 걸지 않고서 바로 다른 곳에 지원했다. 정리해고 후 공장의 지위, 주력 분야, 규모를 둘러싼 변동성은 커졌다. 이제는 노동자들도 하나의 공장이나 기술에만 의존해서는 안정적 소득원을 확보할 수 없다는 사실을 잘 알고 있다.

일종의 뷰카를 제공하는 기술은 매일같이 모든 산업과 대화의 장으로 확장됐다. 기술은 세계적 소통과 교류를 촉진한다. 우리의 집에도 기술과 관련된 것들이 존재한다. 사무실에서 기술은 정보 공유와 더 빠른 업무 처리를 가능하게 한다. 2000년에 북미 지역의 4억 명 인구가 인터넷을 사용했지만, 오늘날에는 전 세계적으로 50억 명이 사용한다. 정보마다, 즉 우리를 둘러싼 급류의 물결마다 50억 개의 발원지와 50억 개의 증폭과 변형 지점이 있다는 뜻이다. 그 물결의 크기는 각 정보나 세계적 사건이 가질 영향의 크기에 해당한다. 물결은 상호 작용할 것이다. 서로 증폭시키기도 하고 서로 없앨 수도 있다. 우리는 매일같이 수십억 개의 물결들에 올라타 무엇을 신경 써야 하고 무시해야 할지 결정하고, 무엇이 앞으로 우리 삶을 바꿀 큰 변화를 끌어낼지 판단한다.

이런 변화를 겪고 사는 건 어떤 느낌일까? 이미 뷰카와 사악한 문제들을 연구한 20세기 말 학자들은 인간이 겪을 수 있는 경험에 대해 충분히 잘 묘사했다. 변동성은 '빠르고 예측할 수 없게 변화하는 특징, **특히 나쁜 쪽으로의 변화**'를 묘사한다. 그리고 '사악한'이라는 단어는 이러한 도전 과제들이 초래하는 부정적 힘을 요약할 때 그 의미가 가장 선명하게 드러난다.

변동이 심하고 감당할 수 없는 변화를 맞닥뜨리면 우리는 두려움을 느낀다. 쉽게 넘어간다면 잠깐 메스껍고 말겠지만 최악의 상황에는 잔뜩 겁을 먹는다. 우리가 만들어 냈지만 더 이상 통제할 수 없는 복잡성 앞에 겸손해지는 것이다.

○ 급류가 인간 심리에 가하는 피해

급류는 겁쟁이에게는 맞지 않는다.

우리는 모두 새로운 도구와 새로운 시장, 새로운 지능을 가지고 분기마다 평정심을 잃었다 되찾기를 되풀이한다. 오늘날 우리는 이러한 환경이 건강에 미치는 부정적 여파에 대해 노동의 변천이 있었던 과거보다 훨씬 더 많이 알고 있다.

가령 뷰카의 흔한 부작용인 고용 불안과 일에 대한 통제의 부재는 심리적 질병과 건강 악화와 해마다 수십만 건의 조기 사망을 초래한다. 또 경력을 쌓으면서 주기적으로 경험하리라 예상되는 실업은 심지어 더 나쁜 여파를 낳는다. 실직하면 신체와 정서의 건강에 큰 악영향을 미친다. 우울, 불안, 약물 남용, 자살률이 올라가듯이 혈압, 관절염, 심장마비도 현저히 증가한다.

자동화가 인간의 외로움에 심오한 여파를 끼치는 터라 우리의 웰빙에 제기되는 또 다른 주요 위험은 우리를 둘러싼 기술 변화의 성격에서 비롯된다. 점점 더 많은 사람이 사람보다는 협업 로봇인 '코봇co-bot'과 함께 하루를 보내리라 예상된다. 팬데믹 동안 비핵심 산업에서 표준이 돼버린 원격 근무는 사회적 고립을 초래했다. 1980년대 이후 미국에서 외로움을 느끼는 비율은 사실상 두 배로 증가했다. 외로우면 신체적으로나 심리적으로나 해롭다. 외로우면 우울을 겪을 가능성도 더 크다. 외로움은 비만보다 건강에 더 해롭고, 매일 담배 한 갑을 피우는 만큼 사망 위험성을 높인다.

외로움은 사업 영역에서도 해롭다. 2017년에 우리 연구소가 1,600명의 미국인 근로자들을 대상으로 시행한 연구에서 가장 외로운 사람들이 자기 일에 대해 불만을 가장 많이 느끼며, 향후 6개월 안에 그만두길 원할 가능성이 더 크다는 사실을 발견했다. 또한 다른 사회경제적 요인들을 통제한 상태에서 교육 수준이 높은 노동자일수록 더 외로움을 느꼈다. 일부 노동학자들은 향후 10년간 일이 점점 더 복잡해져서 모두 학교를 더 오래 다녀야 할 것이라고 예측한다. 이는 외로움의 유병률과 강도가 더 악화된다는 뜻일 수 있다.

코로나19가 닥치기 전까지 많은 기업은 새로운 일의 세계가 우리의 건강을 위협한다고 믿지 않았다. 하지만 팬데믹이 그러한 환상을 회복할 수 없을 지경으로 산산조각 냈다. 코로나19의 결과로 직원들 사이에서 정신건강 문제가 두드러지게 증가하자 조직 내 건강 담당자들은 당황하기 시작했다. 직원들은 서비스 센터로 보내졌지만, 센터는 준비돼 있지 않은 데다, 이미 많은 사람이 몰려 감당하지도 못했다. 일부 기업들은 자신들이 해고한 사람들에게 지원을 제공하려 했다. 하지만 대부분 아직 직원으로 일하고 있는 사람들을 도울 방법을 궁리하느라 여념이 없었다.

한 개인으로서 우리가 모두 그렇듯이 우리 고용주들도 어찌할 바를 모른다. 우리는 급류의 변동성, 불확실성, 복잡성, 모호성 속에서 일하도록 진화하지 않았지만, 그 속에서 일하고 있다. 적절한 조처를 하지 않으면 많은 사람이 고통받게 된다는 것을 이미 알고 있다. 우리는 코로나19에 맞서 강구했던 정신건강 대응법을 계속 유지할 수 있다. 즉, 피해가 끝날 때까지 기다렸다가 기본적인 완화책으로 대응하는 것이다.

그게 아니라면 우리가 가진 역사적 강점, 즉 고유한 과학적 지식을 최대한 이용해 개인, 리더, 더 나아가 한 사회의 입장에서 다가올 급류를 통과해 생존하고 번영하기 위해 우리의 자세를 재정비할 수 있다.

3장

생존을 위한 수단,
프리즘

심리학은 긍정적인 면보다 부정적인 면에서 훨씬 더 성공했다. 인간의 단점, 질병, 죄에 관해 많은 것을 알려줬지만 인간의 잠재력, 덕성, 달성할 수 있는 포부나 온전한 심리적 역량에 관해서는 알려준 게 별로 없다. 이것은 마치 심리학이 응당 연구할 수 있는 범위를 절반으로 스스로 제한한 것과 같다. 이 절반은 더 어둡고 사나운 반쪽이다.

2007년, 미국 국방부는 새로운 문제에 맞닥뜨렸다. 외상 후 스트레스 장애PTSD로 전투 병사의 무려 15%가 심각한 불안, 플래시백flashback, 악몽, 우울을 겪고 있었던 것이다. 군대 밖에서는 일반 인구의 약 6%가 사고, 학대, 공격, 갑작스러운 상실이나 급성 및 심각한 건강 문제로 인해 PTSD를 겪으며 고전한다. 많은 PTSD 환자들이 증세가 너무도 심각해 일할 수도, 잠을 잘 수도, 장기적 관계를 유지할 수도 없다.

21세기 초반에 미국 국방부는 주로 이라크와 아프가니스탄 전쟁의 참전 용사들 가운데 PTSD 발병률이 급증한 사실을 알게 됐다. PTSD는 인간에게 막대한 피해를 줄 뿐 아니라 환자가 평생 의료 및 재정 지원을 받아야 하므로 정부에 재정적 부담을 안겨준다. 미국의 대응 태세에도 악영향을 미친다. 언제라도 전투 준비가 돼 있는 퇴역 군인의 규모는 PTSD가 없는 군인보다 약

15% 적다.

이러한 배경하에 미국 합동참모본부는 이 문제를 연구하고 해결할 특별 보좌관으로 질 체임버스Jill Chambers 대령을 임명했다. 체임버스는 사막의 폭풍 작전(1991년 걸프전 당시 미군을 중심으로 한 연합군의 바그다드에 대한 공습 작전-옮긴이) 당시 한국에서 근무하고 2001년에는 국방성에서 임무를 수행하는 등 이미 걸출한 이력을 갖고 있었다. 같은 해 9월 11일, 체임버스는 피랍된 비행기가 국방성 건물과 충돌할 때 현장과 4개의 복도를 사이에 두고 근무 중이었다. 그녀는 군 서기관으로서 그날 그 건물에 있었던 300명의 소재를 파악하는 임무를 맡았다. 그 후 수년간 체임버스는 악몽에 시달려 잠을 제대로 잘 수 없었다. 자신이 맡은 임무를 수행하려면 밤마다 고작 두 시간 자는 게 정상이라고 생각했다. 군의 PTSD 프로그램을 만드는 과정이 진행되고 나서야 체임버스는 자신도 PTSD를 앓고 있다는 걸 깨달았다.

2008년 무렵, 체임버스는 팀을 꾸려 워싱턴 D.C.에서 필라델피아 외곽에 있는 셀리그만의 집까지 행군했다. 그 무렵 셀리그만은 이미 트라우마와 관련된 광범위한 현상인 학습된 무기력에 관한 연구를 끝낸 상태였다. 체임버스는 셀리그만에게 어떻게 하면 PTSD로 고통받는 사람들을 더 잘 치료할 수 있을지 물었다.

지난 200년 동안 심리학자들과 정신과 의사들은 이미 병든 사람들을 돕는 일, 즉 기존의 질병을 고치는 일에 주력했다. 하지만 많은 경우, 사후 치료는 그다지 효과적이지 않았다. 지난 70~80년 동안 PTSD와 관련 증세들에 관한 연구와 치료에 수십억 달러가 투자됐지만, 아직 치료제는 없다. 일단 PTSD가 발병하면 약물과 치료법을 사용해 증상을 부분적으로 완화시키지만 병을 완전히 없애진 못한다. 대개 증상 완화만으로는 정상적 삶으로 돌아갈 수 없다.

하지만 셀리그만은 이 문제에 대해 달리 생각할 방법이 있다고 체임버스와 그녀의 팀에 조언했다. 병사들의 15%가 PTSD에 걸린 채 돌아온다. 그렇다면 대다수인 85%에겐 PTSD가 발병하지 **않는다**는 뜻이다. 그 이유가 무엇일까? 우리는 85%의 병사들에게서 무엇을 배울 수 있을까?

심지어 놀랍게도 그 85%의 다수가 **외상 후 성장**post-traumatic growth을 보인다. 트라우마를 남긴 사건 후 외상 후 성장을 보인 사람들은 자신의 우선순위에 대해 눈에 띄게 더 큰 명료함, 의미와 목적에 대한 더 깊은 이해, 차질에 대처하는 능력의 향상을 보인다.

셀리그만은 체임버스와 국방부에 문제를 뒤집어 보라고 했다. 너무 늦어져 치료 불가능한 질병과 싸우지 못하게 될 때까지 기다리는 우를 범하지 말자고 했다. 대신 문제가 덮치기 전에 어려움을 견뎌낼 수 있는 도구를 주자고 제안했다.

이것은 심리학계에서 비교적 역사가 짧은 분야에서 나온 접근법이었다. 셀리그만과 동료들은 정신건강에 대해 완전히 다른 접근법을 제시하며 이를 **긍정심리학**이라고 불렀다. 사회심리학과 행동경제학 같은 인접 분야와 함께 긍정심리학은 전통적 의학 모델을 뒤엎는다. 이 분야들은 우리가 가진 모든 자원을 병을 치료하는 데 쏟아붓는 대신, 애초에 질병이 뿌리내리지 못하도록 예방하는 데 초점을 맞춘다. 보건 분야에서는 질병에 걸리는 것을 예방하기 위해 개입하는 것을 **1차 예방**primary prevention이라고 부른다. 셀리그만도 PTSD가 발병하기 전에 예방하자고 조언한다. 달리 말하면 인구 곡선이 외상 후 성장을 향하도록 바꾸자는 것이다.

전반적인 심리적 웰빙을 나타내는 척도를 상상해 보자. 0은 중립이고 음수는 심리적 질병의 정도를, 양수는 개인이 얼마나 잘 지내고 있는지를 보여준다. 논의를 위해 −2부터 +2에 속한 사람을 '정상 범위'라고 생각하자. −2 미만은 심리적으로 건강하지 못한 사람이다. +2보다 높은 사람은 번영하는 사람이다. 전통적 정신의학과 임상심리학이 사람들을 −10에서 +10으로 이동시킨다면, 긍정행동과학은 우리를 −2에서 +3 이상으로 끌어올린다. 그렇게 함으로써 사람들이 애초에 −10으로 추락하지 않도록 방지하는 걸 돕는다.

또한 이런 분야들은 우리가 가진 거대하고 현대적이며 과학적인 무기를 동원해 덜 나쁘게 사는 법이 아니라 더 잘 사는 법이라는 문제에 직접 조준하도록 훈련할 수 있게 해준다. 또한 급류 같은 일의 세계에서 맞닥뜨리게 될 도전 과제들에 잘 대처할 새로운 가능성을 열어준다.

○　행동과학의 기원

2500년 전, 거대한 제국들이 세계 곳곳에 출현해 로마 황제와 파라오, 왕들이 무소불위의 권력을 손에 쥐고 흔들던 시절에 전 세계적으로 철학자들은 잘 사는 삶에 대한 지혜를 제시했다. 기원전 500년, 공자는 이렇게 말했다. "누군가 좋은 생각에 대해 명상하면 할수록, 그가 속한 세상과 세계 전반은 더 좋은 곳이 된다." 서기 200년, 율법학자 시메온 벤 조마Simeon Ben Zoma는 이렇게 말했다. "부유한 사람은 누구인가? 자신이 가진 것에 만족하는 사람이다."

고대의 위대한 철학자들은 긍정심리학의 많은 핵심 교리를 이미 예견했다. 가령 오늘날에는 우리의 운명을 잘 이해하는 연습을 음미savoring라고 한다. 이것은 감사와 관련된 것으로, 수백 건의 과학적 연구를 통해 둘 다 웰빙을 개선시킨다고 증명됐다.

심리적 웰빙이 지난 천 년 동안 철학과 종교의 핵심 주제였다는 것을 고려할 때, 활발한 과학적 탐구의 주제로서 심리적 웰빙의 역사가 겨우 지난 수십 년에 불과하단 사실은 흥미롭다. 이를 이해하고자 현대 행동과학의 기원에 대해 잠시 살펴볼 것이다. 그보다 이 신흥 과학이 실제로 어떻게 적용되는지 알고 싶은 사람은 4장으로 넘어가도 좋다.

근대 과학Modern Science으로도 알려진 자연 세계에 대한 체계적 실증연구는 약 16~17세기에 있었던 과학 혁명에서 출현했다. 베이컨, 코페르니쿠스, 갈릴레오, 하비, 뉴턴 그리고 다윈과 다른 위대한 인물들의 연구가 우리가 사는 지구와 물질, 자연, 인체에 대한 이해를 돌이킬 수 없을 정도로 바꿔놓았다. 우리는 우리가 발견해 주길 기다리는 우주에 대한 객관적 진실이 있다는 걸 깨달았다. 하지만 경전과 추론 또는 직관을 통해서가 아니라 관찰과 측정과 실험을 통해서 발견해야 했다. 더욱이 과학은 단순히 관찰하고 기술하는 것 이상을 할 수 있었다. 과학은 자연 자체를 바꿀 수 있었다.

행동과학은 뒤늦게 출현했다. 정신의학은 18세기 말의 질병 중심 의학에서 성장했다. 초기 정신과 의사들은 정신병원에 갇혀 저 아래 −10에 살고 있는 사람들, 즉 정신 이상을 겪는 사람들을 치료하는 데 주력했다. 동시에 피에르 자네Pierre Janet, 지그문트 프로이트Sigmund Freud, 칼 융Carl Jung과 같은 의사들이 환자의 개인사를 개인의 병리적 의식을 설명하고 치료하기 위한 창으로 이용하기 시작했다.

심리학이라는 분야도 거의 같은 시기에 출현했지만 그 기원은 다르다. 주로 인간 경험의 보편적 문제들에 대해 실험적인 방법으로 질문하고 시험하기 위해 병리학뿐만 아니라 철학과 생물학의 전통에 주로 의지했다. 빌헬름 분트Wilhelm Wundt는 감각과 지각과 같은 광범위한 주제를 다룬 실험주의자이면서 자신을 심리학자라고 부른 최초의 인물이다. 20세기 전반에 미국의 에드워드 손다이크Edward L. Thorndike와 러시아의 이반 파블로프Ivan Pavlov는 학습 과정을 알아보기 위해 동물 모형(손다이크는 고양이, 파블로프는 그 유명한 개)을 사용했다. 이후 행동주의로 알려진 학파가 출현했다. 이러한 발견들과 다른 발견들은 행동과학이 어떤 모습이어야 하는지에 대한 이상적인 답안을 제공했다. 즉, 행동과학은 귀납적이고, 논리적으로 틀렸다고 입증할 수 있어야 하며 반복해서 결과를 얻을 수 있어야 한다.

1900년대 초반, 정신의학은 정신질환을 치료하기 위해 의약품을 개발하는 데 최초의 과학적인 성공을 거뒀다. 치명적인 정신질환인 전신 불완전 마비가 뇌 안에서 스피로헤타라고 불리는 작은 매독 박테리아에 의해 발병된다는 사실이 밝혀졌다. 1940년경, 페니실린은 스피로헤타를 죽여 신경매독을 치료하는 데 사용됐다. 오스트레일리아의 정신과 의사인 존 케이드John Cade는 최초로 양극성 장애를 치료하는 데 리튬을 사용했다. 정신질환은 여느 다른 상처와 마찬가지로 분석되고 치료될 수 있는 것처럼 보였다.

20세기 중반에 이르자 심리학과 정신의학은 의과학적 성과를 달성했다. 제2차 세계대전 후 전투가 남긴 심리적 여파로 고통받던 미국의 참전 용사들은 의학적 발전의 혜택을 누렸다. 1946년에는 재향군인관리국Veterans Administration이 설립됐다. 이후 수천 명의 심리학자들은 학습과 같은 일반적 문제가 아니라 전선에서 돌아온 병사들을 치료하는 데 임상과 연구의 초점을 맞춰야 했다. 1947년에는 모든 종류의 정신질환을 언젠가 치료할 수 있을 거란 기대 속에 국립정신건강연구소National Institute of Mental Health가 설립됐다.

그 약속은 이후 수십 년 동안 지켜진 것처럼 보였다. 1940년부터 1970년 사이 항정신병약이 출현해 조현병 환자들의 치료를 혁명적으로 바꿔놓았다. 과거라면 평생 시설에 수용돼야 했던 많은 사람이 갑자기 정상에 준하는 삶을 집에서 보낼 수 있게 됐다. 한편 경미한 병과 심각한 병에 모두 진정제가 많이 사용됐다. 1970년경, 미국 여성의 20%와 미국 남성의 8%가 진정제를 꾸준히 사용했다. 1980년대에는 플루옥세틴과 같은 항우울제가 출시됐다. 현재 주의력결핍 과다행동장애ADHD에는 리탈린과 암페타민이 사용된다. 수면 장애에는 앰비엔과 루네스타가 사용된다. 현재 여섯 명 가운데 한 명꼴로 정신과 약을 복용한다.

○　행동과학에 대한 반발

이러한 부분적 성공 속에서 일부 과학자들은 병리학에 대한 초점이 너무 좁고 제한적이라고 주장하기 시작했다. 우리는 아픈 사람들을 고치는 일에만 집중한 한편, 과학이 인류의 번영에 대해 말하는 혜택을 누릴 수 있는 많은 사람을 간과했다. 1950~1960년대를 시작으로 에이브러햄 매슬로, 칼 로저스Carl Rogers 등은 심리학계가 사랑, 창의력, 의미, 희망과 같은 주제들로 눈을 돌려야 한다고 주장했다. 매슬로는 심리학이 스스로에게 해가 될 정도로 '더 어둡고 사나운 반쪽'이라는 부정적인 면에 빠져 길을 잃었다고 주장했다.

그들이 시작한 운동인 인본주의 심리학은 1960년대에 막 피어난 저항 문화와 잘 맞았다. 인본주의 심리학자들은 당시 히피라 불리는 사람들이 말하는 자기실현, 비주류 종교, 낙관주의, 심오한 인간 진실에 대한 추구 등을 연구했다. 심지어 환각제에 관한 연구도 있었다. 우드스톡Woodstock이나 휴먼 비 인Human Be-In과 같은 대규모 행사들 덕분에 이 운동은 빠르게 전파됐다.

궁극적으로 인본주의 심리학의 인기는 과학의 잠재력을 저해했다. 연구가 아닌 간단한 격언과 직관에 의한 '자기계발서'가 우후죽순처럼 퍼졌다. 저항 문화의 미신적 분위기 때문에 과학을 따르는 사람들은 인본주의 사상에 관한 연구를 꺼렸다. 1963년,

하버드대학교 심리학과는 저항 문화에 바탕을 둔 티머시 리어리 Timothy Leary의 LSD 연구를 둘러싼 안전과 윤리에 관한 우려를 이유로 그를 해고해 선을 그었다. 히피들도 기성 과학계와 과학적 방법 자체를 의심의 눈초리로 바라보기 시작하며 양쪽 모두에 선을 그었다. 매슬로는 과학을 원했을지 모르지만, 그의 관점을 받아들인 많은 사람에게 과학은 인본주의가 해결해야 하는 문제의 일부였다. 1961년, 로저스는 이러한 갈등에 대해 이렇게 말했다.

> "행동과학이 개인과 사회에 미친 영향을 요약해 봅시다. 행동과학이 주는 통제력은 점점 늘어나고 있으며, 누군가 또는 어떤 집단이 이 통제력을 갖게 될 것입니다. 그러한 개인이나 집단은 분명 달성해야 할 목적이나 목표를 선택할 것입니다. 그렇게 되면 우리 대부분은 너무도 미묘해서 통제로 인식할 수도 없는 수단에 의해 점점 더 통제받게 될 것입니다. … 인간과 인간의 행동은 과학적 사회가 낳은 계획에 따른 결과물이 될 것입니다."

원래 매슬로는 인간의 잠재력이 지닌 가능성으로 과학이 관심을 돌려야 한다고 주장했다. 하지만 그의 메시지를 가장 잘 수용한 청중은 과학을 권력과 연결했다. 오랫동안 양측은 되돌릴 수 없을 정도로 갈등을 겪는 것처럼 보였다.

○   신뢰의 위기

21세기 초반, 임상정신의학과 심리학계의 기관들이 지나온 세월을 오랫동안 열심히 살펴봤다. 정신병을 약물로 치료할 수 있다는 거대한 약속, 즉 약을 통해 나아진 삶이라는 말은 공허한 메아리로 돌아오기 시작했다. 전 세계적으로 정신질환을 치료하는 데 막대한 돈이 들어갔고, 수십억 달러가 연구 개발에 투입됐다. 국립정신건강연구소는 해마다 약 20억 달러를 연구 보조금으로 사용한다. 제약회사들의 투자액은 그보다 훨씬 크다. 그렇다면 이 모든 연구와 치료제에 대한 투자로 우리는 어떤 혜택을 누리게 됐는지 묻지 않을 수 없다.

결과는 절망스럽다. 2013년 미국 성인의 17%가 정신과 약을 처방받았지만, 정신병의 유병률은 1970년대 이래로 거의 변하지 않았다. 이 시기 입원율, 자살률, 실업률이 보여주듯이 정신질환으로 병들거나 사망한 사례에 명백한 개선은 없었다. 기초 과학의 수준에서도 질환의 근본적 원인 자체를 이해하려는 노력에 진전이 거의 없었다. 같은 시기, 새로운 정신병 치료제는 단 한 개도 개발되지 않았다. 시중에 판매 중인 약 가운데 어느 것도 정신병을 고치지 못했고, 증세만 완화할 뿐이었다. 많은 경우, 치료는 위약과 다름없었다. 중독과 틱 장애와 같은 부작용이 때론 정신병리 자체보다 더 심각했다. 50년 동안 정신병 치료의 유효성조차 거의 달라지지 않았다.

2000년대 첫 10년이 지날 스음 정신의학계는 놀라운 결론에 도달했다. 2012년, 국립정신의학연구소 스티브 하이먼Steve Hyman 소장은 임금님이 사실은 벌거벗었다고 말하는 역할을 자처했다. 그리고 그의 공개적인 발표가 전환점이 됐다. 완치는 아니더라도 기적과 같은 약이 병을 효과적으로 치료할 수 있다고 믿는 약물 치료 모형은 '실현되지 못한 눈부신 약속'이었다. 수십 년간 약은 개선되지 않았고, 질병에 대한 우리의 과학적 이해도 나아지지 않았다. 하이먼은 이렇게 적었다. "전반적으로 정신건강 산업은, 극소수의 예외를 제외하고 정신질환에 대해 타당한 질병 모형이 존재하지 않는다는 정당한 관점을 갖게 됐다."

미국 행동과학계 리더 가운데 한 사람의 시인이 얼마나 큰 영향력을 가질지 생각해 보라. 100년 동안의 연구에도, 수조 달러는 아닐지언정 수십억 달러에 달하는 투자에도, **정신질환에는 타당한 질병 모형이 없다.** 우리는 이러한 질병의 병리에 대한 가장 기초적인 이해가 없다. 이를테면 병이 어떻게 왜 시작되는지, 질병이 우리의 뇌에 미치는 영향은 무엇인지 모른다. 우리가 가진 것은 일부 사람들이 일부 증상에 대처하도록 돕는 약물뿐이다. 심지어 우리는 그런 약물이 왜 도움이 되는지조차 사실 모른다.

이듬해, 당시 국립정신건강연구소의 소장인 톰 인셀Tom Insel 이 하이먼의 말에 동의하며 이렇게 적었다. "정신질환을 앓는 환자들은 국립정신건강연구소와 정신의학계가 제공하는 과학보다 더 나은 혜택을 누려야 한다." 핵심적 진단 및 실험 방법들은 부정확하고 신뢰할 수 없으며 타당하지 않았다. 신경과학의 발전이 주는 혜택이 아직 정신병 환자들에게 미치지 못했다. 이 분야에는 리부트가 필요했다. 2년 후 인셀은 사임했다.

그보다 10년 전 즈음 심리학계도 유사한 결론을 내렸다. 1996년, 셀리그만은 미국에서 가장 큰 심리학자들의 단체인 전미심리학회의 회장으로 선출됐다. 회장이 된 학자들은 연례 연설에서 앞으로 논의할 의제를 정한다. 셀리그만에게 샌프란시스코에서 열린 전미심리학회의 회의는 변화를 포고하기에 이상적인 시점이었다.

> "제2차 세계대전 이래 심리학은 대개 치유에 관한 과학이 됐습니다. 인간 기능에 대한 질병 모델 안에서 피해를 복구하는 데 집중합니다. 그렇게 병리에만 집중하기 때문에 잘 사는 개인과 번영하고 있는 공동체는 간과합니다. … 우울이 나쁜 사건에 의해 생긴다는 것이 진실이라면 오늘날 미국인들, 특히 청년들은 아주 행복한 집단이어야 합니다. 하지만 현실은 다릅니다. 최근 40년 동안 미국 청년들의 정신건강에 거대한 변화가 발생했습니다. 가장 최근의 데이터에 따르면 현재 중증 우울을 겪는 청년들은 40년 전보다 열 배 이상 많습니다. 설상가상으

로 이제 우울은 중년에 시작하는 질병이라기보다 10대 초기에 시작하는 질병입니다. 이것은 현대에 수집된 정신질환의 인구 통계상 가장 큰 변화입니다. 나는 이것이 20세기 말의 주요한 역설이라고 생각합니다."

셀리그만과 몰입을 주장한 심리학자 미하이 칙센트미하이 Mihaly Csikszentmihalyi를 필두로 하는 유수의 심리학자들이 심리학 분야가 사실상 정신 병리에만 집중한다는 데 문제를 제기하고자 힘을 모으기 시작했다. 정신질환에 관한 대규모 연구가 이뤄졌지만, 그 가운데 어떤 것도 웰빙을 증진하는 데 보탬이 되지 못했다. 수십 년에 걸쳐 심리적 건강 점수를 비교하는 종단 연구들에 따르면 개선은 없었으며, 정신질환의 비율은 나아지기는커녕 악화되고 있었다.

오늘날 **호모 사피엔스**는 그 어느 때보다 오래 산다. 서구 세계의 생활 수준은 지난 300년 동안 아주 많이 개선됐다. 그런데도 우리는 더 행복하지도, **더 잘** 사는 것도 아니다. 우리는 역사가 기록된 이래로 어떤 세대보다 더 많이 외로움에 고통받고 있다. 청년들 사이에서 불안, 우울, 자살이 유례없이 높은 수준을 보인다. 코로나19는 우리의 웰빙이 얼마나 쉽게 깨질 수 있는지, 우리가 통제할 수 없는 세계적 사건이 얼마나 쉽게 웰빙을 저해할 수 있는지 만천하에 보여줬다. 정신 병리에 대한 집중은 정상적 인간이 어떻게 번영할 수 있는지 알려주는 의미 있는 지식으로 전환 되지 못했다.

○ 긍정심리학의 창시

이러한 역설에 맞닥뜨린 셀리그만과 칙센트미하이를 비롯한 동료들은 과학적 연구의 새로운 분야를 창시했다. 바로 **긍정심리학**이다.

인본주의 심리학과 앞서 출현한 모든 인본주의 전통과 마찬가지로, 긍정심리학은 잘 사는 삶에 초점을 맞춘다. 의미, 행복, 사랑, 교감, 몰입 등이 모두 긍정심리학에서 가장 중요한 부분을 차지한다. 직업적 번영이나 성취도 이 비전의 일부다.

앞서 나온 인본주의 이론들과 달리 긍정심리학은 과학 **안**에 확고한 자리를 꿰차고 있다. 현재 누구나 긍정심리학으로 박사 학위를 딸 수 있지만, 다른 여느 연구 심리학자들에게 기대되는 수준의 통계 및 실험 방법에 관한 지식을 증명해야만 한다. 사회심리학, 교육학, 신경과학, 행동경제학, 사회학과 같은 인접 학문과의 연관성이 높아 과학적 교류가 가능하다. 긍정심리학은 핵심전제에 대한 신중한 실증 검증을 주장한다. 우리는 이러한 분야를 '긍정행동과학'이라고 통칭한다. 가령 현재 긍정 정신의학이라는 새로운 분야가 출현하고 있다.

이 관점에서 과학은 적이 아니다. 오히려 우리가 현실을 바꾸는 데 도움을 줄 수 있는 신뢰할 만한 도구다. 2000년에 칙센트미하이는 이렇게 말했다. "긍정심리학은 최선을 추구하면서 희망적인 사고, 믿음, 자기기만, 일시적 유행 또는 좋은 인상을 주려는 말이나 행동에 의존하지 않는다. 그보다 긍정심리학은 인간 행동이 아무리 복잡하다 해도 그것을 이해하려는 사람들에게 인간 행동이 제기하는 고유한 문제들을 해결하기 위해 최선의 과학적 방법을 적용하려고 노력한다."

임상정신의학과 임상심리학의 더딘 발전을 고려하면 과연 그러한 과학이 믿을 만한지 의문이 들 만하다. 어쩌면 인간 마음의 복잡성을 다루는 과학적 접근법을 아직 찾지 못했다고 주장할 수도 있다. 지난 50년간 정신질환에 관해 연구한 결과가 미미하다면 어째서 심리적 웰빙에 대해 같은 투자를 했을 때 결과가 달라야 한다는 것일까?

답은 두 갈래로 나뉜다. 첫 번째로, 임상정신의학과 심리학은 둘 사이에서 얻은 것이 많다. 20세기 말이 되면서 발전이 더뎌졌다고 해서 그전에 거둔 결과물을 얕잡아 봐선 안 된다. 뇌의 기능장애에 관한 과학적 연구 결과로 항정신성 약물과 진정제가 나왔고, 그 덕분에 사람들이 병원을 벗어날 수 있게 됐다. 신경매독을 치료하는 약도 나오고, 뇌를 재훈련시키는 정신 치료를 위한 증거 기반 기법도 탄생했고, 뇌 MRI와 같은 새로운 진단 기술도 등장했다. 어떤 의미에서 이 분야는 스스로 이룬 성공에 대해 불이익을 받는다. 가령 신경매독과 같은 정신질환을 완전히 이해하게 되자 신경학이라는 인접 분야에서 연구 대상으로 삼기 때문이다. 정신의학에는 대부분 정의에 따라 미지의 문제들로 가득한 암흑만 남아 있다. 암흑의 영역 속에서 해야 할 일이 너무도 많아 압도될 지경이다. 지난 수십 년간 두드러진 정체기를 겪었지만, 우리가 훨씬 더 깊은 바다에서 출발했다는 것을 잊지 말아야 한다.

과학적 방법으로 우리가 번영하는 데 도움이 될 도구들을 발견할 수 있다고 믿어야 하는 두 번째 이유는 이미 그렇게 했기 때문이다. 지난 25년간 긍정행동과학은 관찰, 측정, 실험이라는 같은 방법을 적용해 잘 사는 삶을 주요한 주제로 삼아 연구해 왔다. 긍정심리학, 사회심리학, 행동경제학 등에 걸쳐 우리는 나쁜 심리적 결과를 예방하는 법(-10을 피하는 법)과 더 번영하는 법(+10에 도달하는 법)에 대해 많은 걸 배웠다. 가령 우리는 주관적인 웰빙인 행복이 긍정적인 정서(P), 일, 사랑, 놀이에 참여(E), 긍정적인 관계(R), 의미나 중요시하기(M), 성취, 달성, 숙달(A)이라는 다섯 가지 요소, 즉 페르마PERMA에 달려 있다는 것을 알게 됐다. 8천 건 이상의 연구를 통해 이러한 차원들을 정의하고, 각 요소를 어떻게 개선할 수 있는지 증명하고, 페르마의 개선이 신체적, 심리적 웰빙과 일치함을 증명했다.

또한 우리는 난국을 견뎌내는 법에 대해서도 많은 걸 배웠다. 다음 장의 주제인 심리적 회복탄력성에 대해 4만 건의 학술 논문이 발표됐다. 우리는 이제 회복탄력성을 어떻게 측정하는지 알고 있다. 무엇 때문에 회복탄력성이 늘고 주는지도 알고 있다. 회복탄력성을 키운다고 증명된 개입 방법도 많이 알고 있다.

현재 긍정심리학적 개입PPI에 대한 메타 분석도 상당히 이뤄질 정도로 개별 연구가 많이 진행되고 있다. 예컨대 더블린대학교의 앨런 카Alan Carr 교수와 동료들이 작성한 2021년 논문은 7만 2천 명의 피실험자가 포함된 347건의 PPI 연구를 분석했다. 조사 결과 긍정심리학적 개입은 웰빙을 현저히 개선하고, 강점을 키워주며 스트레스와 불안, 우울을 줄여줬다. 개입 직후와 3개월 후 실험했을 때 모두 현저한 수준의 개선을 보였다.

연구는 여전히 이뤄지고 있다. 긍정심리학의 개입을 연구하는 사람들에게 가장 흥미로운 질문은 그것이 효과가 있는지 없는지가 아니다. 효과는 이미 증명됐다. 그보다 이런 개입이 왜 효과가 있는지, 효과를 배가하려면 어떻게 해야 하는지, 효과가 더 오랫동안 지속되게 만드는 법은 무엇일지를 더 깊이 이해하는 데 초점을 두고 있다.

이러한 과학적 투자 덕분에 우리 시대의 고유한 과제에도 이제 그 어느 때보다 잘 살 수 있는 법을 가르쳐 줄 수 있는 확실한 문헌이 존재한다. 체임버스가 셀리그만의 견해를 듣고자 국방성

으로 그를 데리고 갔을 때, 그는 이미 청중의 마음을 얻을 준비가
돼 있었다. 셀리그만은 그때까지 10년 동안 웰빙에 대한 예방적
접근법의 타당성을 주장했으며, 무엇을 해야 할지 알고 있었다.

놀랍게도 청중은 이미 그와 같은 생각이었다. 2008년 무렵,
유수의 군 엘리트들은 이미 긍정심리학에 대해 잘 알고 있었다.
그들에게 최적의 인간 능력은 국가 안보와 직결해 있었다. 그들
은 셀리그만과 수십 명의 동료, 수백 명의 학생이 작성한 많은 연
구 결과를 빠짐없이 읽었다. 그들은 행동을 취할 준비가 돼 있었
다. "심리적 적합성의 핵심은 회복탄력성입니다."

셀리그만이 연설하기 전, 당시 육군참모총장인 조지 케이시 주
니어George W. Casey Jr.가 참석자들에게 말했다. "지금부터 미 육
군 전체를 대상으로 회복탄력성을 가르치고 측정하겠습니다. 셀
리그만 박사가 우리에게 어떻게 하면 되는지 알려줄 것입니다."

케이시와 체임버스의 팀은 고대의 지혜도, 종교도, 철학적 이
상도 추구하지 않았다. 그들은 모두 인간의 번영에 대한 증거 기
반 접근법을 원했다. 그리고 그것은 바로 셀리그만과 그의 동료
들이 개발해 온 것이었다. 셀리그만과 동료들은 PTSD에 누가 가
장 취약한지 통계적으로 예측할 수 있으며, 정신질환의 가능성을
낮출 수도 있고, 훈련을 통해 영웅적 행동과 일터에서 모범이 되
는 수행을 할 수 있다는 것을 발견했다.

긍정행동과학자들이 지난 30년간 알아낸 지식은 우리에게 일

터에 불어닥칠 변화의 폭풍우를 이겨낼 수 있다는 희망을 준다. 이러한 과학이 없다면 우리는 이전 세대 못지않게 노동의 변천으로 인한 심리적 고통에 취약할 것이다. 이 과학이 있기에 우리에겐 이제 위해 요소를 피할 뿐만 아니라 다가올 난국을 극복하고 더 강인하게 성장할 기회가 있다.

이러한 과학을 수용하려면 심리학에 대한 병리 중심의 접근법에 극적인 변화가 필요하다. 심리학을 사람을 고치는 방법으로 본다면, 피해가 발생하고 난 후 사람들을 치료사에게 보낼 때까지 기다려야 한다.

기업에서 분기별 소득 극대화에 대한 근시안적 사고를 보여주는 비유가 있다. 바로 1970년 9월 13일, 〈뉴욕타임스〉에 실린 밀턴 프리드먼Milton Friedman 스타일의 선언문이다. 단기주의는 막대한 사회적, 환경적 비용을 발생시킨다는 게 밝혀졌다. 그 결과, 오늘날의 CEO들은 적어도 이론상으로는 기업에 불가피한 일이 발생했을 때 사후에 대처하기보다 미래의 문제를 미리 방지해야 한다는 것을 이해한다.

우리는 아직 이러한 장기주의로의 전환이 인적 자본 관리에서도 이뤄지는 모습은 보지 못했다. 여전히 너무 많은 기업이 사후 약방문 격인 사고방식으로 직원들의 고통을 다룬다. 이러한 사고방식은 역사적인 이유에서 여전히 심리학을 아픈 사람들을 돕는 과학으로 보는 사회 전반의 관점과 유사하다.

반대로 우리가 행동과학을 인간의 번영을 돕고 질병이 뿌리내리는 것을 예방할 수 있는 분야로 수용한다면, 행동과학 분야의 발견을 오늘날 절실히 필요한 도구로 보게 될 것이다. 이러한 도구들을 사용하면 우리는 우리 자신과 기업과 사회 전체를 위해 한층 더 밝은 미래를 적극적으로 만들 수 있다.

4장

희복탄력성

긍정심리학의
기원

높은 회복탄력성을 가진 노동력을 확보한 기업들은 그렇지 않은 기업들보다 320% 더 높은 연간 성장률을 보인다. 수백 건의 연구를 통해 심리적 회복탄력성을 가르칠 수 있다는 사실을 확인했다. 적절한 도구만 있으면 우리는 모두 사전에 회복탄력성을 키워 문제를 극복하고 번영하도록 도와줄 심리적 근육을 만들 수 있다. 이 모든 이유에서 회복탄력성은 첫 번째이자 가장 근본적인 투모로마인드 기술이다.

　　미국 국방부가 PTSD와 함께 회복탄력성 훈련에 돌입한 또 다른 이유가 있었다. 지난 수십 년간 뷰카식 전쟁으로 혼란과 예측 불가능성만 가중됐다. 전쟁 방식이 지휘-통제에서 고도로 분산된 국지전으로 격변하면서 전통적인 방법으로 훈련받은 미군들이 새로운 스타일의 전투에 대비돼 있지 않다는 것을 깨달았다. 미국 육군대학원 사령관을 지낸 밥 스케일스Bob Scales 소장(퇴역)이 말한 대로 "우리는 전통적인 선형 구조에서 무정형 전투로 바뀐 형태의 범세계적인 갈등에 처해 있다. 이러한 새로운 전투는 널리 분산돼 있으며 비선형적이고 특히 장소에 형태가 없으며 시간의 구애를 받지 않는다". 현대의 전쟁에서는 **스스로** 전술을 바꾸고 새로운 것을 시도할 결정을 언제든지 내릴 준비돼 있는 병사들이 근거리에서 교전한다.

　　위계에 따른 중앙 집중적 관리 체계에서 분산되고 역동적인 자극에 고도로 민감하게 반응하는 체계로 전환한 과정은 탈포드주의post-Fordism(미국의 포드 자동차 회사에서 개발한 대량 생산, 대량 소비의 방식에서 벗어나 소비자의 다양한 욕구에 대처하기 위해 도입된 소량 생산, 소량 소비 방식의 생산 체제－옮긴이) 일터의 모습이기도 하다. 군과 민간은 이해관계가 다르지만, 게임이 치러지는 게임판은 같다. 현대의 병사들처럼 우리는 매일 일터에서 상황이 바뀌는 대로 즉시 변해야 한다. 조직은 실시간으로 중요한 의사결정을 하고, 난국의 물결이 닥칠 때 물에 빠지지 않고 파도를 잘 타기 위해 개개인에게 의존한다.

케이시 장군과 마찬가지로 스케일스도 오랫동안 행동과학을 통해 군이 뷰카 환경에 적응할 방법을 모색해 왔다. 2006년에 그는 이렇게 썼다. "인간의 역동성에 대한 이해가 증진됨으로써 이 순간 병사들의 심리적, 행동적, 정서적 힘이 어떻게 확대될 수 있을지 상상해 보라. 우리는 맨해튼 프로젝트Manhattan Project(제2차 세계대전 중 미국이 주도하고 영국과 캐나다가 공동으로 참여한 최초의 핵폭탄 개발 프로그램－옮긴이)나 아폴로 프로젝트Apollo Project(1961~1972년 미국항공우주국이 실시한 일련의 유인 우주 비행 탐사 계획－옮긴이)와 유사한 방식으로 이제 사회과학의 잠재력을 이용해야 한다."

세계 최대 고용주인 미국 국방부의 입장에서 회복탄력성 훈련은 PTSD의 예방을 훨씬 능가하는 의미를 띤다. 불확실성 속에서 번영하는 기술로 군대를 무장시키면 심지어 가장 극단적인 환경에서조차 +5의 수행을 보일 수 있다. 회복탄력성은 급류와 같은 전투에 대비하는 심리적 적합성을 이루는 토대가 된다.

일에서도 마찬가지다. 모든 것은 회복탄력성에서 시작한다. 높은 수준의 회복탄력성을 가진 개인과 조직은 이러한 분위기에서 더 행복하고 더 건강하다. 높은 회복탄력성을 가진 노동력을 확보한 기업들은 그렇지 않은 기업들보다 320% 더 높은 연간 성장률을 보인다. 수백 건의 연구를 통해 심리적 회복탄력성을 가르칠 수 있다는 사실을 확인했다. 적절한 도구만 있으면 우리는 모두 사전에 회복탄력성을 키워 문제를 극복하고 번영하도록 도와줄 심리적 근육을 만들 수 있다. 이 모든 이유에서 회복탄력성은 첫 번째이자 가장 근본적인 투모로마인드 기술이다.

○ 회복탄력성에 관한 흔한 소문

기본적으로 회복탄력성은 힘든 사건을 겪고 나서 '원래 상태로 되돌아오는 것'을 뜻한다. 살다 보면 어려운 일은 생기기 마련이다. 어떤 사람들은 무너지지만, 잘 지내는 사람들도 있다.

사건이 발생할 때 실시간으로 사건에 반응하는 방식을 회복탄력성이라고 할 수 있다는 점에서 현실은 조금 더 미묘하다. 즉, 회복탄력성은 우리가 벌어질 거라고 **예상**하는 사건에 대비하는 방식을 설명한다. 또한 사건이 발생한 **후** 사건을 처리하는 방식을 설명할 수도 있다. 회복탄력성은 개인, 팀 또는 조직 전체의 행동을 설명하기 위해서도 사용될 수 있다. 회복탄력성의 정규곡선에서 음수 값의 극단에 있는, 한마디로 회복탄력성이 낮은 사람들은 문제가 발생하면 힘겨워할 것이다. 심지어 정신질환을 겪을 수도 있다. 곡선의 정반대에는 문제를 겪을수록 더 강인하게 성장하는 사람들이 있다. 자연을 둘러보면 스트레스가 적응과 개선을 유발한 사례가 무수히 많다. 운동 후 근육의 강화가 한 예다. 외상 후 성장도 그러한 예다. 많은 종류의 학습이 같은 곡선을 그린다. 즉, 고난은 우리를 전진하게 한다. 이 과정을 일컫는 용어가 바로 철학 에세이스트 나심 니콜라스 탈레브Nassim Nicholas Taleb가 만든 **반취약성(안티프래질)**이다.

보통의 사람이 설거지용 스펀지처럼 최대 역량에 도달하기 전에 일정량의 심리적 스트레스를 흡수할 수 있다면, 반취약성을 보이는 사람들은 뜨거운 물에 떨어뜨리면 마법처럼 거대한 공룡의 모습으로 변하는 작은 알약에 더 가깝다. 역설적으로 이러한 사람들은 문제가 닥치면 **번영**하는 것처럼 보인다. 그들은 문제를 흡수하며 그 과정에서 더 나은 모습으로 변모한다.

1970년대 이후 셀리그만과 동료 학자들은 다음과 같은 질문을 조사했다. "취약성이 없는 사람들을 구분 짓는 어떤 성질이나 기술이 있을까? 만약 있다면 우리는 그 기술을 다른 사람들에게 가르칠 수 있을까?" 답은 둘 다 "그렇다"이다.

셀리그만이 펜실베이니아대학교에서 실시한 학습된 무기력에 관한 연구는 향후 수백 가지 회복탄력성의 개입을 위한 토대를 마련했다. 예컨대 어려운 상황에 대한 우리의 반응이 부분적으로는 우리가 그 상황을 모면하기 위해 무엇이든 할 수 있다는 **믿음**에 달려 있으며, 더 건강한 믿음 체계는 배울 수 있다는 것을 증명했다.

일터에서 번영하려면 회복탄력성은 반드시 있어야 한다. 베터업 연구소의 가장 중요한 프로젝트 가운데 하나도 회복탄력성의 동인을 이해하는 것이었다. 회복탄력성은 우리의 사고, 감정, 행동 전반에 걸친 대응 방법이다. 한 가지 특질에만 의존하지 않는다. 그래서 회복탄력성을 키우려면 심리와 행동 기술들로 구성된 하나의 기술 집합을 강화해야 한다. 하지만 무엇이 그런 기술인지 어떻게 파악할 수 있을까?

데이터 과학자들은 흔히 통계적 회귀 분석으로 결과의 핵심 동인을 분석한다. 이러한 종류의 분석은 대량의 전후 데이터를 분석해 흥미로운 결과를 내는 데 가장 큰 역할을 한 요인이 무엇인지 알려준다. 우리가 회복탄력성의 동인을 연구한 방법의 하나는 '상대 가중치 분석'이다. 심리 측정 평가 전문가의 지도에 따라 우리는 베터업 플랫폼에서 코칭과 연습을 통해 회복탄력성을 키우려고 노력한 1,800명의 전일제 직원들로부터 얻은 데이터를 분석했다. 개개인에 대해 코칭 전, 중, 후에 150개 항목 척도인 전인 모델 평가를 시행했나. 이 척도는 필수적인 직장 내 리더십 행동뿐만 아니라 사회적, 인지적, 정서적 번영의 차원을 비롯해 높은 기능 수준을 보이는 성인의 다양한 마음가짐과 행동까지 포함한다. 그리고 나서 우리는 150가지 항목 가운데 어떤 것이 회복탄력성 증가라는 결과에 가장 크게 기여했는지 분석했다. 우리는 다음과 같은 결과를 얻었다.

다음 그림에서 좌측을 보면, 총 150가지 요인들 가운데 개인이 회복탄력성 척도에서 받은 점수와 큰 관련이 있는 심리 요인들을 모두 볼 수 있다. 좌측의 기준과 우측의 회복탄력성을 연결하는 선의 두께가 그 요인이 한 개인의 회복탄력성 결괏값에 얼마나 많이 기여했는지를 보여준다.

진실성부터 자기 효능감까지 좌측의 모든 요인이 회복탄력성을 키우는 역할을 했지만, 특히 **감정 조절, 낙관주의, 인지적 민첩성, 자기 연민, 자기 효능감**이 중요하다는 걸 알 수 있다. 이러한 결과는 기존의 문헌과도 일치한다. 우리는 이제 개별 동인이 회복탄력성 역량에 어떻게 기여하고, 어떻게 그 동인들을 계발할 수 있는지 살펴볼 것이다.

116

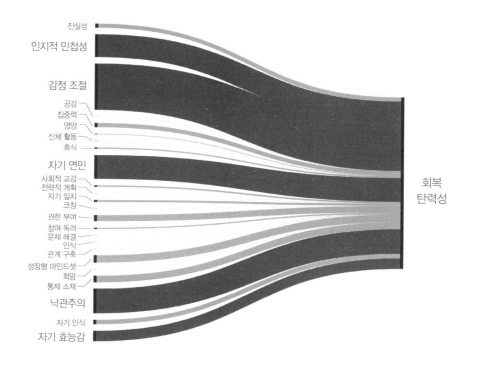

진실성
인지적 민첩성
감정 조절
공감
집중력
영양
신체 활동
휴식
자기 연민
사회적 교감
전략적 계획
자기 일치
코칭
권한 부여
참여 독려
문제 해결
인식
관계 구축
성장형 마인드셋
희망
통제 소재
낙관주의
자기 인식
자기 효능감

회복
탄력성

○   **감정 조절**

감정 조절이란 특히 부정적 감정이 끓어오를 때 목표 달
성을 위해 유연하고 생산적으로 감정을 관리하는 능력을 말한다.
이 능력이 없으면 부정적 감정이 명료하게 사고하는 능력을 압도
할 수 있다. 인간의 뇌는 수백만 년에 걸쳐 고도로 진화했지만 감
정의 홍수가 한번 몰아치면 마비돼 버린다.

이런 마비 반응은 인간 뇌에서 가장 오래된 부분 중 하나인 변연계가 작동한 결과다. 변연계는 투쟁 또는 도피 반응을 관장한다. 갑작스레 솟아오르는 강력한 분노는 1cm 너비의 아몬드 모양을 한 정서 중추인 편도체에서 비롯된다. 스트레스를 받거나 겁이 나면 편도체가 코르티솔(혈당을 높이고 면역 시스템을 저하시킨다−옮긴이)의 분비를 촉진해 강력한 신체 반응들이 마구 일어난다. 이때 실제 위협보다 지나치게 과도한 신체 반응을 보일 수도 있다.

많은 성인 발달 모형은 감정 조절을 모든 고순위 기능의 근간으로 간주한다. 우리는 심리적으로 성숙해지면서(심지어 성인기 후반에 들어서도) 더 미묘하고 정교하게 감정을 관리하는 법을 배운다. 감정은 투박한 소통가처럼 우리에게 많은 것을 알려준다. 성숙한 리더와 전문가들은 자신에게 유리하도록 감정을 이용하는 법을 알고 있다. 그들은 반사적으로 반응하지 않는다. 같은 이유에서 훌륭한 코치라면 감정 조절이 업무에 있어 꼭 필요한 능력이라고 말할 것이다.

우리가 말하는 코치가 무슨 의미인지 짚고 넘어가자. 세상에는 건강 코치, 운동 코치, 라이프 코치 등 여러 종류의 코치가 있다. 이 책에서 말하는 코치란 일과 그 밖의 영역에서 전문 인력들이 성공하도록 지원하는 일을 훈련받은 경영자 코치를 일컫는다. 다만 오늘날 이러한 전문 인력 개발 코치는 모든 직급의 직원을 대상으로 하므로 '경영자'라는 단어는 시대착오적이다. 치료사와 마찬가지로 코치는 심리적 건강을 개선하는 작업도 하지만 치료사와 달리 심리적 문제를 치료하지는 않는다. 그 대신 코칭 대상이 한 인간으로서, 전문 인력으로서 자신의 잠재력에 도달하도록 지원하는 데 주력한다. 많은 사람이 성과를 내는 데 어려움을 겪고, 사내 정치에 시달리며, 번아웃되거나 어려운 국면을 극복해 헤쳐나갈 수 없다고 느끼곤 한다. 그럴 때면 사람들은 코칭을 원한다. 또 승진을 기대하거나 가족과의 소통을 개선하고자 하는 것처럼 개인적 목표를 달성하기 위해 코칭을 받기도 한다.

대개 감정 조절은 우리가 목표를 달성할 수 있도록 심리에 대한 통제력을 갖는 첫 단계 가운데 하나다. 코칭 세션은 감정을 관찰하고 이해하기 위해 구조화돼 있으면서도 공감할 수 있는 환경을 제공한다. 코치는 그 과정에서 도움을 주는 아주 소중한 파트너다. 코치는 개인의 고유한 성장 궤적에 맞는 목표 기술을 가르친다. 감정 조절을 가장 힘들어하는 사람들조차 코칭을 받은 후 석 달 안에 회복탄력성을 92% 개선할 수 있다.

매우 중요한 감정 조절 기술 가운데 두 가지는 **속도 줄이기**와 **인지적 재평가**다. 다음 사례에서 이러한 기술들이 어떻게 작용하는지 살펴보자.

조이는 시카고 도심 지역을 맡고 있는 중견 마케터다. 그녀는 최근 담당 지역이 재배정될 거라는 소식을 들었다. 영업부 임원들이 자사의 핵심 제품인 고객 관리 소프트웨어가 소규모 도시들에 더 적합하다는 새로운 데이터에 따라 사업의 초점을 옮기기로 한 것이다. 3년간 시카고에서 고객들과 관계를 쌓아온 조이는 그 소식을 듣고 크게 분개했다. 그녀는 임원진이 대체로 일관성이 없고 직원들을 신경 쓰지 않는다고 생각했다. 자신에게는 한마디 의견도 묻지 않은 채 그동안 쌓아온 자신의 피, 땀, 눈물을 물거품으로 만들 터였다.

지역 재배정 소식을 들은 오후에 조이는 사직서를 썼다. 그리고 그녀는 코치에게 전화를 걸었다. "회사를 나가야겠어요." 조이가 코치인 캐럴에게 말했다. "회사가 저보고 바닥부터 다시 시작하라고 하네요." 그 순간 캐럴은 조이에게 속도를 늦춰 부정적 정서 반응과 뒤따르는 행동 사이에 공간을 만들어 줘야 한다고 직감했다.

우선 조이에게 자신이 그녀의 말을 경청한다는 것을 느끼게 한 다음, 그녀가 자신의 감정을 잘 이해하도록 돕는 일련의 질문들을 던졌다. "억울하다고 느끼는 것 같네요." 캐럴이 조이의 말을 몇 분간 경청한 후 말했다.

"그 정도가 아니에요."

"다른 감정도 얘기해 봐요."

"분노. **열받아요.** 좌절했고 지쳐버렸어요."

우리가 느끼는 감정의 이름을 소리 내어 말하면 통찰을 얻을 수 있고, 자극과 반응 사이에 거리를 둘 수 있다. 조이는 이제 자신의 감정을 자신이 하려던 '도피', 즉 퇴사와 연결시키는 편도체의 납치 행각을 멈출 수 있다. 이렇게 자극과 반응 사이에 여유가 생기자 조이는 좀 더 신중하게 대안들을 고려할 수 있게 됐다. 또한 편도체에 제동을 걸어 스스로 마구 돌진하는 것을 막을 수 있다.

"물론 퇴사도 하나의 선택지이죠." 캐럴이 말을 꺼냈다. "그게 올바른 일인지 판단하기 위해 어떤 정보가 필요할까요?" 캐럴은 이제 인지적 재평가로 옮겨가고 있다. 인지적 재평가란 셀리그만의 멘토인 에런 벡이 처음 개발한 기술로, 인지행동치료의 핵심이다. 인지행동치료는 아마도 우리가 가진 가장 강력한 증거 기반 심리치료일 것이다. 재평가에서는 우리의 생각, 감정, 행동의 조급함에서 한발 물러나 우리의 반응에 대해 지적으로 문제를 제기한다. 그렇게 하는 동안 상황을 재평가해 감정이 처음에 제안한 것보다 좀 더 섬세하게 해석할 수 있다.

조이는 잠시 생각하다 말을 이어갔다.

"저들이 앞으로도 제가 접촉하고 있던 잠재 고객들을 계속 맡게 해줄지 아직 모르겠어요."

"그게 퇴사를 정할 결정적인 요인인가요?"

"시카고 전역을 계속 맡고 싶다는 게 아니에요. 하지만 3단계 이상의 고객들은 계속 맡아야 해요.(3단계는 영업 주기의 한 단계로, 영업 주기는 보통 잠재 고객을 만나는 것에서 시작해 판매를 마무리하는 단계까지 총 7단계로 구성된다).

"타당하게 들리네요."

캐럴이 말했다.

"그리고 이 변화로 제 수수료 산정 체계도 바뀌는지 알아야 해요. 작은 도시에서는 지금처럼 큰 거래들을 딸 수 없어요."

지금 조이는 재평가에 몰두하고 있으며, 이미 협상 준비를 하고 있다. 하지만 캐럴은 조이가 얻은 교훈을 잊지 않도록 잠시 조이에게 감정을 되돌아보도록 유도했다. "제대로 인정받는다는 느낌은 어떤 건가요? 그게 조이 씨에게 중요한 것 같은데, 조이 씨가 알아야 할 무언가가 있나요?"

"회사가 저를 계속 고용하길 원하는지 알고 싶어요." 조이가 말했다. "제가 그만둬도 신경이나 쓸까요? 그렇지 않다면, 저도 계속 이곳에 있고 싶을지 모르겠어요."

두 사람은 조이가 원하는 인정을 받을 수 있는 법과 그녀가 회사로부터 제대로 인정받고 있는지 판단하는 법에 관해 이야기했다. 조이는 담당 구역 재배정 후 그녀의 역할을 계속할 수도, 하지 않을 수도 있지만 적어도 반사적 결정이 아닌, 균형 잡힌 정보에 입각한 결정을 내릴 것이다.

코치는 우리가 속도를 줄이고 재평가하도록 지원하는 데 탁월하다. 하지만 코치 없이도 감정을 조절하는 능력을 개선할 수 있다. 감정의 소용돌이에 휩쓸려 극단적인 행동에 뛰어들려 할 때 다음의 2단계 방법을 시도해 보자.

1단계: 속도를 늦춘다. 지금 겪고 있는 감정과 감정으로 인해 당신이 취할 수 있는 행동 사이에 공간을 만든다. 당신의 감정을 알아채고, 하나씩 이름을 말하고, 무엇이 그런 감정을 촉발했는지 물으면 공간을 만들 수 있다. 먼저 신체적 반응, 가령 심장 박동이나 긴장감을 파악한다. 너무 흥분해 감정이 명료하지 않다면, 몸이 진정할 때까지 행동을 미루는 데 집중한다. 그리고 가볍게 걷고, 명상하고, 친구에게 전화하고, 메일을 살펴본다. 재평가할 수 있도록 감정에 휩쓸려 행동하지 않도록 한다.

2단계: 재평가한다. 이제 당신이 만든 그 공간을 이용해 생각한다. 당신의 감정은 당신에게 무엇을 말하려 하는가? 그 메시지에서 어떤 부분이 도움 되고, 어떤 부분은 별로 도움 되지 않는가? 가령 조이의 경우 억울함을 느끼는 걸 알아채는 게 중요했다. 그녀가 계속 회사를 다니며 새로운 역할을 맡아 번영하려면 상사들이 그녀의 가치를 인정한다는 걸 알아야 했다. 다음으로 대안들을 고려한다. 어떤 선택지를 가지고 있는가? 그 가운데 하나를 택하기 위해 어떤 정보가 필요한가?

이러한 기법들이 처음이라면, 유달리 감정이 많이 실린 상황에서 두 단계를 수차례 되풀이해야 한다. 시간이 갈수록 올바른 관점과 통제력을 재빨리 되찾는 일을 점점 더 잘하게 될 것이다.

○ 낙관주의

낙관주의는 미래에 대해 긍정적으로 생각하고 자신감을 느끼는 경향을 말한다. 낙관주의가 회복탄력성의 핵심 예측 변수라는 사실은 오래전부터 알려져 있었다. 셀리그만은 1967년부터 연구한 학습된 무기력의 사례에서 **회피할 수 없는** 나쁜 사건이 닥친다 해도 피시험자의 약 3분의 1은 무기력해지지 않는다는 것을 발견했다. 회복탄력성이 있는 개인들은 좌절을 일시적인 것으로 보는 경향이 있다. 또 지엽적이고 통제할 수 있는 것으로 받아들인다. 그들은 흔히 "**빨리 끝날 거야. 이런 일은 이번 한 번뿐이야. 이런 종류의 일을 방지하기 위해 앞으로 내가 할 수 있는 일은 많아**"라고 말한다.

'**회피할 수 없는**'이라는 표현에 주목하라. 불편을 극복하기 위해 그들이 자기 자신에게 한 이야기는 그들의 경험과 일치하지 않았다. 그런데도 그들은 계속해서 낙관적으로 말했고, 그 결과 계속 노력해 상황을 개선했다. 여기서 명확하고도 강력한 교훈을 얻을 수 있다. 어떤 상황을 감당할 수 있다고 느끼는 정도는 그것을 탈

피하기 위해 우리가 무언가를 할 수 있다는 **믿음**에 달려 있다. 그게 바로 유리한 결과를 기대하는 편향, 즉 낙관주의다.

우리는 왜 이런 식으로 생각하도록 자기 자신을 가르치길 원하는가? 우리에게 좋기 때문이다. 낙관주의는 심리적 회복탄력성뿐만 아니라 신체적 회복탄력성까지 예측한다. 낙관주의자들이 염세주의자들보다 약 8년 더 오래 산다는 걸 아는가? 낙관주의자들은 심장마비가 발생해도 그로 인해 사망할 가능성이 현저히 낮다. 또한 더 강력한 면역체계를 갖고 있다. 이처럼 낙관적으로 사고하는 것은 심신에 모두 좋다.

낙관주의자들이 직장에서도 얼마나 유능하게 일을 잘하는지 보여주는 강력한 증거가 있다. 연구자 폴 레스터Paul Lester는 고인이 된 에드 디너Ed Diener와 셀리그만과 함께 5년간 90만 명이 넘는 병사를 추적해 모범적인 일을 조사했다. 조사 기간에 병사들의 12%가 군대에서 선망의 대상에게 수여하는 '모범적인 수행' 상을 받았다. 그들은 처음 입대했을 당시 실시한 심리 검사를 보고 누가 상을 타게 될지 예측할 수 있었을까? 답은 '그렇다'이다. 긍정적 정서가 높고 부정적 정서가 낮으며 매우 낙관적으로 생각하는 병사들의 모범적 수행과 영웅적 행동에 대한 수상 가능성이 그렇지 않은 병사들보다 네 배 높았다. 표본 집단은 150개가 넘는 다양한 직업을 아우르고 있었기에 이 결과는 미국의 노동력에 대해서도 일반화할 수 있다.

사람들이 낙관적으로 사고하도록 지원하기 위해 고안된 최선의 개입 모델 가운데 하나는 '최상의 자기Best Possible Self' 훈련이다. 이 훈련에서는 우선 미래의 특정 시점을 고른다. 지금으로부터 십오 년 후가 될 수 있다. 십오 년 후 모든 게 괜찮을 때 자신의 모습을 상상한다. 원한다면 사랑하는 파트너와 함께 있을 수 있다. 아니면 자신이 그동안 열심히 쌓아온 경력이 있거나 자신이 항상 가장 좋아한 동네에서 살고 있다. 그리고 나서 10분 동안이 미래에 관해 글을 쓴다. 시간을 대개 어떻게 보내는가? 어떤 친구와 가족을 가장 자주 보는가? 그때 기분은 어떠한가? 30건이상의 연구에 따르면 이 훈련은 낙관주의뿐만 아니라 신체의 건강도 개선한다. 다른 시점을 골라 이 훈련을 반복할 수 있다. 이훈련을 할 때마다 자신의 낙관주의 역량이 강화된다.

성공을 음미하고, 감사를 실천하고, 노고를 위로하는 데 초점을 맞춘 훈련은 미래를 좀 더 낙관적으로 받아들이도록 돕는다. 낙관주의는 소셜미디어를 비롯해 우리의 뇌에 들어오는 정보를 감독함으로써 강화될 수도 있다. 가령 많은 사람이 팬데믹 기간에 내면의 낙관주의를 좀 더 명확히 들여다보기 위해 비현실적인 부정적 정보, 예컨대 감염자 수의 급증에 대한 과장된 보고를 걸러내는 데 도움이 필요했다.

○ 인지적 민첩성

　　인지적 민첩성이란 다수의 시나리오 사이를 머릿속으로 오가며 검토한 후 가장 유망한 시나리오를 선택하고 집중해 실행에 옮기는 능력을 말한다. 앞서 적응력의 형태로 표현된 인지적 민첩성이 채집인으로서 인간의 일에 얼마나 중요한 역할을 했는지 살펴봤다. 인지적 민첩성은 제너럴리스트로서의 기술과 함께 꼭 필요하다. 채집은 완전히 새로운 지형에서 우연히 자원을 발견하는 데 달려 있으며, 이후 대상을 정하고 행하는 채집이나 수렵이 뒤따른다. 열린 마음가짐으로 증거를 바라보지 않았다면 채집인들은 소중한 열매 등을 발견하고도 알아보지 못했을 것이다. 하지만 집중력과 제너럴리스트의 마음가짐이 없었다면 발견한 식량을 수확할 수 없었을 것이다.

　　한 종으로서 우리는 수백만 년 동안 진화를 거친 채집인의 삶을 통해 이러한 기술들을 획득했다. 하지만 농업 혁명 이후로는 진화를 통해 얻는 기술들을 이용하지 않기 시작했다. 우리의 역할은 농업으로, 그 후 산업화로 인해 점점 협소해졌고 사전에 정해졌던 활동들도 점점 늘어갔다.

　　이제 다시 거친 소용돌이와 같은 일터에서 유연하게 대처하려면 채집인의 인지적 민첩성과 적응력이 필요하다. 이런 환경에서 진퇴양난에 빠지지 않으려면 흐름을 읽고, 맥락을 분석하고, 가능한 한 많은 선택지를 살펴봐야 한다.

GM의 햄트램크 공장이 폐쇄된 후 갑자기 일자리를 잃은 밴오든을 떠올려 보라. 그는 해고로 한동안 우울증을 앓고 장기간 실업 상태로 지낼 수도 있었다. 하지만 그는 그러지 않았다. 짧은 기간 슬퍼한 후 곧 기운을 차리고 새로운 삶의 방식을 궁리하기 시작했다. 채집인의 민첩성을 살려 기회를 찾고자 주변 환경을 조사했고 완전히 새로운 취업 활동에 돌입했다. 우선, 긱 경제gig economy(필요에 따라 사람을 구해 임시로 계약을 맺고 일을 맡기는 형태의 경제 방식-옮긴이)를 백분 활용해 리프트Lyft 운전사로 일하기 시작했다. 그다음으로 이것저것 잘 고치는 손재주를 이용해 동네에서 잡다한 일을 구했고, 디트로이트의 교회 시설에 부엌을 설치하기까지 했다. 또한 그는 개조한 차를 판매해 차량 개조에 대한 열정을 새로운 수입원으로 탈바꿈시켰다. 마지막으로, 음악을 좋아하는 마음을 살려 동네 밴드의 예약 담당자가 됐다. GM이 그를 다시 고용했을 때조차 여러 가능성을 계속 열어놓기 위해 다른 곳에 지원했다.

존 실리 브라운은 수십 년 동안 민첩성의 중요성에 관한 글을 썼지만, 더 오래전부터 자신이 알고 있는 교훈을 몸소 실천하며 살았다. 브라운은 카약을 타고 오토바이를 몰기 전에는 히치하이크로 여행을 다녔다. 그가 성장한 뉴욕의 해밀턴이라는 시골에서는 세상을 구경하러 다니기엔 히치하이크가 가장 쉬운 방법이었다. 매번 다른 차를 얻어 타고 여행할 때마다 어떤 차를 탈지, 한 지점에서 다른 지점으로 이동할 때 어떻게 하면 적은 비용으로 이동할지 정하기 위해 위협과 안전의 신호를 읽는 방법을 숙련했다. 그는 심지어 도로변이든 어디서든 자는 법도 배웠다.

1958년, 열여덟의 나이에 브라운은 여자 친구를 만나기 위해 뉴욕에서 쿠바로 떠났다. 히치하이크 여행이었다. 어떻게 히치하이크로 쿠바까지 갈 수 있었을까? 쿠바 혁명이 한창이라 혼란스러웠기에 가능했을까? 플로리다의 키 웨스트까지 가는 데 성공한 그는 공항 가장자리에 숨어 자신의 계획에 딱 맞는 화물과 그를 하바나 근처 활주로에 '떨궈줄' 조종사를 기다렸다. 집으로 돌아오는 여행은 더 파란만장했다. 그가 활주로에 내린 후 비행기가 다시 출발하자 이를 의심스럽게 생각한 키 웨스트 경찰이 그를 구속했다. 때마침 위기의 순간에 써먹기 위해 아껴둔 추천서 덕분에 그는 풀려났다. 야밤에 자유의 몸이 돼 눈 붙일 곳 하나 없는 신세가 된 브라운은 경찰에게 감옥에서 잘 수 있는지 물었다. 경찰은 그러라고 하며 그가 들어간 감방의 문을 잠그지 않았다. 감옥에서 빠져나오려면 일종의 민첩성이 필요하다. 하지만 석방된 후 다시 감옥에 머무르려면 완전히 다른 민첩성이 필요하다.

인지적 민첩성 덕분에 선택지가 생긴다. 어떤 사람들은 벽을 보지만, 브라운과 같은 사람들은 몸을 숨겨 밀입국할 숨은 터널이나 공간을 발견한다. 다행히도 인지적 민첩성은 배울 수 있는 능력이다. 특히 인지적 민첩성이 떨어져 가장 고생한 사람들이 가장 많이 개선되기도 한다. 인지적 민첩성을 나타내는 도표에서 최저 사분위에 해당된 사람들이 불과 3개월의 코칭으로 77%나 개선되기도 했다.

인지적 민첩성의 쓸쓸한 아이러니 가운데 하나는 가령 활주로 옆 창고에서 체포되는 것과 같은 위기의 순간에 가장 민첩해야 한다는 데 있다. 바로 그럴 때 편도체는 우리가 겁먹고 도망가길 원하기 때문이다. 뇌가 공포에 사로잡히면 여러 가능성을 열어두고 생각하기가 어렵다. 대신 지나치게 보수적으로 생각하며 시야가 좁아진다. 이러한 이유로 종종 감정 조절 작업과 인지적 민첩성 작업을 하나로 엮어야 한다. 종종 낙관주의를 키우는 것도 여기서 한몫한다.

가령 저조한 회복탄력성의 가장 중요한 예측 변수 가운데 하나는 바로 **파국화**다. 파국을 겪는 사람은 불확실한 상황에서 곧바로 최악의 시나리오를 상상한다. 이라크나 아프가니스탄에 배치된 7만 명의 병사들 가운데 파국화를 겪는 사람들이 그렇지 않은 사람들보다 특히 심각한 전투를 겪었을 때 PTSD가 생길 가능성이 훨씬 컸다. 파국화를 겪는 사람은 낙관주의, 감정 조절 능력, 인지적 민첩성이 모두 다 낮다.

파국화를 겪는 경향성을 평가하기 위해 다음의 시나리오를 상상해 보라. 금요일 정오다. 열심히 일하고 있는데 상사의 비서가 보낸 문자가 휴대폰에 뜬다. 상사가 4시 반에 일대일로 만나자고 한다. 어떤 생각이 드는가? 어떤 사람들은 구체적인 생각이 저절로 들 것이다. '나 해고되나 봐.' 누구라도 이런 생각을 하면 얼어붙고, 겁을 먹어 하루 종일 다른 일에 집중할 수가 없다.

해고 통보가 종종 주말을 앞둔 시점에 예고도 없이 찾아오기도 한다. 하지만 성과 부진에 대한 다른 단서가 없는 상황에서 이것은 가장 그럴듯한 설명이 될 수 없다. 당신의 상사가 금요일 4시 반에 회의를 한다고 가정해 보라. 그럴 때마다 누군가 해고되진 않을 것이다.

하지만 파국화 경향이 있는 사람들에게 이 메시지는 사형 선고와 같다. 파국화를 겪는 사람들은 불안과 공포가 현실을 읽는 능력을 지배하도록 방치한다. 형편없는 **감정 조절**과 낮은 **낙관주의**가 결합된 결과다. 게다가 하나의 협소한 결과에만 매달린다. 이는 **인지적 민첩성**이 손상된 결과다. 일반적으로 인지적 민첩성이 있다면 복수의 가능성이 열려 있다고 생각한다.

우리는 훈련을 통해 파국화로부터 벗어날 수 있다. '올바른 관점으로 바라보기' 훈련은 의도적으로 가능한 모든 결과에 대해 시야를 개방함으로써 인지적 왜곡을 해결한다. 다음 단락에서 이런 훈련이 어떻게 진행되는지 살펴보자.

올바른 관점으로 바라보기

자꾸 최악의 결론이 떠오른다면, 좀 더 정확하게 다른 결론을 예측하는 것을 목표로 삼는다.

① 선을 그리고 가장 좌측에 '가능한 최악'을, 가장 우측에 '가능한 최선'이라고 적는다. 금요일 오후 상사의 호출이라는 사례에서 '해고'는 가장 좌측에 해당된다.

② 머릿속에 최악의 결과를 품고 있으므로 완전히 반대로 생각해 본다. 가능한 최선의 결과는 무엇일까? 상상할 수 있는 가장 긍정적인 시나리오는 무엇일까? 이 사례에서 최선의 시나리오는 '승진'일 수 있다. 이것을 가장 우측에 적는다.

③ 마지막으로, 적어도 '가장 그럴듯한' 시나리오 세 가지를 생각해 선의 중간에 적는다. '상사가 프로젝트에 대한 도움이 급하게 필요하다'가 여기에 해당될 수 있다. 좀 더 현실적 가능성을 배치하는 것을 배우고 있기 때문에 이 범위에 해당되는 여러 가지 사례를 제시하는 게 중요하다. 최선이나 최악보다 '가장 그럴듯한' 결과가 더 많다. 스펙트럼에서 이 부분이 중요하다. 인지적으로 민첩하면 결론을 상상할 때 이러한 여러 가능성들을 고려할 수 있다.

4만 명의 미군 하사관들이 자신과 군대를 위해 회복탄력성을 계발하도록 교육 받을 때 바로 이 방법이 사용되었다. 그들은 미래에 닥칠 혼란에 대해 좀 더 유연하게 대처할 수 있도록 파국적 사고를 파악해 도전하고, 인지적으로 좀 더 민첩하고 새로운 본능을 키우는 법을 배웠다.

○ 자기 연민

텍사스대학교 오스틴 캠퍼스의 크리스틴 네프Kristin Neff 교수는 회복탄력성의 네 번째 동인인 자기 연민을 자신의 고통, 실패 또는 부적절하다는 인식이 발생할 때 스스로에게 연민을 베푸는 능력이라고 정의한다. 자기 연민이 있으면 어려움을 겪고 있는 타인의 마음을 위로하는 방법을 자신에게 적용할 수 있다. 사실 힘들어하는 타인의 마음을 위로하는 방법은 누구나 잘 알고 있다. 우리의 뇌는 이 방법을 매우 편하게 생각한다.

이 훈련의 핵심은 우리가 가진 문제를 인류가 맞닥뜨린 공통의 문제라는 좀 더 넓은 범위에서 이해하는 것이다. 어떤 역경에 맞닥뜨린다 해도 보통 역사를 통틀어 볼 때 다른 사람들이 경험한 것과 크게 다르지 않다. 또한 자기 연민은 PTSD로 고전하는 사람들에서 트라우마 관련 증상을 해소하는 데 효과적인 도구다.

자기 연민을 수행하는 간단한 방법은 당신이 겪고 있는 고통을 다른 누군가도 겪고 있다고 상상하는 것이다. 임원들 앞에서 프레젠테이션을 망친 게 당신이 아니라 친한 친구 올리브라고 생각해 보자. 올리브에 대해 어떤 감정을 느끼는가? 어떻게 하면 올리브를 지지해 회복되도록 도울 수 있을까? 이러한 정서와 행동의 반응을 이용하는 것은 어렵지 않지만, 우리가 위기의 당사자일 때는 스스로에 대해 이런 반응을 하지 않는다. 연민을 베풀면, 공포나 수치심과 같은 부정적 감정을 사랑과 관심이라는 감정으로 다스리게 된다.

○ 자기 효능감

회복탄력성의 마지막 핵심 동인인 자기 효능감은 특정한 노력을 하면 성공할 수 있다는 믿음이다. 1980년대에 심리학자 앨버트 밴듀라Albert Bandura가 처음 만든 용어로, 직장에서의 수행부터 다이어트나 운동의 성공까지 모든 부분에서 매우 강력한 성공의 예측 변수다. 밴오든이 다양한 새로운 일자리를 열심히 찾은 것은 대단한 자기 효능감을 보여주는 사례다. 그는 어디엔가 자신이 할 일이 있으며 그것을 찾을 수 있다고 믿었고 도전을 통해 취업을 했다. 자기 효능감과 밀접한 관련이 있는 개념인 자율성은 미래에 벌어질 일을 자신이 바꿀 수 있다는 믿음이다.

자율성은 학습된 무기력으로부터 우리를 보호한다.

　자기 효능감은 강화될 수 있다. 밴듀라는 자기 효능감을 키우는 최선의 방법으로 숙달 경험을 말한다. 어떤 분야에서든 숙달하려면 장시간에 걸쳐 작은 성공을 꾸준히 쌓아야 한다. 목표를 달성할 수 있도록 작게 나누면 지나치게 큰 목표를 설정했다가 아무것도 이루지 못하는 우를 피할 수 있다. 아울러 작은 목표들은 자신감을 키우는 데 도움을 주어 점차 더 큰 도전 과제들을 다룰 수 있게 된다. 이 모든 일을 마치고 높은 수준의 기술에 도달, 즉 숙달할 때, 더 높은 수준의 자기 확신을 느끼게 된다. 그리고 이는 더 많은 다른 영역으로까지 확산된다.

　다음 이야기에서 알 수 있듯이 인지적 민첩성과 자기 효능감은 함께 작용한다. 샤야는 샌프란시스코 베이 에어리어에 소재한 세계 최대의 기술 기업 중 한 곳의 제품 마케팅 관리자다. 그녀는 모로코 이민자 가정의 딸로, 플로리다에서 성장하며 공립학교에 다녔고 동네 물품 보관소에서 일하며 집안 살림을 도왔다. 이후 1980년대 말 광고 때문에 마케팅에 관심을 갖게 됐다. 그녀는 캠벨 수프 캔의 배너 이미지를 보고 다른 사람들이 신제품을 통해 더 나은 삶을 상상하는 걸 돕고 싶었던 기억을 떠올렸다.

　대학을 갓 졸업했을 당시 샤야는 지면 광고와 브랜드 구축 이벤트와 같은 컨퍼런스와 고객 행사인 라이브 이벤트를 비롯한 전통적 마케팅 방식에 주력하는 사무용품 회사에서 일했다. 당시 그녀가 맡았던 보통의 업무는 복사를 하고, 고객에게 전화하고, 컨퍼런스를 위해 어젠다를 계획하는 것이었다. 팀의 그 누구보다 열심히 일했고, 부모님이 결코 얻지 못한 재정적 안정을 얻기 위해 애썼다. 집중력과 인내심이 있으면 그녀가 속한 분야 전반에서 다양한 기술들을 배울 수 있다고 생각했다.

첫 직장에서 3년이 지난 시점에 샤야는 자신이 다니는 지사가 기술적으로 좀 더 뛰어난 경쟁사들과의 경쟁에서 패배해 파산 신청을 해야 할 처지라는 걸 알게 됐다. 혼란이 다가오고 있다는 것을 눈치챘지만 리더들에게 어떻게 알려야 할지 몰랐다. 대부분의 채용 담당자들이 디지털 마케팅 경력을 원했기 때문에 다음 직장을 찾기가 무척 어려웠다.

샤야는 자기 회의에 빠졌지만 지난 3년간 얼마나 많은 것을 배웠는지 떠올렸다. **'한 번 했으면 또 할 수 있어.'** 그녀는 3년간 쌓은 경력에서 자신감을 얻어 온라인 마케팅 과정에 등록했다. 이게 바로 자기 효능감이다. 기꺼이 신입 수준에서 배우고 다시 시작하겠다는 마음가짐을 가진 덕에 그녀는 결국 처음으로 디지털 마케팅을 담당하는 자리에 채용됐다.

지난 10년간 첫 직장보다 훨씬 큰 기업용 솔루션 기업에서 일한 샤야는 전적으로 온라인 마케팅 업무만 담당했다. 오늘날의 마케팅은 대단히 분석적이며 수십 가지 소프트웨어 프로그램의 도움을 받는다. 가령 소셜미디어 마케팅 도구, 검색엔진 최적화 도구, 리드 제너레이션 앤 캡처lead generation and capture(한 기업의 제품 및 서비스에 대한 잠재 고객의 관심을 발생시키고 포착하는 자동화된 마케팅 프로세스 - 옮긴이) 도구, 이메일 마케팅 도구 등이다. 매월, 매주, 매일 새로운 기능과 기술이 사업을 일으키거나 망하게 할 잠재력을 갖고 출현한다. 마케팅 기술, 즉 마테크MarTech는 핀테크, 헬스테크 등과 마찬가지로 하나의 독립된 산업이다. 샤야는 최신 마테크 트렌드를 잘 따라가고 있다는 데 자부심을 느낀다. 모든 새로운 도구에 대한 전문가가 될 필요는 없지만, 그 적합성을 확인할 수 있을 정도로 열린 자세여야 한다. 이것은 시연 영상을 보고, 무료 사용 버전을 다운로드하거나 신기술의 초기 고객들과 소통해 그들의 경험을 파악한다는 뜻일 수 있다. 팀의 업무 흐름에 통합시킬 가치가 있다고 여겨지는 도구들에 대해 그녀는 집중 행동 모드로 전환해 도구 사용 여부의 차이를 파악하고 다른 사람들이 도구들을 사용하도록 이끈다.

동시에 샤야는 기업용 솔루션 산업 자체의 거대한 변화를 따라가야 한다. 회사의 마케팅 포트폴리오의 많은 부분을 책임지는 리더로서 매달 북아메리카 고객들에게 파일 공유 제품을 홍보하는 일부터 아시아태평양 지역 기업 고객들에게 이미징 제품을 광고하는 일까지 많은 일을 처리한다. 그녀의 주력 분야는 신제품들 사이에 자원을 배분하는 상사들에 의해 상명하달식으로 정해지기도 하지만, 샤야와 동료들이 유망한 새로운 기회에 더 큰 관심을 쏟길 주장하는 터라 하의상달식으로 정해지기도 한다.

하나의 두드러진 제품에서 또 다른 제품으로, 또는 한 지역에서 다른 지역으로, 또는 하나의 기술 도구에서 다른 도구로 전환이 이뤄질 때마다 샤야는 자기 효능감, 인지적 민첩성, 전반적인 회복탄력성을 시험하는 기회를 맞이한다. 무엇보다 그녀는 무력감에 빠지지 말고 변화의 소용돌이를 잘 헤쳐 나올 수 있어야 한다. 그러고 난 후 새로운 기회에 대해 열린 자세를 견지하면서 동시에 집중력을 발휘해 실행에 옮기는 균형을 잃지 말아야 한다.

자기 효능감, 자기 연민, 인지적 민첩성, 낙관주의, 감정 조절은 급류와 같은 거친 일터에서 번영하기 위해 필요한 심리적 회복탄력성을 구성하는 요소들이다. 모두 다 배울 수 있다. 코칭과 같은 개인 맞춤형 방법을 사용하면 개인의 필요에 맞춘 학습을 체험할 수 있다. 예컨대 감정 조절에 더 많이 주력해야 하는 사람이 있는가 하면 낙관주의의 근육을 키워야 하는 사람도 있다.

누구나 연습을 통해 회복탄력성을 키워 반취약성을 향해 나아갈 수 있다. 제대로만 한다면, 결과는 빨리 나타난다. 이 기술에서 가장 낮은 점수에서 시작한 사람들이 불과 3개월 만에 스스로 평가한 회복탄력성 점수에서 125%나 개선됐다. 회복탄력성이 개선되면 사생활에서나 직업에서나 부정적인 결과를 피하고 깜짝 놀랄 정도로 번영하는 데 도움이 된다. 곡선이 변하는 것이다.

지금까지 우리는 회복탄력성이 개인에게 어떻게 도움이 되며 어떻게 개인적으로 회복탄력성을 키울 수 있는지 살펴봤다. 아울러 회복탄력성은 직장에서의 업무 성과에 중요한 방식으로 팀과 조직 차원에서도 작동한다. 우선 집단 차원에서 살펴보자.

○ 회복탄력성이 있는 조직의 미래

코로나19 팬데믹은 일터의 회복탄력성에 관해 교훈을 제공했다. 하룻밤 사이 수천만 명의 노동자들이 룸메이트, 배우자나 연인, 학교에 가지 않는 자녀들이 복작거리는 집에서 재택근무를 하게 됐다. 서비스업 종사자들은 영업을 중단하고 끊임없이 바뀌는 규제에 대처하며 일해야 했다. 그나마 이들은 운이 좋은 편이었다. 수백만 명에 달하는 사람들이 실직했다. 우리는 매일 사랑하는 사람들을 잃었다.

일터에서 조직의 구성원들은 일제히 방향을 전환해야 했다. 코트를 만들던 사람들이 얼마나 빨리 마스크를 꿰매는 일로 전환할 수 있었을까? 자동차를 만들던 사람들이 환풍기 조립 작업으로 얼마나 빨리 전환할 수 있었을까? 조직의 리더들은 다수의 노동자를 해고했고, 남은 사람들은 두 배로 일을 해야 했다.

팬데믹은 회복탄력성이 모든 인적 자본 전략의 진정한 초석임을 드러냈다. 회복탄력성 점수가 낮은 노동자들은 수면 부족에 시달리고, 잘 먹지도 못하고, 운동도 좀처럼 하지 않고, 생산성도 떨어졌다. 반면 회복탄력성이 높은 노동자들은 그들의 웰빙뿐만 아니라 고용주를 위한 수행 능력까지 유지했다. 예전보다 더 높은 수준의 성과를 달성했고, 최저의 성과를 올릴 때도 심각하지 않았다. 회복탄력성 덕분에 노동자들은 이 힘겨운 시기에도 번영할 준비가 돼 있었다.

이러한 강점을 계량화하기 위해 2020년 봄, 우리는 우리와 파트너십을 맺은 기업들의 수익을 조사해 그 기업들의 인구 회복탄력성 점수와 비교해 봤다. 직원들이 가장 높은 평균 회복탄력성 점수를 보인 기업들은 자산수익률이 42% 상승했고 연간 자기자본수익률이 3.7배 상승했다. 연간 성장률도 3.2배에 달했다.

또한 우리는 리더들의 회복탄력성이 그러한 결과가 나오는 데 어떠한 영향을 줬는지도 조사했다. 그리고 조직의 관점에서 볼 때 회복탄력성이 있는 리더는 아낌없이 주는 나무라는 걸 발견했다. 회복탄력성이 있는 리더에게 보고하는 직원들은 다른 사람들보다 회복탄력성이 3배나 높았다. 또 회복탄력성이 없는 리더 밑에서 일하는 직원들보다 번아웃을 겪을 가능성이 50%나 적었다. 회복탄력성이 있는 리더가 있는 팀은 30% 더 생산적이었다. 이러한 팀들은 더 혁신적이고 인지적으로 더 민첩했다.

이러한 결과를 믿기 힘들다면 당신이 마지막으로 함께 일한 상사 몇 명만 떠올려 보라. 그들은 얼마나 회복탄력성이 있었는가? 그가 쉽게 스트레스를 받았는가?

그들에게 보고할 때 당신의 웰빙은 어느 정도였는지 생각해 보라. 어떤 패턴이 보이지 않는가?

2020년 5월 현재, 미국 기업의 약 22%가 회복탄력성을 리더십 역량에 포함시켰다. 리더십 역량은 조직이 리더에게 기대하는 행동과 기술을 말한다. 기업들은 종종 이러한 부분에 초점을 맞춰 리더십 교육을 설계한다. 10장에서 보겠지만 이러한 교육의 대부분이 증거에 기반하지 않았다. 그렇지만 22%라면 시작으로서 나쁘지 않은 수치다.

항상 **지금**이 바로 회복탄력성을 키울 최고의 순간이다. 우리가 가장 자주 받는 질문은 '어떻게 시작해야 하는가?'다. 우리는 방법을 알고 있다. 오늘날 시장에서 구할 수 있는 증거 기반 프로그램들이 있다. 그 프로그램들은 수십 년 동안 실시된 수천 건의 연구를 바탕으로, 정확하게 데이터가 주도하는 방식으로 발달에 대한 개인의 필요에 맞춰 교육을 제공할 수 있다. 이러한 개입 모델은 개인, 팀, 조직 차원에서 가장 근본적인 역량인 회복탄력성에 변화를 일으킨다. 그리고 많은 경우 수년이 아닌 수개월 안에 그렇게 할 수 있다.

회복탄력성을 키우면 현재와 미래의 도전 과제가 주는 충격을 잘 막을 수 있다. 문제는 '어떻게'가 아니라 '언제'다. 왜 꾸물거리고 있는가?

5장

목적 있는 삶 vs. 목적 없는 삶

이 책은 매일 먹을 식량뿐만 아니라 매일의 의미, 돈뿐만 아니라 인정, 무기력이 아닌 놀라움을 찾는 일을 다룬다. 간단히 말해, 월요일부터 금요일까지 조금씩 죽어가는 게 아니라 진정한 삶을 추구하는 것이다. 아마도 불멸이 이 여정의 일부일 것이다. 입 밖으로 말했든 아니든, 바로 이 책의 주인공들이 바라는 소망은 기억될 것이다.

1980년대에 퓰리처상 수상자인 루이스 '스터즈' 터클Louis 'Struds' Terkel은 미국인이 자신들의 일에 대해 말하는 목소리를 아날로그 테이프에 녹음해 미래 세대에게 남겼다. 터클은 전국을 돌아다니며 만난 책 제본 기술자, 식료품점 직원, 철강 노동자, 치과의사, 트럭 운전수, 무덤 파는 사람들이 어떻게 일하며 시간을 보내는지 속속들이 설명했다. 그들이 상대하는 사람들, 일하며 드는 감정, 하루를 지내면서 마음속에 떠오르는 생각들까지. 터클은 그들과의 대화를 엮어 1974년《일》이라는 제목의 책을 내놓았다.

터클은 당시 그의 책이 '이전before'이라는 이상적 시점에 발표됐다는 걸 깨닫지 못했다. 즉, 그의 책은 노동의 변천 가운데 역사상 가장 극적인 순간이 시작되기 직전에 발표됐다. 급류와 같은 일의 세계가 도래하기 지전에 사람들은 자신들이 하는 일에 대해 어떻게 느꼈을까?

책의 도입부에서 터클은 미국 노동자들과 시간을 보내며 얻은 가장 큰 지혜를 요약해 소개한다. 다양한 이야기 속에서 출현한 주제들 가운데 가장 중요한 것은 바로 일에서 의미를 찾고 싶은 욕구였다.

> 이 책은 매일 먹을 식량뿐만 아니라 매일의 의미, 돈뿐만 아니라 인정, 무기력이 아닌 놀라움을 찾는 일을 다룬다. 간단히 말해, 월요일부터 금요일까지 조금씩 죽어가는 게 아니라 진정한 삶을 추구하는 것이다. 아마도 불멸이 이 여정의 일부일 것이다. 입 밖으로 말했든 아니든, 바로 이 책의 주인공들이 바라는 소망은 기억될 것이다.

이런 의견은 한때 보편적이었고, 그 시대가 낳은 고유하고 놀라운 결과였다. 터클과 동시대를 산 인본주의 심리학자인 매슬로와 빅터 프랭클Victor Frankl은 일에서 의미가 갖는 핵심적 역할에 대해 비슷한 결론을 내렸다. 매슬로는 1962년에 이렇게 말했다. "일이 의미가 없으면, 삶은 무의미한 상태에 가깝다."

1969년, 교육학자 닐 포스트먼Neil Postman과 찰스 바인가르트너Charles Weingartner는 오늘날 교육, 일, 상담에서 기초로 생가하는 '의미 만들기' 프로젝트를 성의했다. 모두가 의미에 주목했다.

실리콘밸리도 이러한 정신 아래서 탄생했다. 흔히 실리콘밸리가 1990년대에 시작했다고 생각하지만 1970년경 이미 존 실리브라운의 제록스 PARC팀이 이더넷, GUI, 레이저 프린터를 개발하고 있었다. 뛰어난 스탠퍼드공과대학과 환상적인 날씨, 초기 컴퓨터 프로세서를 다룰 수 있는 기회 때문에 공학자들은 실리콘밸리로 몰려들었다. 그들은 우주여행을 실현하고 인간 진보의 한계를 확장하는 꿈을 꿨다.

당시 서부로 몰려간 선구적 사람들은 골드러시가 아니라 의미를 찾는 러시에 동참했다. 그들은 그들 세대의 위대한 혁신가로서 돈뿐만 아니라 목적에 이끌려 일했다. 초창기 애플의 직원이었고 이후 링크드인LinkedIn의 공동 창립자가 된 리드 호프먼Reid Hoffman은 프레드 코프먼Fred Kofman이 의미가 있는 일에 관한 책을 펴낼 때 서문에서 이렇게 말했다.

> 가장 빠르게 성장하고 가장 안정적으로 운영되며 업계에서 지배적 입지를 점한 기업들이 기업의 사명mission을 크고 고상하며 놀라울 정도로 야심찬 언어로 정의한 기업들이라는 걸 우리는 실리콘밸리에서 누누이 봐왔다.

오늘날 모든 기업에는 직원들을 고무하고 고객들을 유인하기 위한 사명 선언문mission statement이 있다. 월트 디즈니의 직원들은 마법 체험을 통해 행복을 만든다. 소니는 호기심을 고취시키고 충족시켜 준다. 파타고니아는 지구를 구한다. 130년 전, 코카콜라는 두 개의 대문자 C가 광고에서 보기 좋은 까닭에 코카콜라라는 브랜드명을 선택한 한 약사가 설립한 기업이다. 이제 코카콜라는 "세상을 새롭고 신선하게 바꾸자Refresh the world. Make a difference"는 목적을 갖고 기업 활동을 한다.

많은 선언문이 공허하게 들린다. 경쟁이 심한 노동 시장에서 노동자들은 기어이 회사의 목적이 자신의 가치와 가장 유사한 회사를 찾으려 할 수 있다. 비슷한 맥락에서 노동자들은 비난받을 만한 행동을 하는 기업을 과감히 그만둘 수 있다. 음악가 닐 영Neil Young은 스포티파이Spotify가 코로나19 백신에 대해 잘못된 정보를 퍼뜨린 팟캐스트 스타 조 로건Joe Rogan의 퇴출 운동을 거부하자 스포티파이 직원들에게 퇴사하라고 장려했다. "회사가 당신의 영혼을 갉아먹기 전에 그만두세요."

반대로 어떤 기업에 취업하고 싶은 지원자들은 면접 과정의 일환으로 그 회사의 사명과 자신이 어떤 연관성을 가지는지 설명할 준비를 해야 한다. 오늘날의 일자리는 얼마나 열정적으로 보이는지에 따라 얻을 수도 잃을 수도 있다. 믿음이 굳건한 사람들은 그들처럼 믿음이 굳건한 사람들 곁에 있길 바란다.

사명과 의미는 어쩌다 일에서 그토록 핵심적인 부분이 됐을까? 이 장에서는 목적에 의해 주도되는 수행이 번영에서 차지하

148

는 중심적인 역할과 그러한 의미를 측정하고 키우기 위해 우리가 편하게 사용할 수 있는 도구들을 살펴볼 것이다.

○   의미의 뜻

심리학자 마이클 스티거Michael Steger는 의미가 세 가지 요소로 구성돼 있다고 분석한다.

① **이해**: 개인의 경험을 이해한다.

② **목적**: 개인의 인생에서 매우 가치 있는 목표나 사명을 갖는다.

③ **중요성**: 개인의 삶이 살 만하고 가치가 있다고 인식한다.

세 구성 요소는 서로 다르지만 우리가 평소 '의미'라고 말할 때 암시하는 단어들이다.

모든 일이 다 똑같이 의미가 있는 것은 아니다. 우리가 모두 같은 방식으로 일에서 의미를 찾는 것도 아니다. 1997년 직장에서의 태도를 조사한 유명한 연구에서 심리학자 에이미 브제스니프스키Amy Wrzesniewski, 클라크 맥컬리Clark McCauley, 폴 로진Paul Rozin과 배리 슈워츠Barry Schwartz는 다음과 같이 사람들이 그들의 일을 직업이나 경력 또는 소명으로 본다는 것을 보여줬다.

① **직업**: 금전적 보상과 필요성에 초점을 맞춘 개념. 직업은 일을 제외한 삶을 즐기기 위한 수단이다. 금전적 보상이 더 좋은 곳을 발견하면 그만둔다.

② **경력**: 직업적 발전에 초점을 맞춘 개념. 경력을 가진 사람들은 직업적 성취나 사회적 신분 상승에서 자부심을 느낀다. 승진이 멈추면 그만둔다.

③ **소명**: 충만한 일에 초점을 맞춘 개념. 사회적으로나 도덕적으로 가치 있는 일을 하도록 부름을 받았다고 느낀다. 무슨 일이 있어도 지킨다.

같은 영업직인 세 사람이 있다고 치자. 이들은 각자의 방향성에 따라 같은 일을 직업으로, 경력으로, 소명으로 볼 수 있다. 이처럼 동기가 다르면 일의 성격도 달라진다. 외재적 동기인 돈을 위해 노동하는 사람들은 자신에게 정확하게 요구되는 일만 할 뿐 더 이상 일하지 않는다. 반면 더 높은 목적이자 내재적 동기인 소명을 가진 사람들은 일이 우리의 정체성과 깊이 연결돼 있다고 본다. 의미는 그 역할에게 엄격하게 요구되는 범위를 훨씬 뛰어넘는 수행을 하게 한다.

○ 의미를 찾는 일은 얼마나 확산돼 있는가?

전 세계 수십억 명이 매일 일하러 간다. 그들 가운데 얼마나 많은 사람이 일에서 의미를 찾을까? 소수의 특권을 가진 노동자들에게는 의미가 중요할지 몰라도 대부분은 그냥 직업으로서 일이 있다는 데 만족한다고 추측할 수도 있다.

우리도 회의적이었다. 2018년, 우리 연구소는 얼마나 많은 노동자가 두 집단에 속하는지 알아보기로 했다. 가장 많은 데이터를 보유하고 있으며 가장 다양한 경제적 배경을 가진 노동자들에게 접근할 수 있는 미국에 초점을 맞췄다. 모든 연령, 산업, 재직기간, 소득에 속한 전일제 근로자 2천 명을 대상으로 설문 조사를 실시했다.

의미 있는 일을 원하는 노동자의 비율은 결코 적지 않았다. 미국에서 그런 사람들은 '일부'가 아니었다. 사실상 부문이나 직책에 상관없이, 세대와 소득 수준을 막론하고 우리가 조사한 모두가 일에서 더 많은 의미를 바랐다. 모두가 일이 직업보다는 소명에 가깝기를 바랐다.

아울러 우리는 노동자들이 현재의 역할을 얼마나 의미가 있는 일로 느끼는지 알고 싶었다. 0(의미가 없다)부터 100(최대의 의미가 있다)까지의 척도를 사용한 같은 연구의 조사에서 사람들은 현재의 일에 평균 49점을 줬다. 결론적으로 말하자면 우리가 가진 '의미의 컵'은 절반도 채워지지 못했다.

또한 우리는 조사 대상인 2천 명의 노동자들에게 아주 의미 있는 일을 얻기 위해 급여를 얼마만큼 희생할 수 있는지 물었다. 결과는 놀라웠다. 평균적으로 그들은 대단히 의미 있는 일을 갖기 위해 미래 소득의 23%나 희생할 의향이 있었다! 이 비율은 연간 4만 달러에서 연간 20만 달러에 이르는 소득 계층에서 똑같았다.

2018년 미국인들은 소득의 17.5%를 모기지론에 썼다. 달리 표현하자면, 우리는 우리가 사는 집보다 의미에 기꺼이 더 많은 돈을 쓰려고 한다.

○   의미 있는 일이 주는 혜택

도대체 왜 의미는 일에서 그토록 필수적인 걸까? 조직으로서 우리는 왜 사명에 마음을 쓰는 사람을 뽑으려 할까? 또 개인으로서 우리는 왜 의미를 더 갖기 위해 많은 돈도 포기할 만큼 의미를 원하는 걸까?

결코 과장이 아니다. 일단 조직이 누릴 수 있는 혜택부터 살펴보자. 오늘날 인사 부시의 싱배 가운데 하나는 '재량적 노력discretionary effort'이다. 기업들은 직원들이 최대한 많은 일을 하게 만들고 싶어 한다. 성과 관리라는 분야를 창시한 심리학자 오브리 대니얼스Aubrey Daniels는 재량적 노력을 "사람들이 원하면 할 수 있는 노력의 수준이지만, 요구되는 최소한의 수준을 넘는 정도"라고 정의했다. 직업으로서 일을 맡은 사람들은 재량적 노력을 기울이지 않는다. **소명**을 가진 사람들은 재량적 노력을 기울인다. 재량적 노력은 특별한 결과물을 만들기 위해 필요하다. 즉, 그런 노력을 기울이지 않으면 달성할 수 없는 수준의 장인 정신과 혁신을 얻기 위해 필요하다. 이것은 목적에 의해 하게 되는, 깊은 내면에서 비롯되는 종류의 일이다.

그런 일은 표면적으로 어떻게 보일까? 우리는 연구를 통해 자신의 역할이 의미 있는 일이라고 여기는 직원들이 더 오래 일하고 결근도 적게 한다는 걸 발견했다. 그들은 일을 더 좋아하고, 회사에 더 오래 머물며, 더 생산적이어서 해마다 회사에 약 9천 달러의 가치를 더 창출해 준다. 자신의 일이 매우 의미가 있다고 생각하는 직원 천 명당 기업은 연간 이직 비용으로 평균 594만 달러를 절약한다. 이러한 직원들은 조직 차원의 문제에서도 훌륭한 완충제가 된다. 형편없는 관리나 유해한 환경에 맞닥뜨릴 때, 자신의 일이 매우 의미 있다고 여기는 노동자들은 더 쉽게 난관을 헤쳐나갈 수 있고 퇴사할 가능성이 더 작다.

개별 노동자로서 우리에게 의미 있는 일이 주는 보상은 더 크다. 직업적 측면에서 보더라도, 자신의 일을 매우 의미 있다고 보는 사람들은 그렇지 않은 사람들보다 급여 상승과 승진을 더 많이 누린다. 따라서 결론적으로 23%의 급여 삭감을 감내할 필요가 없다는 말이다. 오히려 그 반대다. 좋아하는 일을 하고 자신이 하는 일을 더 좋아하게 되면 금전적으로도 더 많이 얻게 된다.

개인 차원에서 의미 있는 일은 건강에 좋다. 내재적 동기를 가지고 일하면, 즉 외적 보상이 아니라 우리 안의 깊은 내면에서 나오는 이유에서 일하면 전반적인 웰빙에 긍정적인 영향을 준다는 게 연구를 통해 밝혀졌다. 심리학자 에드워드 데시Edward Deci와 리처드 라이언Richard Ryan이 만든 분야인 자기결정이론에 따르면, 내재적 동기는 심리적 웰빙을 위해 평생에 걸쳐 반드시 있어야 하는 핵심 요소다. 내재적 동기라는 깊은 우물은 오늘날 일의 세계에서 반드시 있어야 한다. 급류를 헤쳐나가는 일은 결코 쉽지 않다. 우리는 매일 우리에게 몰아치는 거센 물결 속에서 열심히 노를 저으며 나아가고 있다. 난관을 이겨내면 또 다른 난관이 우리를 기다리고 있다. 이런 상황에서 의미와 목적이 우리가 계속 전진할 수 있는 동기를 부여한다.

회복탄력성과 인지적 민첩성이 우리가 변화를 헤쳐나갈 **방법**이라면, 의미와 목적은 그 **이유**의 핵심을 이룬다. 의미와 목적은 눈앞의 난관을 뚫고 나아가기 위해 필요한 연료다. 실제로 데이터는 프리즘의 첫 두 글자인 의미 있는 일Prospection과 회복탄력성Resilience이 함께 필요하다는 걸 보여준다. 같은 2018년 연구에서 우리는 자신의 일이 가장 의미 있다고 생각한 사람들과 가장 의미가 적다고 생각한 사람들 사이에서 심리적 회복탄력성의 수준을 비교해 봤다. 결과는 너무나 뚜렷했다. 일이 가장 의미 있다고 생각한 노동자들, 즉 상위 25%에 속하는 사람들은 일에 의미가 가장 적다고 생각한 노동자들, 즉 하위 25%에 속하는 사람들보다 회복탄력성 항목에서 23% 더 높은 점수를 받았다.

반대로 미국의 인류학자이자 무정부주의자인 데이비드 그레이버David Graeber는 무의미한 일이 심리에 미치는 부정적 효과에 대해 장황하게 설명했다. 2018년에 발표한 책《불쉿 잡Bullshit Jobs》에서 그는 안내데스크 직원부터 마케팅 라이터, 정부 관료까지 수백만 명의 사람들이 목적이 없는 일을 하며, 이 사실을 알고 있다고 주장한다. 그레이버의 주장이 과장됐다 해도 그의 조사 대상자들이 묘사한 무의미한 일이 심리에 미치는 부정적 영향은 언급할 만하다. 불안, 우울, 낮은 자존감은 우리를 병들게 한다. 하지만 목적이 있는 일을 찾자마자 심인성 질환은 거짓말처럼 사라진다.

변화를 잘 견뎌내어 번영하려면 의미 있는 일이 필요하다. 조직을 위해서도 좋은 시기에 최대한의 성과를 끌어내고 나쁜 일의 충격을 완화하기 위해 우리는 일에서 의미를 찾아야 한다. 이러한 모든 이야기를 고려할 때, 의미란 키울 수 있는 것인가? 아니면 그냥 존재하는 것인가?

○ 무엇이 일을 의미 있게 만드는가?

우리가 2018년 연구를 실시한 또 다른 이유는 직장인들이 그들의 일이 의미가 있다고 느끼기 위해 필요한 직장 내 핵심 요인들을 파악하기 위해서였다. 이러한 동인들을 이해하면 개인과 조직은 어느 지점에서 개입을 해야 하는지 알 수 있다.

연구를 통해 드러난 첫 번째 주요한 조직적 요인은 회사에서 혼자가 아니라는 느낌이다. **직장에서의 사회적 지지**가 의미의 정도에 현저한 영향을 미쳤다. 직장에서 사회적 지지를 더 크게 느끼는 노동자들은 그렇지 않은 노동자들보다 직장 내 의미 척도에서 47% 더 높은 점수를 기록했다. 오늘날, 특히 탈코로나 시대에 조직에게 가장 어려운 과제 가운데 하나는 원격근무, 이직, 직업 불안정성에도 불구하고 공동체감을 유지하는 것이다. 하지만 우리 대부분은 이런 환경에서 여차하면 잃을 수 있는 것이 바로 일의 정신이라는 걸 깨닫지 못한다.

데이터에서 드러난 또 다른 중요한 요인은 **리더와 가치와 목적이 일치하는 것**이다. 특히 회사에서 가장 높은 위치에 있는 리더가 중요하다. 동료와 가치가 일치한다고 느끼는 직원들은 일에서 만족감을 느낄 가능성이 33% 더 높았다. 나쁘지 않은 수치다! 하지만 리더와 가치가 같다고 느끼는 직원들은 46%나 더 만족했다. 리더의 가치는 중요하다. 단순히 주주나 이사들에게만 중요한 게 아니다. 리더를 따라 급류를 헤쳐나가야 하는 개별 노동자들에게도 중요하다. 사명 선언문을 공유하는 일부터 시작하면 좋다. 무엇보다 고위급 리더들이 회사가 천명한 가치를 몸소 실천할 때 가장 효과적이다.

더불어 우리는 일의 종류에 따라 의미의 수준을 다르게 만드는 중요한 요인들을 발견했다. 예컨대 지식 노동자들은 다른 노동자들보다 그들의 일이 좀 더 의미 있다고 느꼈다. 면밀하게 분석한 결과, 지식 노동자들은 다른 직업군의 노동자들보다 **적극적인 직업적 성장**에 대한 욕구가 컸다. 모든 노동자가 일에서 이런 성장감을 경험하길 원하고 마땅히 경험해야 한다. 이러한 성장 기회를 개인이 추구하고 조직이 보다 보편적으로 이런 기회를 제공한다면 모두가 그런 만족을 느끼게 할 수 있다.

하버드경영대학원 이선 번스타인Ethan Bernstein 교수가 실시한 연구에 따르면, 직장이 바뀌면 모든 노동자가 자신들의 일이 지식 노동이라고 느끼는 환경이 조성될 수 있다. 가령 개인 정보가 보호되고 비판이 없는 곳에서 실험할 수 있는 능력을 부여받으면, 직원들의 수행 성과는 더 나아진다. 이러한 환경을 조성하는 조직들은 직원들에게 의미에 대한 감각을 더 크게 키워줄 수 있다. 개별 노동자들은 물질적으로나 심리적으로나 이로운 영향을 받고, 조직은 더 큰 수익을 창출하게 된다. 이것이 바로 진정한 윈윈win-win이다.

○   직장에서 의미 키우기

이것을 의미에 대해 외부의 시각으로 내부의 문제를 바라보는 아웃사이드-인outside-in 관점이라고 부르자. 즉, 평균적으로 사람들이 그들의 일이 얼마나 의미 있다고 느끼는지에 영향을 주는 조직 차원의 요인들을 말한다. 이 답에 도달하기 위해, 의미 있는 일의 척도 점수를 가지고 그것이 조직적 특징과 어떤 상관관계가 있는지 살펴봐야 한다.

같은 질문의 인사이드-아웃inside-out 버전은 사람들이 일의 어떤 부분에서 가장 의미 있다고 **말하는지** 묻는다.

페인의 고향인 뉴질랜드 크라이스트처치에 소재한 캔터베리 대학교의 두 교수는 직원들이 공통적으로 직장 내 의미의 일곱 가지 동인을 경험한다는 걸 발견했다. 다음 일곱 가지 중 일의 의미에 대해 가장 잘 표현한 것은 무엇인가?

① **개인의 성장**: 일이 내적 자기 발전에 적극적으로 기여한다고 느낀다.

② **직업적 성장**: 일이 자신의 직업적 잠재력을 완전히 활성화할 수 있게 해준다고 느낀다(지식 노동자들이 가장 많이 경험한 것이다).

③ **목적의 공유**: 자신과 동료, 리더가 공동의 목적을 향해 일하고

있다고 느낀다.

④ **봉사**: 다른 사람들을 위한 행동에서 의미를 발견한다.

⑤ **균형**: 개인적, 직업적 태도와 우선순위들 간의 균형을 찾는 일에서 의미를 발견한다.

⑥ **감화**: 회사의 비전과 리더십에 의해 고무된다.

⑦ **정직**: 솔직한 소통과 일에 대한 현실적 평가를 핵심 가치로 삼는다.

의미 키우기 작업의 대부분은 개인 차원에서 발생해야 한다. 좋은 코치의 핵심 기능 가운데 하나는 사람들 각자가 자신에게 목적의식을 일으키는 것이 무엇인지 이해하도록 돕는 것이다.

'차세대' 제품을 담당하는 중견 연구개발 매니저인 지니는 상사로부터 부정적 수행 평가를 받은 후 코치인 패트릭에게 불만을 토로했다. 그녀는 자신이 기대치에 못 미쳤다는 걸 알지만 상사가 자신에게 요구하는 일을 할 수가 없었다. "그는 절대로 추진될 리 없는 프로젝트를 위해 내게 이 모든 일을 시키고 있어요. 그래서 저는 자신감조차 없는 이 일로 도움을 얻기 위해 사람들을 고용해야 할 판이라고요."

지니는 좌절감을 쏟아내는 과정에서 자신이 맡은 역할을 계속해야 할 동기를 되짚어 보게 됐다. 첫 세션에서 지니는 직장 내 의미의 핵심 원천을 **봉사**로 꼽았다. 그녀는 자신의 노동을 통해 사회에 기여하길 바란다. 따라서 제품이 결코 만들어지지 않을 수 있다는 생각은 그녀에게 위협적으로 느껴졌다.

패트릭은 지니가 일과 자기 자신을 재연결하고 재시동 걸 수 있는 두 가지 전략을 세우도록 도왔다. 첫째, 지니는 최첨단 제품을 만드는 일에 수반되는 위험 수준을 재고하고 다시 받아들여야 했다. 혁신팀에서 성공은 상당한 영향을 미칠 수 있지만 실패에는 그만큼 큰 좌절이 따를 수 있다. 지니는 자신이 수행하는 봉사의 일환으로 막다른 길에 다다를 가능성을 감내할 수 있어야 했다. 둘째, 지니는 자신 주변에서 소소한 봉사 행위를 수행할 수 있는 기회를 놓치고 있었다. 가령 그녀는 채용 문제로 초조함을 느꼈지만, 사실 채용은 그녀만이 전수할 수 있는 주요 기술을 신입 사원에게 가르칠 수 있는 기회였다. 마찬가지로 상사도 팀이 맡은 일의 불확실한 결과를 둘러싸고 같은 좌절을 감내해야 한다. 지니는 상사조차도 자신으로부터 도움을 받을 수 있다는 걸 깨달았다.

한편 우리는 서로 다른 역할과 환경에 있는 다양한 목적의 원천을 받아들여 스스로에게 더 큰 민첩성을 부여할 수도 있다. 가령 코로나19는 일부 노동자들이 의미의 초점을 직업적 성장에서 봉사로 바꾸는 계기가 됐다. 그와 같은 큰 변화와 혼란의 시기에 봉사와 정식은 특히 강력한 동기 부여 요인이 될 수 있다.

2018년 연구를 통해 모든 노동 인구에서 발견한 의미 있는 일의 가장 흔한 원천은 바로 **개인의 성장**이었다. 우리는 경력을 추구하면서, 즉 매슬로가 자기실현이라고 부르는 것을 향해 가는 여정에서 내면의 자기를 발전시킬 수 있는 기회를 추구한다. 의미 있는 일에 대한 감각을 키우는 일은 생각보다 간단할 수 있다. 우리가 생각과 관계, 기술과 지식에서 성장하기 위해 노력하고 그것에 집중할 수 있는 기회를 추구하는 방식에 명료함을 더하면 된다.

개인 성장을 키우는 한 가지 방법은 자신의 성취를 정기적으로 검토하는 것이다. 하루일과가 끝난 후 자신이 어려운 일을 잘 해냈는지 얼마나 자주 되돌아보는가? 동료로서, 친구로서 또는 리더로서 대인관계를 얼마나 잘해냈는가? 자신의 성장을 알아보고 음미할수록 목적의식과 만족감은 커진다.

○ 의미의 대안, 중요시하기

팬데믹이 확산되기 몇 년 전, 켈러만은 일리노이주 인사부서 지도자 모임에서 일에서의 의미와 목적에 관해 강연했다. 이 강연은 한 언론사에서 주최한 행사로 그 회사의 스포츠 TV 본사에서 열렸다. 애피타이지와 칵테일을 즐긴 후 모두가 TV 뉴스 스튜디오인 강연장에 입장했다. 푸른빛과 주황빛의 형광등 조명 아래에서 무대 위 뉴스데스크 뒤에 있으려니 참석자들이 손을 들지 않는 한 알아보기가 어려웠다.

"내가 받아들이기 어려운 게 있어요." 한 남자가 말을 꺼냈다. "고용주로서, 누군가의 일을 좀 더 의미 있게 만드는 게 정말 우리가 해야 할 일입니까?"

정당한 질문이고, 솔직한 질문이며, 중요한 질문이다. 이 주제에 관한 대화에서 필연적으로 나올 수밖에 없는 질문이다. 그 순간 켈러만이 대답해야 하는 내용은 그렇게 할 때 조직이 누리게 될 이점을 강조하는 것이었다.

하지만 질문을 던진 남자는 이유를 묻지 않았다. 그는 **해야 할 일인지 아닌지**를 물었다. 기업 리더들은 여러 가지 이유로 직장의 의미에 관한 대화에 뛰어들기를 꺼려한다. 누군가는 불편하게 느낀다. 의미는 너무 개인적 영역인데 과연 상사가 관여할 문제란 말인가? 또 의미는 영적인 면을 떠올리게 한다. 많은 사람에게 종교는 여전히 삶의 의미를 주는 가장 큰 원천이다. 과연 그러한 영역에서 기업이 어떤 자리를 차지할 수 있단 말인가?

'의미'라는 단어가 뜻하는 바가 너무 광범위하다는 것도 문제다. 실제로 의미는 매우 다양한 것을 뜻할 수 있다. 앞서 소개한 스티거의 정의만 해도 이해, 목적, 중요성이라는 세 가지 구성 요소를 포함한다. 그런 탓에 모호성, 심지어는 무기력이 발생하고, 특히 기업 리더들이 필요 이상으로 의미에 대해 말하기 어렵고,

측정하기 어렵고, 개선하기 어렵게 한다.

이러한 모든 이유에서 우리는 의미를 기업 영역에서 활용할 때 좀 더 구체적이고 측정 가능하며 실천 가능한 대안으로서 '중요시하기'라는 구성 요소에 끌리게 됐다. 중요시하기는 의미보다 노동자들이 관심을 갖는 것, 기업이 영향을 줄 수 있는 것의 본질에 더 가깝게 접근한다. 앞서 뉴스 스튜디오 청중과 같은 회의주의자들도 중요시하기에 대해서는 아무런 문제를 발견하지 못한다. 누구나 자신의 일이 중요하다고 느껴야 한다고 직관적으로 이해한다. 또 우리는 자신이 아닌 사람들, 예를 들어 상사나 리더가 종종 우리를 돕기에 더 유리한 입장이라는 것도 이해한다.

우리는 중요시하기를 한 개인이 세상에서 일으킬 수 있는 변화에 대한 감각으로 정의한다. 의미에 대한 스티거의 정의에서 세 가지 요소들 가운데 '중요성'이 중요시하기에 가장 가깝다. 물론 중요시하기는 목적에 대한 감각도 알려준다. 중요시하기를 의미의 아주 작은 부분집합이라고 생각하면 된다. 자신의 노력이 중요하지 않다고 느끼는 개인은 난관을 극복하는 것은 말할 것도 없고 일할 동기를 전혀 느끼지 못한다. 그러므로 조직에게는 직원들이 자신과 자신의 일이 중요한 이유를 알게 될수록 이익이 된다.

철학자인 레베카 골드스타인Rebecca Goldstein은 1993년 발표한 뛰어난 소설《마음과 몸의 문제*The Mind-Body Problem*》에서 중요시하기 안내도를 처음으로 소개했다. 이 책에서 그녀는 인간을 정의하는 결정적 특징 가운데 하나가 중요시하기에 대한 욕구라고 길게 설명한다. 중요시하기가 자연선택에 맞는다는 말이다. 그녀는 이렇게 적었다.

> 어느 유기체든 한 유기체가 걷고, 숨고, 배회하고, 습격하고, 짝을 짓는 등 인간의 끝없는 일과 활동을 하게 만드는, 다른 모든 동기들의 전제 조건이 되는 가장 깊은 동기를 표현할 수 있다면, 이 세상에서 그것의 존재와 존속과 번영이 **중요하다**고 말하는 것이다.

이것이 바로 골드스타인이 정의하는 중요시하기 본능Mattering Instinct이다. 중요시하고 싶은 욕구는 태곳적부터 우리의 생존을 위해 반드시 갖춰야 하는 필수요건이었다.

○   중요시하기가 필요한 이유

골드스타인이 말한 '중요시하기 본능'의 렌즈를 통해 살펴보면, 중요시하기는 우리의 존재를 설명하기 위해 우리 스스로에게 하는 이야기다. 사실상 생존 욕구가 생물학적으로 생기는 것이라 해도 중요시하기는 우리가 생존해야 한다고 느끼는 이유를 이해할 수 있게 해준다.

시카고 시민인 호머 마르티네즈는 어쩌다 보니 무덤을 파는 일을 업으로 삼고 살았다. 터클과의 인터뷰에서 마르티네즈는 자신의 일을 중요하게 여겨야만 하는 이유를 다음과 같이 설명했다.

"이런 종류의 직업을 꿈꾼 적은 결코 없지만, 중요한 일이라고 믿습니다. 아무나 무덤을 파는 일을 할 순 없거든요. 무슨 말이냐 하면, 누구나 하수관을 팔 수 있어요. 하지만 그건 하수관이죠. 아무 데나 구멍을 파서 아무렇게나 묻으면 그만이에요. 하지만 무덤을 팔 때는 깔끔하고 깨끗해야 해요. 네모반듯하고 완벽하게 파야 합니다."

물리적으로 구멍을 파는 행위는 무덤이든 하수관이든 무슨 이유에서든 다 같다. 마르티네즈의 말은 그가 살아 숨 쉬며 매일 구멍을 파는 이유를 그가 어떻게 이해하는지를 보여준다. 그가 파는 구멍이 왜 유독 **중요한지** 보여주는 것이다.

우리는 중요시하기를 통해 우리 자신의 행동을 설명하는 능력이 개인의 웰빙에 지대한 영향을 준다는 사실을 알고 있다. 중요시하기가 없으면 우리는 무너진다. 우울의 전형적 증상 가운데 하나는 낮은 자기 가치감이다. 누군가 우울해지면 사실상 자신이 중요하지 않으며 따라서 자신의 활동에 딱히 목적이 없다고 믿는다. 왜 굳이 애써야 하는지도 알 수 없고 에너지도 없고 세상에 부대끼며 살 의욕도 잃는다. 의미는 셀리그만과 그의 동료들이 페르마에서 정의하는 웰빙의 다섯 가지 기둥 가운데 하나다. 이제 우리는 의미를 좀 더 실천하기 쉽고 구체적인 요소인 중요시하기(페르마의 M)로 대체한다.

많은 사람이 급류와 같이 험한 일의 세계를 예상하며, 반복되는 실직과 불안정의 결과로 경험하게 될 의미의 상실을 두려워한다. 미래학자이자 컴퓨터 과학자인 리카이푸Lee Kai-Fu는 많은 찬사를 받은 그의 저서 《AI 슈퍼파워》에서 이렇게 적었다. "일자리 시장의 동요와 사회 전반에 걸친 혼란은 개인과 인간의 심오한 위기인 심리적 목적 상실이 벌어지는 와중에서 발생할 것이다." 유발 하라리Yuval Noah Harari도 같은 두려움을 느낀다. "우리는 일이 아닌 인간을 보호해야 한다. 여기서 위기는 고용이 아닌 의미의 위기다."

우리는 표현을 정정해 조직의 관점에서 볼 때 이 위기가 중요시하기의 위기라는 데 동의한다.

○ 컵을 채우는 방법

일에서 중요시하기의 의미는 몇 년 전과 분명 다르게 보인다. 특히 근속 기간이 한두 해로 줄어든 오늘날과 같은 상황에서는 달라져야 한다. 우리는 좀 더 빨리 자신이 중요하다고 느껴야 한다. 그리고 자신의 역할이 변함에 따라 이 느낌을 자주 재정의할 수 있어야 한다. 조직과 개인은 이러한 새로운 맥락에서 우리가 가진 중요시하기의 컵을 채우기 위해 개입해야 한다.

2018년 겨울, 우리는 골드스타인의 연구진들과 함께 중요시하기를 측정하고 키우는 법을 연구했다. 우리는 모두 중요시하기가 무기력해진 의미의 개념을 대신할 유용한 대안을 제시한다는 데 동의했다. 하지만 중요시하기를 과학적으로 탄탄하게 만들기 위해서는 더 많은 연구가 필요했다.

가장 먼저 우리는 조직의 중요시하기 척도를 만들어야 했다. 심리 척도는 어떤 개입 모델이 성공적인지를 측정하기 위해 필요하다. 우리는 중요시하기가 객관적으로든 주관적으로든 정의될 수 있다는 생각을 중심으로 척도의 방향을 설정했다. 골드스타인은 개인이 전통적 의미의 중요시하기를 "아레테aréte", 즉 자신의 행동에서 우수성을 달성하는 것으로 보거나 "클레오스kleos", 즉 행동의 우수성을 통해 얻는 명성과 영광으로 볼 수 있다고 설명했다. 아레테는 개인이 노력과 경험과 인내로 달성할 수 있는 내적 종류의 중요시하기다. 클레오스는 외적인 것으로, 타인의 인정을 필요로 한다. 중요시하기의 이 두 측면 모두 생산성을 위해 중요하다.

중요시하기의 두 가지 성격은 측정과 개입에 모두 매우 적합하다. 아레테는 어떻게 개인이 스스로 중요시하기의 감각에 도달할 수 있는지에 중점을 두는 반면, 클레오스는 직원들이 타인에 대한 기여의 가치를 알도록 조직이 어떻게 지원할지에 중점을 두기 때문이다. 의미의 커다란 측면들을 키우기까지는 수개월에서 수년이 걸릴 수 있지만, 우리의 일이 중요하다는 감각은 아레테와 클레오스를 결합하면 거의 즉시 개발할 수 있다.

우리는 중요시하기라는 감각을 키워주는 개입을 측정하기 위해 척도를 사용한다. 당신도 이 척도를 사용해 당신의 일이 중요하다고 느껴지는지 판단할 수 있다. 척도에서 높은 점수는 각 항목에 대해 더 강하게 동의한다는 뜻으로, 더 많은 승진과 급여 인상, 낮은 빈도의 이직과 상관관계가 있다.

조직의 중요시하기 척도

1점(매우 그렇지 않다)부터 5점(매우 그렇다)으로 채점되는 척도에 답해보자.

A. 성취(아레테)

문항	1	2	3	4	5
내가 맡은 일은 조직의 성공에 기여한다.					
내 일의 완성도는 조직에 실질적인 영향을 준다.					
내 일은 조직이 제대로 기능하는 데 영향을 준다.					

B. 인정(클레오스)

문항	1	2	3	4	5
조직은 내 일을 공개적으로 칭찬한다.					
동료들이 내가 한 일을 칭찬한다.					
나는 조직에서 일의 완성도가 높은 것으로 유명하다.					
나는 업무 능력 덕분에 직장에서 인기가 있다.					

자신의 일에 대해 아레테를 느끼는가? 클레오스는 어떠한가? 성취에서 13점을 초과해 받거나 인정에서 15점을 초과해 받았다면 대단히 높은 것이다.

이제 척도가 있으니 노동자들의 중요시하기에 대한 감각을 높이기 위한 개입의 준비를 미쳤다. 우리는《마음과 몸의 문제》에서 단서를 얻어 관리자가 클레오스를 목표로 삼아 직속 부하 직원들 스스로 자신의 일이 타인들에게 얼마나 중요한지 제대로 이해시키도록 활용할 수 있는 중요시하기 안내도Organizational Mattering Map를 만들었다. 이 안내도는 중요시하기의 핵심에 초점을 맞추도록 설계됐다.

관리자는 안내도의 중심에 직원의 이름과 사진을 부착한다. 이것을 중심으로 글상자가 있는 세 개의 동심원을 그린다. 관리자는 가장 안쪽의 원에 그 직원이 가장 잘 구현하는 회사의 가치 세 개를 적는다. 각 가치는 직원의 정체성과 관련이 있으므로 중심에서 가장 가까이 위치한다. 관리자는 각각의 가치를 설명하는 말과 정보를 제공해야 한다. 이렇게 가치를 드러내는 말과 정보는 우리의 가장 깊은 감각을 알려준다.

두 번째 원에는 각 직원이 지원하는 세 사업팀의 이름을 나열한다. 이를 통해 관리자는 해당 직원이 자신의 일이 타인에게 왜 중요한지 이해하도록 도울 수 있다. 대부분의 개인은 일의 속도와 빠른 변화 때문에 일이 조직에게 미치는 광범위한 영향을 항상 인식하지는 못한다. 하지만 안내도에 따라 세 팀으로 구성된 원을 통해 매니저는 말과 추천사로 영향의 여파를 부각시킬 수 있다.

마지막으로 가장 바깥쪽의 원은 한 사람의 일이 만드는 조직 차원의 세 가지 결과를 보여준다. 여기서 관리자는 직원이 개발한 프로세스의 효율성, 고객 서비스의 평가 점수, 영업 활동의 성취도를 부각시킬 수 있다. 이러한 결과물 가운데 일부는 직원들에게 알려진 것일 테지만, 다른 일부는 알려지지 않은 것일 수 있다.

해당 직원은 각각의 원에서 자신이 다른 사람들에게 왜 중요한지에 관해 새롭고 구체적인 것을 배워야 한다. 이 과정에서 직원은 자신이 중요시되고 있다는 느낌을 경험하며, 다양한 차원의 중요성을 관리자와 다른 동료들이 보고 있다는 느낌을 받을 수 있다.

최상단 결재란에는 회사의 고위 임원들이 사인을 한다. 자동적으로 생성되는 것일지라도 이렇게 하면 직원들의 중요시하기에, 특히 클레오스에 도움이 되는 공식적 승인이라는 느낌을 준다.

변화의 급류는 일터에서 중요시되고 있다는 느낌을 어떻게 바꿔놓을까? 미래에는 일에 의미가 좀 더 생길까? 낙관주의자로서 그리고 더 인간적이고 덜 기계적인 일, 다양하고 새로운 종류의 일에 대해 많은 교육을 받은 사람으로서, 우리는 자동화 기술의 진화 속에서 의미 있는 일이 오히려 더 많아지리라 기대한다. 게다가 일에서 발생하는 방대한 양의 데이터는 중요시하기를 측정하고 인식할 수 있는 잠재력이 더 커질 거라는 뜻이다.

이처럼 긍정적이고 인간적인 물결 속에서도 많은 도전 과제가 들이닥칠 것이다. 또 난관을 뚫고 나가기 위해 중요시하기에 의한 동기 부여가 필요할 것이다. 다행히도 우리가 열린 마음을 견지하는 한 좋을 때나 나쁠 때나 삶의 목적을 되찾을 기회는 항상 열려 있다. 실제로 세계사를 살펴보면 가장 끔찍한 조건에서 의미에 관한 인류의 가장 심오한 명상법이 탄생했다. 1946년, 빅터 프랭클은 유태인 수용소의 고문 속에서 그가 깨달은 바를 이렇게 표현했다.

> "인간은 심지어 그토록 끔찍한 심신의 고통 속에서도 아주 조금이나마 영혼의 자유, 정신의 독립성을 보존**할 수 있다**. 유태인 수용소에서 사는 우리는 막사를 걸어 지나갈 때 다른 사람들을 위로하며 마지막 빵 조각을 건네던 사람들을 기억할 수 있다. 그들의 수는 적을지 몰라도, 그들은 인간에게서 모든 걸 앗아갈 수 있어도 한 가지는 가져갈 수 없다는 것을 보여주는 충분한 증거다. 바로 어떤 상황에서도 자신의 태도를 선택할 수 있는, 자신의 방식을 선택할 수 있는 인간의 마지막 자유다. … 이 영혼의 자유는 결코 앗아갈 수 없는 것으로, 삶을 의미 있고 목적이 있게 만든다."

중요시하기는 매일 아침에 일어나서 우리의 일을 하는 게 왜 중요한지 스스로에게 설명하는 의미의 구성 요소다. 중요시하기는 행복과 생산성을 늘리고 난관을 극복하는 능력에 연료를 제공한다. 개인, 리더, 조직은 중요시하기를 키울 수 있으며, 다가올 난관을 성공적으로 뛰어넘기 위해 그렇게 해야 할 것이다.

172

6장

교감 1

고독한 현대인을 위한 처방

교감해, 조지, 교감해!

스티븐 손드하임Stephen Sondheim, 〈조지와 함께한 일요일 공원에서〉

1970년 12월 14일 오전 10시, 심리학 실험에 참가할 첫 번째 지원자들이 뉴저지주 프린스턴에 도착했다. 참가자들은 성직자의 삶을 준비하기 위해 프린스턴 신학교에 다니는 신학생들이었다.

연구 감독관 사무실에 도착한 참가자들은 신학생들의 경력 경로를 조사하는 실험이라는 말을 들었다. 각 참가자는 이 주제에 관한 짧은 발언을 준비하라는 요청과 함께 영감을 얻기 위한 읽을거리를 받았다. 참가자의 절반은 신학 교육을 이용하는 최선의 방법에 관한 질문과 생각이 적힌 종이를 받았다. 나머지 절반은 가던 길을 멈추고 도움이 필요한 사람을 도왔던 착한 사마리아인에 관한 유명한 신약성경 구절이 적힌 종이를 받았다. 지원자들은 이 모든 일이 서곡에 불과하다는 사실을 알지 못했다.

그러고 나서 감독관은 각 지원자에게 공간이 협소하니 대화를 나누기 위해 다른 건물로 이동해야 한다고 말했다. 참가자들은 옆 건물로 이어지는 경로가 그려진 지도를 받았다.

참가자들이 한 명씩 출발했다. 통로에 들어선 참가자들은 놀라운 광경을 목격했다. 한 남자가 어두운 출입구에서 미동도 없이 축 처진 채 누워 고통스러워하며 신음 소리를 내고 있었다. 본격적인 실험의 시작이었다. 누가 착한 사마리아인처럼 멈춰서 도움을 주고, 누가 그냥 지나칠 것인가?

연구자는 신음 소리를 내는 남자로 변장해 각 신학생의 반응을 살폈다. 몇몇은 눈길도 주지 않은 채 서둘러 지나갔다. 변장한 연구자를 쳐다보고 고개를 끄덕이며 인사만 할 뿐 가던 길을 멈추지 않은 사람도 있었다. 그런가 하면 잠시 멈춰 남자에게 괜찮은지 묻는 사람도 있었다. 극소수가 아픈 남자를 건물 안으로 인도하고 그를 보살펴 줄 사람이 올 때까지 떠나지 않았다.

누가 멈춰 섰을까? 누가 서둘러 지나갔을까? 신학생들은 어떤 기준에 따라 도움이 필요한 사람을 도울지 말지 결정한 것인가?

연구 감독관인 존 달리John Darley와 대니얼 뱃슨C. Daniel Batson은 학생들이 착한 사마리아인에 대해 미리 생각하게 만들면 다른 사람을 도울 가능성이 높아질 거라고 가정했다. 쉽게 말해 도덕적 행동을 이끌어 낼 성경의 힘을 보여주는 것이다. 하지만 분석 결과 동세적으로 유의미한 차이는 보이지 않았다. 착한 사마리아인 이야기를 읽지 않은 학생들 가운데 남자를 도운(혹은 돕지 않은) 수와 이야기를 읽은 학생들 가운데 도움을 준(혹은 돕지 않은) 수는 비슷했다.

달리와 뱃슨이 시험한 다른 변수들, 예를 들어 참가자들이 가진 종교적 신념의 종류 가운데 어떤 것도 차이를 보이지 않았다. 단 하나를 제외하고 모두 마찬가지였다. 바로 시간이었다. 목적지에 **서둘러** 가라는 말을 들은 학생들은 고통받는 남자를 돕기 위해 멈춰 설 가능성이 현저히 적었다. 시간적 여유가 있다는 말을 들은 학생들은 멈춰 서서 실질적 도움을 줄 가능성이 더 컸다.

흔히 신학생들보다 일반 사람들이 어려움에 처한 사람 곁에 머물며 도움을 줄 가능성이 더 클 거라고는 상상하기 어렵다. 하지만 타인을 위해 봉사하는 삶을 살기로 한 사람들조차 시간이 부족하다는 인식 때문에 분명 도움이 필요한 사람을 돕지 않았다. 이 실험을 수행한 지 수십 년이 지난 지금, 삶의 속도가 그 어느 때보다 빠른 시대에 우리에게 어떤 희망이 있을까?

시간은 오늘날 사회적 교감을 가로막는 주요한 장애물 가운데 하나다. 우리는 현대인이 '시간 기근'으로 고통받고 있다고 생각한다. 늘 해야 할 일이 너무 많고, 그걸 다 해낼 시간은 결코 충분하지 않다. 현대의 기업들은 시간 기근을 추앙한다. 인적 자본 관리 시스템은 직원들이 어디서 어떻게 하루를 보내는지 감독한다. 직원들은 늘 '파이 모양의 시간표'를 사용해 시간이라는 희소 자원을 특정 프로젝트에 어떻게 할당했는지 추적한다. 워라밸을 달성하려는 끝없는 노력은 대개 한 가지 문제로 귀결된다. 즉, 직장에서나 집에서 모두 잘해낼 수 있는 시간이 충분하지 않다는 것이다. 미국인의 70%가 책상에서 점심을 먹거나 아예 먹지 않는다. 의사의 56%가 환자들에게 연민을 베풀 충분한 시간이 없다고 생각한다. 시간의 부족 또는 시간이 부족하다는 인식이 우리로 하여금 서로 교감하지 못하게 한다.

모든 종류의 반사회적 행동은 '시간을 맞춰야 한다'는 압박감에서 비롯한다. 운전 중에 다른 자동차가 끼어들 때 분노가 폭발하는 로드 레이지road rage를 생각해 보라. 아니면 동시에 여러 일을 해도 결과가 괜찮거나 큰 문제는 없을 거라는 헛된 희망을 안고 끊임없이 주의를 분산해 수행하는 멀티태스킹을 생각해 보라. 미국에서 운전 중 문자를 보내거나 통화를 해 주의가 분산되는 바람에 매일 아홉 명이 죽고 천 명이 넘는 사람들이 부상을 당한다.

시간 외에도 급류와 같이 거친 일의 세계가 갖는 독특한 사회적 맥락이 교감을 가로막는 또 다른 장애물들을 발생시킨다. 7만 년 전, 우리는 작고 안정적이며 위계질서가 없는 집단에서 살았다. 또한 비슷한 피부색을 가지고 같은 지형에 익숙하며 좁은 범위에서 활동하며 함께 일하는 100~200명만 평생 마주치며 살았다.

다른 종보다 사피엔스의 사회적 상호 작용은 항상 고도로 복잡했다. 대뇌 피질의 많은 작용이 타인이라는 거대한 미스터리를 푸는 데 전념하는 결과로 생겨났다. 부족민들과 함께 모닥불 주변에 둘러앉아서 어떻게 칼리를 깔아뭉개지 않고, 맨디를 지루하지 않게 하고, 대릴의 웃음을 끌어내면서 제니를 치켜세우는 문장을 만들 수 있었을까? 영국의 신경심리학자 닉 험프리Nick Humphrey는 우리의 풍요로운 사회 내 지형과 이례적으로 큰 뇌 사이에 연관성이 있다는 가설을 최초로 세웠다. 수많은 신경과학 연구들이 이 사실을 증명했다. 가령 문자와 이메일 같은 인위적 교류 수단에 의해 드러난 사회적 네트워크의 크기가 클수록 전전두엽의 특정 부위와 편도체 등의 크기가 더 크다는 걸 보여줬다. 사람들은 타인과의 관계를 통해 성장하도록 타고났다. 사람들을 개별적으로 인식하고, 그들이 무엇을 할지 예측하고, 또 어느 정도는 조작할 수도 있다. 우리에겐 다른 사람이 무엇을 생각하고 그에 따라 행동할지 직관적으로 생각할 수 있는 '마음 이론'이 있다. 이 도구를 이용해 협상하고, 위로하고, 유혹하고, 동정하고, 거짓말을 하고, 명령하고, 복종할 수 있다. 심지어 빠르게 그리고 같은 종족 몇몇과 함께 동시에 할 수도 있다.

무엇보다 우리의 네트워크에서 관계의 수와 다양성으로 증명됐듯이, 오늘날 우리가 처한 사회적 맥락은 둘러앉아 모닥불을 쬐던 시기보다 몇 자릿수만큼이나 더 복잡하다. 글로벌 무대에서 활동하는 직업인들은 해마다 전 세계의 다양한 문화 출신인 수천 명의 사람들과 상호 작용한다. 그들은 직장 동료, 이웃, 웨이터,

left

6장 교란 1 고독한 현대인을 위한 처방

가게 점원, 교사, 투자자, 멘토 등 가늠할 수 없을 정도로 광범위한 풀pool을 구성한다.

2019년 코로나19가 확산되기 전, 미국인의 30%가 원격으로 일했다. 2020년 10월경, 미국 직장인의 최소 절반이 주당 며칠씩 재택근무를 했다. 보통 사람들은 3~4년간 한 직장에 머문 후 다른 곳에서 새롭게 일을 시작하며 새로운 동료들을 얻는다. 또 팀을 바꾸고, 다른 곳으로 이동하고, 역할을 바꾼다. 타이완의 관리자는 브라질과 캐나다에 있는 거래처 직원들이 잠든 동안 일한다. 그들은 이메일과 메신저 애플리케이션으로 소통하며, 각 대륙에서 태양이 떠 있는 동안 코드와 문서를 교환한다. 이렇게 사회적 교류의 방법, 규모, 속도는 드라마틱하게 변한 반면, 관계를 맺으려는 우리의 **욕구**는 그 어느 때보다 강력하다.

이 장과 다음 장에서 우리는 신체적, 정서적 웰빙을 위해, 현대의 글로벌한 시장 환경에서 사회적 교감이 얼마나 중요한지 고찰할 것이다. 일단 사회적 교감의 이점을 이해하고 난 후, 오늘날 관계 형성이 중요한 만큼 그것을 어렵게 만드는 장애물들을 살펴볼 것이다. 마지막으로, 우리가 가진 힘인 프리즘 가운데 교감을 이용해 이러한 장애물을 극복하는 법을 소개할 것이다. 바로 우리가 **빠른 라포**rapid rapport라고 부르는 전략이다.

○ 교감과 웰빙

사회적 교감이 있어야 웰빙을 달성할 수 있다. 사회적으로 고립되면 우울증부터 불안, 조현병, PTSD까지 거의 모든 정신질환에 걸릴 위험이 증가한다. 타인의 관심과 보살핌 없이 혼자일 때, 우리는 건강하지 않다. 반대로 누군가와 함께하는 대부분의 모든 긍정적 활동은 혼자 했을 때보다 훨씬 큰 즐거움을 준다.

인간의 번영에서 사회적 교감이 중요하다는 사실을 뒷받침하는 증거 가운데 일부는 심리적 질병이 아니라 신체적 질병에 관한 연구에 등장한다. 방대한 문헌에서 사회적 지지와 바람직한 의학적 결과 사이의 연결 고리를 찾아볼 수 있다. 브리검영대학교의 노인학 연구자들이 이러한 연구들 가운데 3만 명의 피실험자를 대상으로 한 148건의 연구로부터 나온 결과를 취합했다. 결론부터 말하자면 삶에서 탄탄한 관계를 가지면 '모든 원인에서의 생존률all cause survival'이 50% 더 상승한다. 즉, 사망 원인이 **무엇이든 간에** 의미 있는 사회적 지지가 있으면 생존할 가능성이 50% 더 상승하는 것이다.

같은 연구진은 후속 연구에서 질문을 180도 바꿔 우리가 외롭다면 젊은 나이에 사망할 가능성이 얼마나 되는지 물었다. 조사 결과 사회적으로 고립된 사람들은 조기 사망의 위험이 26% 더 높았다. 즉, 우리의 수명은 교감에 달려 있다.

이러한 의존성을 뒷받침하는 생물학적 근거는 무엇인가? 교감과 장수 사이의 생리적 연결 고리를 이해하기 위해 우선 몇 가지 용어들을 정의해야 한다. 오늘날 사람들은 귀여운 파란색 네모박스를 클릭하면 소셜미디어에서 다른 사람들과 '교류'할 수 있다. 이 행위는 우리의 뇌나 전반적인 웰빙에 별로 영향을 주지 않는다. 그렇다면 생물학적으로 의미 있는 교류는 어떤 모습인가?

공감은 타인의 삶을 살듯이 타인의 감정을 경험하는 능력이다. 타인과 공감할 때 우리는 그들이 느끼는 감정의 일부를 정서적으로 실제 느낀다. 이때, 거울 뉴런이라고 불리는 특정 종류의 뉴런이 공감의 대상과 동시에 발화한다.

온라인 소통이 시작된 초기에 셀리그만은 오프라인에서 만난 적이 없는 사람들 사이에 놀라울 정도로 가까운 유대감이 형성된 걸 목격했다. 어느 날 저녁, 셀리그만은 친한 동료인 밍과 온라인에서 게임을 하고 있었는데, 상대팀이 작은 실수를 저질렀다. 게다가 뒤에서는 훈수를 두는 사람들이 시끄럽게 감 놔라 배 놔라 하고 있었다.

밍이 한마디했다.

"나 요새 우울해."

"심각한 거야?"

셀리그만이 조심스럽게 물었다.

"응, 마티."

대화가 다소 느려졌다.

"나 암이야. 췌장암."

마침내 뒤에서 들리던 훈수 두는 소리가 사라졌다.

"컴퓨터를 병원에 가져왔어."

쥐 죽은 듯이 조용했다.

"그래야 친구들과 함께하다 죽을 수 있지."

긴 침묵이 이어졌다.

"감동이군요." 훈수 두는 사람들이 말했다.

"정말 감동이에요."

죽음을 앞두고 병원에서 온라인 카드 게임을 하는 처절함을 보니 마음이 먹먹하다. 거울 뉴런이 발화됐기 때문에 우리는 밍의 고통을 조금이나마 **느낀다.** 이것은 **동정**과 다르다. 동정은 타인의 감정을 똑같이 느끼지는 않는 어느 정도 인식하는 인지적 행위다.

노스캐롤라이나대학교 채플힐 캠퍼스의 심리학과 바버라 프레더릭슨Barbara Frederickson 교수는 교감의 심오한 생물학적 본질을 깊이 있게 규명하고 싶어서 긍정적 감정의 공유, 상호 간의 보살핌과 관심, 생물학적 동조에 대한 경험을 묘사하기 위해 **긍정공명**positivity resonance이라는 용어를 만들었다. 타인과 깊이 교감하고 있다고 느낄 때, 우리는 온기가 선신에 퍼지며 차분해지고, 심지어 시간이 느리게 흐르는 것을 느낄 수 있다. 공감은 대개 고통의 감정을 공유하는 것인 반면, 긍정 공명은 모든 종류의 감정을 공유하는 것을 뜻한다. 본질적으로 공유 자체가 긍정적 경험이다. 좀 더 시적으로 표현하자면, 긍정 공명은 사랑이라는 감정이 체화된 것으로 생각할 수 있다.

연민은 이 모든 것에 더해 행동을 낳는 공감 상태를 말한다. 만일 **동정**이 타인의 감정을 직접 느끼지 않은 채 그것을 이해하는 것이고, **공감**이 타인이 느끼는 감정을 실제로 체험한다고 상상하는 것이라면, **연민**은 타인의 고통을 덜어주기 위해 당신의 감정이 당신이 어떤 행동을 하도록 촉발하는 것을 뜻한다. 일터에서는 동정보다 공감이 더 가치 있고, 공감보다 연민이 더 가치 있다. 사람들은 동료가 자신을 돕고자 행동하길 바란다. 직원들이 고객을 돕기 위해 행동하길 바란다.

마지막 용어로 **라포**가 남았다. 공감과 연민은 일회성 사건으로서 경험되고 실천할 수 있다. 두 사람 간의 긴밀하고 신뢰하는 관계인 라포는 시간을 두고 공감과 연민을 꾸준히 행한 결과로 발생한다.

이렇게 용어를 정의했으니 이제 '교감이 우리의 생리 현상에 어떻게 영향을 미치는가?'라는 질문으로 돌아가 보자. 긍정 공명이 주는 '따스함과 보송보송함'을 선사하는 생물학적 근거는 무엇인가? 사람들은 교감이 건강에 미치는 많은 긍정적 이점을 설명하는 생리적 메커니즘들을 비교적 잘 이해한다. 공감이나 긍정

공명을 통해 타인과 정서적 동질감을 경험할 때, 온몸이 다른 존재 방식으로 전환된다. 모든 게 느려진다. 내면으로부터 시작해 이완된다.

인간의 신경계는 다수의 하위 영역으로 구성된다. 또한 각각 근육을 움직이거나 열과 같은 감각을 내는 것과 같은 특정한 기능을 통제한다. 두 개의 중요한 하위 영역은 교감신경계과 부교감신경계다. 교감신경계의 주요 역할은 투쟁 또는 도피 반응을 촉발하는 것으로, 위협이 닥쳤을 때 심리적으로나 신체적으로 우리를 각성시킨다. 우리는 진짜 위험이 닥쳤을 때 살아남기 위해 이 안전장치가 필요하다. 하지만 투쟁 또는 도피 반응은 고도로 민감해 위협이 그리 심각하지 않을 때조차 촉발될 수 있다. 이것은 또 다른 부조화다. 뒤에서 차가 빵빵거리는 것은 사자가 공격하는 것과 느낌은 비슷할지언정 같은 위험을 초래하진 않는다. 그러므로 웰빙을 극대화하려면 교감신경계의 활동을 최소화해야 한다. 즉, 불안과 스트레스와 화를 줄여야 한다.

하지만 우리의 목표는 단순히 부정적 정서를 피하는 게 아니라 +10에 도달하는 것이다. 우리는 단순히 스트레스가 줄길 바랄 뿐만 아니라 더 큰 의미와 교감과 기쁨을 원한다.

여기서 바로 '휴식과 재충전의 시스템'인 부교감신경계의 존재가 부각된다. 다른 사람들로부터 연민을 받거나 그들을 상대로 연민을 느끼면, 부교감신경계는 온갖 종류의 기적과 같은 일을 행하는 신호를 보낸다. 가령 혈압이 낮아지고 호흡이 느려진다. 이러한 변화는 더 큰 웰빙감을 촉진하고 생리적 기능을 개선한다.

교감신경계팀의 스타 플레이어star player는 미주신경이다. 미주신경은 웰빙 과학자들에게 '반드시 있어야 할' 신경으로 받아들여진다. 미주신경은 교감신경계의 활동을 억제하고 과도한 각성을 낮춰줘 단순히 고통을 덜 느끼게 할 뿐만 아니라 더 큰 웰빙으로 가는 길을 열어준다. 미주신경 긴장도는 보통 심박변이도로 측정된다. 심박변이도는 한 사람의 심박률이 기저선으로부터 어느 방향으로든 얼마나 많이 벗어나는지를 측정하는 것이다. 기저선에서 많이 벗어날수록 더 나쁘다고 가정할 수 있다. 가령 불규칙성이 클수록 스트레스도 커진다. 하지만 정반대가 진실이라고 밝혀졌다. 변이도가 높을수록 심박률의 적응력이 높으며, 변이도가 낮을수록 심혈관계 위험이 크다는 의미다. 따라서 변이도가 높을수록 그만큼 웰빙도 높다는 뜻이다. 심박변이도가 높은 사람들은 기억력이 더 좋고, 감정 통제도 더 잘하고, 우울감도 적고, 행복감은 더 크고, 주의 지속력도 더 좋다.

부교감신경계 외에도 많은 메커니즘들이 교감이 가진 기분 좋은 본성에 기여한다. 친밀한 라포와 긍정 공명 상태에서는 코르티솔 수준이 떨어진다. '스트레스 호르몬'으로 알려진 코르티솔은 체중, 심혈관계 상태, 기억력, 면역 기능 등을 조절한다. 코르티솔은 스트레스가 최고조에 달할 때는 몸을 조절하는 데 도움을 주지만, 코르티솔이 지속적으로 높은 수준이면 몸에 좋지 않다. 심지어 몸이 아픈 악순환을 초래해 많은 양의 코르티솔이 계속 분비되는 상태가 될 수 있다. 이러한 악순환을 깨뜨려 중심을 잡아주는 것이 바로 사회적 교감이다.

교감에 의해 촉발되는 뇌의 또 다른 경로에서는 '사랑의 호르몬'으로 알려진 옥시토신을 분비한다. 옥시토신은 혈압을 낮추고 통증 역치를 높여주는 동시에 전반적 행복감과 교감한다는 느낌을 촉진한다. 이를 통해 누군가도 자신과 같은 부족이라고 말해주며, 자신이 사랑받고 사랑하고 안전하다고 느끼게 해준다.

자신이 사랑받는다고 느끼는 사람들은 화상부터 큰 트라우마에 이르는 모든 종류의 부상에서 더 빨리 회복한다. 타인이 자신을 지지하는 느낌을 받으면 신체적 통증이 줄어들고 더 심각한 불편감도 쉽게 감내할 수 있다. 캘리포니아대학교 리버사이드 캠퍼스 소냐 류보머스키Sonja Lyubomirsky 교수의 연구실에서는 친절한 행동이 우리가 말하는 염증 유전자의 종류에도 개선을 가져온다는 것을 증명했다. 이처럼 교감은 생물학적, 심리적 결과를 즉시 낳을 뿐만 아니라 시간이 흐르며 누적되는 이로움을 준다.

좀 더 피상적인 교감은 어떠할까? 신경과학자들은 연민으로 타인을 돕는 경험과 의무감으로 돕는 경험 사이의 해부학적이고 생리적인 차이까지 증명했다. 임마누엘 칸트Immanuel Kant부터 마르틴 부버Martin Buber에 이르는 철학자들이 직관한 대로, 목적

을 위한 수단으로서 누군가를 돕는 것은 누군가와 교감하는 것과
는 본질적으로 다르다.

진심으로 교감하고 친구가 되고 사랑받는다고 느끼는 건 인류
가 가진 본질과 관련된 부분이다. 만약 그런 경험이 없다면 무수
히 많은 종류의 고통이 뒤따를 것이다.

○ 직장에서의 교감

2008년, 버지니아대학교에서 서른네 명의 학생들이 교
정을 지나던 중 눈앞의 언덕이 얼마나 가파른지 추정해 보라는
질문을 받았다. 일부는 홀로 언덕 옆을 지나던 중이었다. 친구와
함께 걸어가던 학생들도 있었다. 심리학자로 구성된 연구팀은 이
조건을 이용해 친구와 함께하는 것이 언덕의 경사도에 대한 개인
의 인식에 영향을 주는지 여부를 알아냈다.

결과는 은유적이고 긍정적이었다. 언덕이 얼마나 가파른지 추
정할 때, 사람들은 혼자일 때보다 친구와 함께 있을 때 덜 가파르
다고 인식했다. 현재 동반자가 있으면 눈앞의 과업을 훨씬 덜 어
렵게 느낀다는 것이다.

오늘날 일의 세계에서는 필수 기술과 임베디드 기술, 제품 포
트폴리오, 시장 흐름이 분기마다 바뀌는 탓에 경사도가 조금이라

도 낮아지면 좋다. 우리는 앞 장에서 일터에서의 사회적 지지가 난관을 극복해야 한다는 의미를 갖게 하는 주요 동인임을 확인했다. 새로운 역할을 맡을 때마다 그러한 지지를 재빨리 확보할 수 있는 능력이 중요하다.

외로움에 관한 문헌을 보면 직업적으로 무엇이 중요한지 분명하다. 2018년 〈하버드 비즈니스 리뷰〉 온라인 판에 실린 우리의 연구에 따르면, 외로운 노동자들은 일에 대한 만족도가 낮으며, 승진도 적게 하고, 퇴사할 가능성이 더 높았다. 반대로 일터에 친한 동료가 있는 사람들은 그렇지 않은 사람들보다 **일곱 배**나 더 직장 생활에 적극적으로 참여한다. 쉽게 말해 곁에 친한 사람이 있을 때 맡은 역할에서 더 큰 행복감을 느낀다.

일터에서의 사회적 지지에 관한 대부분 논의에서는 한 명의 동료보다 더 확장된 공동체가 필요하다는 주장이 등장한다. 심리학자 숀 아처Shawn Achor는 저서 《빅 포텐셜》에서 다양한 사람들과 가까운 관계를 맺지 않고서는 직업인으로서, 창의적인 존재로서 잠재력에 도달할 수 없다는 주장을 설득력 있게 펼친다. 한편 팀 협업에 관한 여러 연구들에서는 사회적 상호 작용이 더 많고 풍부한 팀들이 관계가 느슨한 팀들보다 어떻게 더 혁신적이고 생산적으로 일하는지 중점적으로 조사한 결과를 볼 수 있다.

혁신의 역사도 마찬가지다. 재레드 다이아몬드Jared Diamond는 태즈메이니아 원주민들이 오스트레일리아 원주민들보다 인지적으로 열등한 이유를 자세히 설명했다. 태즈메이니아는 사람의 발길이 거의 닿을 수 없는 태즈먼 해협에 둘러싸여 고립돼 있는 반면, 오스트레일리아에서는 지리적 제약 없이 사회적 교류가 이뤄진다. 그 결과 2천 년에 걸쳐 오스트레일리아 원주민들이 만든 도구는 점점 더 정교해졌지만, 태즈메이니아 원주민들이 만든 도구는 정교함이 점점 떨어졌다.

실제로 교차로식 사고는 이해를 증진한다. 급류와 같은 환경에서 성공적으로 팀 협업이 이뤄지면 엄청난 이점이 발생한다. 이는 결코 작은 위업이 아니다. 산업 혁명기에는 같은 종류의 부품들이 조립 라인을 따라 이동하면 같은 전문가들이 같은 순서로 조립했다. 오늘날에는 기술이 진화함에 따라 매일 새로운 종류의 전문가들이 출현한다. 인공지능의 역할이 확산되는 것을 생각해보라. 데이터 과학자, 데이터 공학자, 분석가, 머신러닝 공학자, 데이터 연구자라는 직업이 새로 출현했다. 이러한 현상은 예측을 하고 불확실성을 헤쳐나가기 위해 협업이 기하급수적으로 더 복잡해진다는 뜻이다. 팀들은 빠르게 구성됐다 해체됐다 다시 구성되며, 예전에는 결코 본 적이 없는 조합으로 새로운 기술을 가진 노동자들이 유입된다.

다양한 배경을 가진 사람들 사이에서 팀 협업을 성공적으로 이루는 비결 가운데 하나는 소속감이다. 소속감이란 주변 사람들에게 받아들여지고 그 안에 포함된다는 느낌을 말한다. 소속감이 없으면, 우리는 최대한으로 실력을 기여하지 못한다. 달리 말해 기업에서 많은 경비를 들여서 각 분야 적임자를 한곳에 모아놓을 수는 있어도 그들이 팀에 대한 소속감을 느끼지 못하면 아무것도 할 수 없다.

많은 기업 리더가 말로는 소속감을 중요시한다고 해도 속으론 확신을 갖지 않는다. 팀이 성공적으로 기능하는 데 소속감이 필수라는 생각에 대한 지속적인 저항감을 이해하기 위해 2018년, 우리는 팀에서 소속감을 갖는 것이 실제로 개인의 수행에 **변화를 주는지** 살펴보는 연구를 실시했다. 미국 전역에서 2천 명의 노동자들을 모집해 3인으로 구성된 가상의 팀을 임시로 꾸렸다. 연구 초반에 팀 구성원들은 함께 게임을 하며 집단 정체성을 키웠고, 연구 후반에는 주어진 과업을 수행했다.

각 팀에서 단 한 명만이 인간이라는 게 속임수였다. 인간 참가자는 나머지 둘이 봇bot이라는 사실을 알지 못했다. 팀 구성 활동은 가상의 캐치볼이었다. 포용 조건의 실험에서는 봇이 공을 다른 봇과 인간 참가자에게 똑같은 비율로 던져줬다. 반면 배척 조건의 실험에서는 참가자가 공을 거의 받지 못했다.

게임이 끝난 후 우리는 참가자들에게 간단한 수학 문제를 줬다. 무작위로 금전적 보상을 제공했다. 또다시 두 가지 조건이 제시됐다. 가령 몇몇 참가자들은 최대 10달러까지 돈을 가져가도 좋다는 말을 들었다. 다른 참가자들은 최대 30달러를 팀원들과 함께 나눠 가져야 한다는 말을 들었다. 그러고 나서 우리는 참가자들이 포기할 때까지 수학 문제를 풀게 했다. 금전적 보상이 무작위로 주어지는 터라 참가자가 오래 버틸수록 더 많은 돈을 가져갔다. 각 조건에서 참가자가 벌 수 있는 최대 금액이 같았다는 사실에 주목하라. 유일한 차이는 돈이 참가자 개인에게만 주어지느냐 아니면 팀원들도 함께 돈을 받느냐였다(또한 우리는 분석 시 결과를 왜곡할 수 있는 기타 요인들을 통제했다).

실험을 세 번 반복한 끝에 참가자가 우선 모든 보상을 혼자 독차지하는 개별 조건에서 일할 때, 포용 또는 배척의 느낌이 얼마나 열심히 일할지에 영향을 주지 않았다는 것을 발견했다. 집단에게 배척당했어도 자기 자신을 위해 홀로 일하려는 동기는 꺾이지 않았다.

다음으로 우리는 참가자들이 보상금을 나눠 갖는 팀을 살펴봤다. 소속감을 느낀 참가자들은 자신을 위해 문제를 풀 때만큼 팀을 위해 열심히 애를 썼다. 반면 자신이 배척당했다고 느낀 참가자들은 **금전적 손실을 보더라도** 열심히 문제를 풀지 않았다. 완벽하게 합리적인 세상이라면, 팀원이 자신에게 공을 몇 번이나 던졌는지는 중요하지 않다. 그저 자신이 가질 수 있는 돈을 최대한 벌기 위해 노력할 것이다. 하지만 실제로 현실에서 사람들은 그렇게 하지 않는다. 자신이 배척당했다고 느끼면, 사람들은 발을 뺌으로써 그와 관련된 모두에게 부정적 결과를 안긴다.

지금까지 사회적 교감이 웰빙을 어떻게 뒷받침하는지, 개별 노동자로서 우리의 삶을 어떻게 풍요롭게 하는지, 성공적 팀을 어떻게 조성하는지 살펴봤다. 이제 사회적 교감이 고객의 경험을 어떻게 개선하는지 살펴보자.

○ 교감과 감정 노동

1994년, 마흔 살의 켄 슈워츠Ken Schwartz는 인생의 절정기를 지나고 있었다. 그는 건강하고 유능한 변호사로, 규칙적으로 운동하고, 잘 먹고, 자기 자신을 전반적으로 건강하다고 생각했다. 그러던 어느 날 그는 갑자기 기침이 멈추질 않아 병원에 갔다. 검사 결과 진행성 폐암 진단을 받았다.

어떤 의미에서 슈워츠는 운이 좋았다. 그는 세계 최고의 병원들이 있는 보스턴에 살고 있었다. 그의 형이 매사추세츠 종합병원에서 수련을 받은 터라 슈워츠는 최고의 전문의들에게 진료를 받을 수 있었다. 또한 그는 변호사라는 직업 덕택에 의료 시스템에 대한 경험이 풍부했다. 한마디로 그는 내부자였다. 하지만 증상이 악화되자 그런 강점들마저 별 위안이 되지 않는 것 같았다. 생이 끝나가자 그는 환자로서 자신의 삶을 되돌아보며 그동안 자신이 받은 도움에 대해 감동적인 글을 썼다.

"나를 돌봐준 사람들은 실력 있고 아는 게 많았다. 하지만 그보다 중요한 것은 그들이 나에게 공감하며 내게 희망을 주고 나 자신을 평범한 사람으로 느끼게 해줬다는 점이다. 나는 그들의 친절한 태도에 거듭 감동받았다. 내 손을 꼭 잡아주고, 나를 부드럽게 어루만지고, 따뜻한 말로 나를 안심시켰다. 어떤 면에서 같은 인간으로서 행한 이러한 조용한 행동들이 나를 치료해 주리라 기대되었던 고선량 방사선과 화학 요법보다 더 많이 나를 치유해 주는 것처럼 느껴졌다. … 비용으로 인해 의료진의 수와 의욕이 불가피하게 줄어드는 민감한 세상에서 환자에게 희망을 주고 치료 과정에서 매우 필수적인 지지를 제공하며 환자와 돌봄자 사이에 진정한 교감을 계속해서 키울 수 있는 병원이 있을까?"

슈워츠는 돌봄을 받는 환자로서 자신이 누린 가장 특별하고도 큰 혜택은 의사들이 자신에게 쏟아부은 시간, 즉 연민을 베푸는 데 쓴 시간이라고 생각했다. 그는 의사들이 매일 더 많은 환자를 진료해야 하는 압박감이 크기 때문에 환자와 의사 사이의 교감 수준이 이 정도로 높은 게 얼마나 드문 일인지 알고 있었다. 죽기 얼마 전, 그는 연민에 기초한 의료 서비스를 제공하는 슈워츠 센터Schwartz Center for Compassionate Healthcare를 설립했다. 이 센터의 목표는 의료 서비스의 면면에, 즉 보살핌의 제공, 의료 시스템 체계, 결과 측정, 의학 교육의 설계에서 연민에 기초한 보살핌을 최우선으로 삼는 것이다.

25년이 지나 수백 건의 연구를 통해 슈워츠의 말이 진실임이 입증됐다. 현재 우리는 연민을 베푸는 의사들이 좀 더 질 좋은 의료 서비스를 제공한다는 사실을 알고 있다. 그들은 좀 더 자주 모범 사례를 따르고, 그들이 맡은 환자는 더 나은 결과를 얻는다. 연민 점수가 높은 의사들은 의료 과실도 덜 저지른다. 슈워츠가 그랬듯이 환자들은 연구에 대해 모르더라도 의료 행위의 모든 과정을 직관적으로 알고 있다. 2004년에 〈월스트리트저널〉에서 보도한 대로, 사람들은 의사를 선택할 때 수련의 정도보다 대인관계술에 더 높은 가치를 둔다. 치료 결과에 신경 쓰지 않아서가 아니라 시간을 들여 환자와 관계를 맺는 의사가 더 열심히 일하고 자신에게 더 좋다는 걸 본능적으로 이해하기 때문이다.

가정부에서 치과 의사, 경찰관, 간호사, 식당 종업원에 이르기까지 다른 인간을 위해 대인 서비스를 제공하는 일을 하는 모두에게 유사한 교훈을 적용할 수 있다. 사회적 교감은 대다수 직업에서 일의 핵심이다.

자동화가 점차 대세로 자리 잡아가고 있는 고객 서비스 같은 부문에서도 종업원과 고객 사이의 모든 상호 작용은 중요하기 때문에 인간 사이에 이뤄지는 접촉의 소중함이 더더욱 중요하게 느껴진다. 업계 용어가 어떻게 진화했는지 생각해 보라. 30년 전,

업계 목표는 고객 만족이었다. 21세기의 첫 20년간 고객팀은 '고객 성공'(고객이 자사의 제품이나 서비스를 사용해서 성공적인 결과를 얻게 하려는 기업의 접근법—옮긴이)을 담보하는 군단이 됐다. 이제 고객 성공을 넘어 극단적 형태의 고객 만족인 고객 **감동**의 시대가 됐다. 단순히 표현만 변한 게 아니다. 이는 세계적 경쟁이 고품질 서비스를 요구하는 추세를 얼마나 강화시켰는지를 반영한다. 고객은 현명해졌고 그들은 더 많은 것을 기대한다.

기업들은 고객 감동을 창출하기 위해 직원들을 훈련시키는 데 공격적으로 많은 시간을 쏟아붓고 있다. 디즈니 연구소는 1인당 일일 1,750달러가 드는 '특별한 고객 서비스' 워크숍을 통해 월트 디즈니가 자랑하는 세계적 수준의 서비스를 외부 팀들에게 교육시킨다. 이러한 투자는 마땅히 정당한 것이다. 고객 만족의 척도는 종종 한 기업의 미래 수익을 예측하는 관계를 보여준다. 투자자들은 불만족의 신호인 고객 이탈 지표들을 기업의 지속 가능성을 대체하는 중요한 척도로 생각하고 면밀히 조사한다.

고객 감동을 실현해야 하는 의무에 따른 어두운 면은 고객의 경험이 아니라 서비스 제공자의 경험이다. 의사를 포함해 서비스 업종에 종사하는 사람 중 대다수가 번아웃, 우울, 심지어 약물 남용으로 인해 고통받고 있다. 그들은 고객들의 반복되는 요청에 털진하고 만다. 시간이 지날수록 에너지는 고갈된다. 기업들은 개별 직원들에게 미칠 영향은 이해하지 못한 채 직원들에게 고객 중심의 사고를 점점 더 많이 요구한다.

고객에게 자신을 온전히 다 내주려면 사회학자 앨리 러셀 혹실드Arlie Russel Hochschild가 말한 '감정 노동'이 필요하다. 감정 노동은 유급 노동을 하며 자신의 진실된 정서 반응을 억압해야 하는 일을 말한다. 혹실드는 1983년 저서 《감정 노동》에서 승무원들이 어떻게 '자연스러움 이상으로 친절'해야 하는지, 고객을 위해 자신의 두려움을 억눌러야 하는지 고찰했다. 팬데믹 기간 동안 모든 매장의 점원들은 고객의 막말을 들어가면서도 마스크를 써달라고, 백신 접종 증명서를 보여달라고 공손하게 요청하는 감정 노동을 해야 했다. 혹실드는 당시 필수 인력essential worker(재난이 발생할 경우 국민의 생명과 신체의 보호 또는 사회 기능의 안정적 유지를 위해 필수적인 업무에 종사하는 사람-옮긴이)들에 대해 이렇게 말했다. "감정 노동자들은 내면적으로 즉각적 공포를 흡수하는 일, 즉 즉각적 공포에 대한 감정을 관리하면서 동시에 그것에 압도되지 않는 일을 해야 한다." 이러한 감정 노동은 번아웃의 위험을 현저히 상승시킨다.

만일 자신이 하는 일이 중요하다는 믿음이 없다면, 주변에서 벌어지는 급격한 변화에 제대로 대처하지 못한다면, 이타적인 서비스는 당연히 기대할 수 없다. 서비스 업종이 미국 GDP의 70%를 차지한다는 사실을 고려할 때, 점점 증가하는 서비스업의 번아웃 문제는 국가 차원에서 다뤄야 할 중요한 문제다.

타인과의 교감은 개인의 웰빙에 필수적이다. 또한 직업적 성공에 영향을 주며 고객과의 상호 작용 역시 더 감동적이고 성공적으로 만든다. 이 모든 것은 사회적 교감이 오늘날 일터에서 개개인에게 그토록 중요한 이유를 설명하는 이야기의 절반에 해당된다.

왜 이 분야에 특별히 주목해야 하는지를 설명하는 나머지 절반의 이야기는 애초에 교감이 어려운 일이라는 것이다. 오늘날 일의 맥락에는 과거의 업무 환경보다 라포 형성을 훨씬 더 어렵게 만드는 세 가지 주요한 장애물이 있다. 동료 및 고객과 지속적으로 깊이 교감하는 일은 이러한 장애물들을 극복할 수 있는 능력에 달려 있다.

시간

다른 건물로 서둘러 간 프린스턴 신학교 학생들처럼, 우리의 뇌는 타인을 돕는 데 시간을 쓸지 결정할 때 시간을 핵심적 요인으로 취급한다. 배고픔, 피로, 부상처럼 어느 정도로 관대할지 말지 결정짓는 다른 요인들도 있지만, 시간은 오늘날 직장인들에게 가장 소중한 자원이다.

의사들에게 자신들이 가장 바라는 방식으로 환자들과 상호 작용할 시간이 있는지 묻자, 응답자의 절반 이상인 56%가 연민을 가지고 환자를 대할 시간이 부족하다고 답했다. 하지만 대개 이런 생각이 드는 것은 객관적으로 시간이 부족해서가 아니라 주관적으로 '시간 기근'을 경험하기 때문이다. 빨리 교감하려면 그러한 인식에 대한 대처법과 극복법을 알아야 한다.

공간

현재 일터는 역사상 그 어느 때보다 물리적으로 분산돼 있다. 팬데믹 이전에는 미국인의 30%가 원격으로 일했고, 팬데믹 기간에는 50~60%가 재택근무를 했다. 범세계적으로 소프트웨어 업계에서는 오래전부터 협업이 일상적으로 이뤄졌다. 개발팀의 경우 약 40%가 다른 근무지의 팀원들로 구성된다.

이러한 현상은 분명 우리에게 유리하도록 진화된 종류의 교감이 아니다. 앞서 논의한 대로 인간을 비롯한 영장류는 신체적 접촉, 냄새, 물리적 근접성과 같은 교감을 통해 건강상의 많은 이점을 얻을 수 있는 특정 호르몬의 분비를 촉진한다. 아무리 컴퓨터를 끌어안는다고 해도 옥시토신은 생산되지 않는다.

한편 이러한 간극을 뛰어넘어 사회적 교감을 강화하기 위해 진화한 기술들은 우리에게 이롭기보다 해를 끼칠 수도 있다. 우리가 극복해야 할 또 다른 장애물은 우리 자신에게 도움이 되도록 마련한 바로 그 해법들이다. 에스토니아부터 스페인, 미국과 중국에 이르는 여러 국가에서 실시한 수십 건의 연구들은 소셜미디어 사용이 우울이나 불안 모두에 연관된다는 것을 증명했다. 2016년 리우 린Liu Lin과 동료들은 대표성을 가지는 1,787명의 미국 성인을 표본으로 삼아 소셜미디어 사용과 우울 증상 사이의 상관관계를 분석했다. 그들은 소셜미디어를 많이 사용하면 우울감이 발생할 가능성이 크게 증가하는 것을 발견했다. 또한 잦은 소셜미디어 사용은 더 큰 사회적 고립과도 상관관계가 있다. 온라인에서 시간을 많이 보낼수록 사람들은 다른 사람들과의 교감을 적게 느낀다. 스마트폰은 그 존재만으로도 대화에서 기대할 수 있는 깊은 교감을 방해한다. 연구자들은 소셜미디어 사용을 중단하면 주관적 웰빙이 개선된다는 것을 보여줌으로써 이 관계의 인과성을 증명했다.

한마디로 소셜미디어는 지리적 거리보다 우리를 훨씬 더 많이 갈라놓는다.

우리 또는 그들

영장류가 처한 사회적 현실 중 하나는 집단 내, 집단 외 역학 관계에 대한 우리의 민감성이다. 진화의 관점에서 볼 때 이는 생존이 달린 문제였다. 우리는 누가 내 편인지 적인지 빨리 판단해 그에 따라 우리의 행동을 결정해야만 했다.

신경학적으로 '우리'와 교감하는 것은 '그들'과 교감하는 것과 달라 보인다. 내 집단에 속한 누군가가 고통을 받는 모습을 보면 우리는 공감한다. 감정에 관한 뇌 회로, 가장 두드러지게는 편도체가 활성화돼 우리는 친구가 느끼는 감정을 같이 경험한다. 우리의 친족이 우리에게 연민을 표현하면, 그들의 연민은 실제로 우리의 고통을 경감시킨다.

반면 '남'이라고 처리한 누군가가 고통을 겪으면 우리는 앞서와 같은 방식으로 그들의 고통을 함께 느끼지 않는다. 그 대신 낯선 이의 관점에서 마음 이론을 담당하는 뇌의 영역이 활성화된다. 즉, 가까운 사람의 관점을 처리하는 방식보다 훨씬 덜 자동적이고 덜 감정적으로 타인이 어떻게 세상을 보는지에 대해 생각한다. 진화론적으로 표현하자면 우리는 부족 생명체다. 우리는 우리와 닮은 사람들에게 더 연민을 느낀다. 도덕적 원moral circle(도덕적 지위가 있다고 여겨지거나 도덕적 관심을 받을 만한 가치가 있다고 여겨지는 대상들을 나타내는 원-옮긴이)은 '그들'이 아닌 '우리'만을 포함한다.

따라서 도덕적 원의 반경을 확장해야 조화로운 세상을 만들 수 있다. 신경내분비학자인 로버트 새폴스키Robert Sapolsky는 이렇게 말했다. "우리를 향해 도덕적으로 행동하는 것은 저절로 되지만, 그들을 위해 그렇게 하려면 애를 써야 한다." 우리는 이미 소속감이 팀 워크에 필수적 요소라는 사실을 알고 있다. '그들'을 돕는 것보다 소속감을 느끼는 '우리'를 돕는 게 훨씬 자연스럽다. 우리가 경력을 쌓아가며 팀과 역할과 회사를 바꾸는 동안 '그들' 이라는 느낌을 끊임없이 극복해 새로운 동료를 '우리'로 보는 법을 효율적으로 배워야 한다.

오늘날 우리는 선조들이 상상조차 할 수 없는 사회적 현실 속에 살고 있다. 웰빙과 실행은 모두 사회적 교감에 달려 있다. 그러나 우리는 모두 서로 멀리 떨어진 채 낯선 사람으로 살아간다. 심지어 관계를 형성할 만큼 충분한 시간을 갖지 못한 채 하루하루를 산다. 분명 심각한 문제이지만 지금부터 살펴볼 내용들과 함께 극복할 수 있다.

7장

교감 2

시간에 쫓기는
현대인을 위한 처방

●

누구나 시간이 없다고 느낄지 모르지만 실상 사람들은 일터에서 인터넷 서

핑이나 다른 짓을 하며 매일 30분에서 세 시간 정도를 낭비한다. 동료나 고

객과 교감하기 위해 연민이 담긴 간단한 몇 마디를 하는 데 몇 초를 할애할

시간이 없는 사람이 몇이나 될까?

급류에서 살아남기 위해 사회적 교감이 필수 요소라는 점을 고려할 때, 어떻게 하면 시간, 공간, 우리 또는 그들이라는 세 가지 장벽을 극복할 수 있을까? 어떻게 하면 동료와 고객과 최대한 빠르게 의미 있는 방식으로 라포를 구축할 수 있을까? 이 장에서는 라포와 관련된 이야기를 마저 하고 해법을 살펴보려 한다.

○ 시간의 풍요

옆 건물로 이동하던 신학생들은 서두르라는 말을 들었기 때문에 통로에 쓰러진 남자를 도우려고 걸음을 멈추지 않았다. "서둘러라"라는 지시는 머릿속에 명령 체계를 만든다. 그러면 주의가 협소해진다. 사회적 방해 요인을 비롯해 목표로 향하는 우리를 방해할 수 있는 자극은 다 무시하고서 서두르게 된다.

서두르는 게 본질적으로 나쁜 것은 아니지만, 끝없는 시간 기근은 삶의 질을 떨어뜨리고 중요한 기회를 놓치게 만든다. 따라서 이러한 명령 체계를 와해시켜 평정심을 되찾는 것이 중요하다. 어떻게 하면 될까?

두 가지 전략이 도움이 될 수 있다. 첫째, 하루의 시간을 더 늘릴 수는 없지만 시간이 늘어난 것처럼 **느끼도록** 할 수는 있다. 와튼 스쿨, 예일대학교, 하버드대학교 교수 삼인방은 2010년에 실시한 한 유명한 연구에서 시간 기근이라는 느낌을 줄일 수 있는 네 가지 전략을 고찰했다.

① 이전에 작업에 쏟았던 시간을 다시 제공한다.
② 타인을 돕는 일에 같은 양의 시간을 쓰라고 요청한다.
③ 그 시간을 낭비하라고 요청한다.
④ 그 시간을 자기 자신을 위해 쓰라고 요청한다.

이러한 개입 모델 가운데 단 하나만이 여유 시간이 늘었다는 느낌을 줬다. 바로 연구자들이 '시간 풍요'라고 부르는 것이다. 과연 어떤 전략일까?

"시간을 주면 낭신에게 시간이 생긴다"라는 논분의 제복은 연구 결과를 잘 요약하고 있다. 우리가 타인을 도울 때, 우리는 시간

210

을 낭비하는 게 아니라 하루 중에 시간을 더하는 경험을 한다. 이에 비해 자신을 위해 시간을 쓰는 것은 효과가 없다.

이 교훈을 내면화하려면 가장 불가능하다고 생각되는 순간에 타인에게 시간을 내주는 연습을 해야 한다. 또한 시간 풍요로워졌다고 깨달음으로써 사후에 이 경험에 대해 반추해 봐야 한다. 이때 과도하게 무리하면 안 된다. 실제로 한 시간밖에 없으면서 동네 행사에서 세 시간 동안 일할 수 있다고 약속하면 역효과만 난다. 작게 시작해 조금씩 늘려나가야 한다. 어쨌든 중요한 건 시작이다. 타인을 돕기가 가장 어려운 순간에 그들을 돕는다면 우리에게 가장 이로운 효과를 줄 수 있다. 그러니 '서둘러야 한다는 걱정'과 싸워서 이겨야 한다.

시간 기근을 해결하는 두 번째 전략은 타인을 돕는 데 걸리는 실제 시간을 계량화하는 것이다. 사람들은 누군가를 돕는 데 필요한 시간을 과대 추정하는 경향이 있다. 이는 굉장히 나쁜 습관으로 심한 경우 아예 타인을 돕지 않게 만든다. 특히 의학계에서 고질적으로 발생하는 문제다. 바삐 돌아가는 병원에서 일하는 노동자들은 일손이 너무도 부족해 환자 전부는 둘째치고 한 명조차도 충분히 보살필 수 없다고 느낀다.

의사들에게 효율적이고도 효과적으로 환자에게 연민을 베푸는 방법을 가르쳐 주기 위해 많은 개입 모델을 시험해 봤다. 가령 존스홉킨스의 연구자들은 암 전문의들이 환자와 만날 때 사용할 수 있는 대본을 제공하고 시험했다.

종양전문의들은 진료가 시작되면 대본 대로 이렇게 말했다. "이런 경우는 누구라도 겪기에 어려운 경험이라는 것을 저도 잘 알고 있습니다. 제가 환자분 곁에 있다는 것을 아셨으면 합니다. 오늘 제가 환자분께 드릴 말씀 가운데 일부는 이해하기 어려울 테니 제가 하는 말이 혼란스럽거나 이해가 안 되면 편하게 알려주시길 바랍니다. 우리는 함께 험난한 투병 과정을 이겨낼 겁니다."

그리고 나서 진료가 끝날 때 의사는 이렇게 말했다. "환자분에게 힘든 시간이라는 것을 압니다. 다시 한번 강조하지만, 우리는 이 일을 함께 겪고 있어요. 투병 과정에서 제가 단계마다 환자분과 함께할 겁니다."

의사가 이렇게 말을 건네자 환자들은 자신의 담당 의사를 따뜻하고, 연민을 잘 베풀고, 살뜰하다고 평가했다. 무엇보다 환자들은 그런 말을 건네지 않는 의사에게 진료를 받는 환자보다 불안 수준이 더 낮았다.

하지만 이 연구의 목적은 연민의 중요성을 증명하는 게 아니었다. 의사가 환자에게 얼마나 **빨리** 연민을 나타낼 수 있는가를 보여주는 실험이었다. 전반적으로 이 대본을 읽는 데 평균 40초가 걸렸다. 고작 99개의 단어가 환자의 불안을 현저히 낮춰준 것이다.

몇몇 다른 연구들도 유사한 결론에 도달했다. 가령 환자에게 나쁜 소식을 전하는 것에 관한 네덜란드의 연구에서는 연민을 표현해 환자의 불안을 낮추는 데 겨우 38초 걸렸다. 다른 연구들에서도 환자의 걱정을 줄여주는 연민을 표현하는 데 채 **1분이 걸리지 않는다**는 걸 확인할 수 있다. 의학적으로 나쁜 소식을 전하는 것보다 더 중대한 시나리오는 없다. 환자를 상대하느라 바쁜 의사들이 사전에 적어둔 대본을 읽기만 해도 40초 만에 눈에 띄는 변화를 일으킬 수 있다면 관리자, 콜센터 직원, 비행기 승무원들에게서도 유사한 결과를 기대할 수 있다.

더불어 시간을 아주 조금씩 늘려가는 것도 중요하다. 2017년 실시한 연구에서 의사가 연민 어린 말을 건네자 환자의 불안이 4.2% 줄어들었고, 연민 어린 말을 추가로 할 때마다 누적 효과가 있었다.

일터에서 직접 시도해 보라. 동료에게 연민을 10초 동안 베풀면 교감이 생기고, 라포가 강화되고, 두 사람의 웰빙까지 증진된다.

- 오늘 잘했어. 이번 한 주가 힘들었을 거야. 네가 얼마나 열심히 하는지 봤어. 너와 같이 일하다니 자랑스러워.
- 힘든 상황에 잘 적응하고 있다니 정말 대단해. 혼자가 아니라는 걸 알았으면 해. 함께 잘 해결해 보자.

누구나 시간이 없다고 느낄지 모르지만 실상 사람들은 일터에

서 인터넷 서핑이나 다른 짓을 하며 매일 30분에서 세 시간 정도
를 낭비한다. 동료나 고객과 교감하기 위해 연민이 담긴 간단한
몇 마디를 하는 데 몇 초를 할애할 시간이 없는 사람이 몇이나
될까?

시간 풍요를 달성하려면 우선 다른 사람에게 몇 분 내지 몇 초
를 할애한 후 그 결과로 발생한 시간의 확장이라는 감각을 느끼
고 즐기면서 자신이 인식하는 시간 기근에 도전해야 한다.

○　동시성

1분 내에 관계를 끈끈하게 만들 수 있다는 걸 알게 되면
마음이 편하다. 하지만 오늘날 일의 세계에서 교감은 시간뿐만
아니라 공간에 의해서도 제한된다. 직접 말을 전하는 의사들과
달리, 일반 직장인은 멀리 떨어져 있는 동료에게 말을 전해야 할
때도 있다. 역사상 최초로 범세계적인 원격 근무를 하는 오늘날
의 노동자들이 빠르게 라포를 구축할 '비법'에는 무엇이 있을까?

우리 연구소는 최근 캘리포니아대학교 리버사이드 캠퍼스에 소
재한 류보머스키 교수가 이끄는 긍정 활동 및 웰빙 연구실Positive
Activities and Well-Being Laboratory과 협업해 이 문제를 조사했다.
류보머스키는 사회적 교감 연구에서 세계 최고의 전문가 중 한

명이다. 수개월 간 우리는 미국 전역의 전일제 근로자들에게 돈을 지급하고 낯선 사람, 동료 또는 가족과 같은 타인에게 친절하게 행동할 것을 요청했다. 직접적인 상호 작용뿐만 아니라 동영상, 전화, 이메일 또는 다양한 소셜미디어 플랫폼을 통한 소통도 포함됐다. 우리는 사회적 상호 작용의 형성이 **긍정 공명**을 일으키는 것으로 정의했다. 앞 장에서 언급한 대로, 긍정 공명은 긍정적 감정을 공유하고, 상호 보살핌과 관심, 타인과의 생물학적 또는 행동적 동기화를 경험하는 것을 말한다.

이 실험을 통해 우리는 현대인을 위한 교감의 중요한 '방법'을 발견했다. 낯선 사람에게든 동료에게든 가족에게든 상관없이 대면으로, 전화로 또는 영상으로 베푸는 즉각적인 친절이 가장 효과적이었다. 반면 이메일이나 문자 또는 소셜미디어를 이용해 전하는 친절은 즉각적으로 전달되지 않아 긍정 공명을 훨씬 적게 발생시켰다. 깊은 교감을 일으키려면 **실시간으로** 함께 시간과 경험을 공유해야 한다.

이와 같은 이유에서 이메일은 재앙이 될 수도 있다. 이메일을 통해 너무 많은 정보를 전달하면 즉시 잘못을 바로잡는 피드백을 전할 수가 없다. **그 문장 끝에 그는 왜 물음표 대신 마침표를 썼을까? 내 이름의 철자를 일부러 틀리게 쓴 것인가? 저건 빈정대는 건가 아니면 단순한 실수인가? 내가 문자를 보낸 지 세 시간이 지났는데, 어째서 답장이 없는 거지?** 맥락의 부재도 소셜미디어의 유해성을 더

한다. 최악의 경우에 이런 종류의 상호 작용은 긍정 공명의 정반대, 즉 부정성의 나선 효과를 초래할 수 있다.

긍정심리학에서 잘 알려진 두 가지 버전의 개입 모델이 낳은 결과를 비교하면 유사한 결론이 나온다. 바로 감사 방문과 감사 편지다. 우선 자신의 삶에 도움을 줬지만 막상 제대로 감사 표시를 한 적이 없는 생존 인물에게 건넬 짧은 글을 작성한다. 이 글은 세 부분으로 구성된다. 먼저 그가 한 행동이나 말이 당신에게 미친 영향, 그가 베푼 친절로 지금 당신이 어떤 상태인지를 적는다. 감사 방문의 경우 상대방에게 전화를 걸어 이유를 밝히지 않은 채 방문하고 싶다고 말한다. 그리고 나서 그의 집 현관에서 당신이 적은 글을 읽는다. 전화나 동영상으로 해도 된다. 그러면 보통 두 사람 모두 눈물을 글썽이고, 감사를 전하는 당신은 웰빙이 크게 증진되고 우울이 줄어든다고 느낀다. 감사 편지의 경우 그냥 글만 보내는 것으로 끝난다. 물론 감사 편지도 웰빙과 우울에 효과가 있지만 직접 방문하는 것보다는 효과가 적다.

류보머스키와 함께 실시한 연구를 통해 우리는 물리적 위치와 상관없이 동시성이 깊은 교감을 가능하게 한다는 사실에 놀랐다. 이에 대해 추가로 더 조사한 결과, 시간을 함께 보내는 것과 함께 보내지 않는 것 사이에는 차이가 있다는 것을 발견했다. 다행히 가상의 세계에서 시간을 함께 보내면 지리적 간극을 좁힐 수 있었다. 물론 일터에서는 이메일이나 문자 애플리케이션 등의 수단을 통해 빠르게 정보를 교환해야 한다. 하지만 진정으로 교감하려면 소셜미디어에서 벗어나 실제로 실시간으로 대화해야 한다.

○ '그들'이 곧 '우리'다

지금까지 우리는 교감하는 데 많은 시간이 필요하지 않은데도 교감할 시간이 부족하다고 여기는 생각을 바꿔야 한다는 사실에 대해 살펴봤다. 다시 말하지만 교감의 가장 효과적인 형태는 시간을 공유하는 것이다. 실시간 대화보다 챗이나 이메일에 과하게 의존하는 모든 관리자와 고객 서비스 센터들이 명심해야 할 중요한 교훈이다.

세 번째 장애물, 즉 우리와 그들을 구분하는 생물학적 반사 신경을 극복하려면 어떻게 해야 할까? 어떻게 하면 문화, 조직, 종교, 민족, 인종, 사회경제적 조건의 현저한 차이를 뛰어넘어 결속력을 좀 더 빨리 느낄 수 있을까? 도덕적 원을 어떻게 확장할 수 있을까?

이 질문은 그것만을 전문적으로 다루는 책이 필요할 정도로 심오하며 우리의 능력을 넘어서는 다채롭고 복잡한 학제간 연구 분야이기도 하다. 하지만 우리는 노동자들과 팀과 조직이 차이를 잘 헤쳐나가도록 매일같이 연구하는 행동과학자로서, 몇 가지 기술을 공유하고자 한다.

6장에서 참가자가 상대방을 '우리' 또는 '그들'이라고 느끼게 만드는 캐치볼 실험에 대해 설명했다. 참가자들이 상대방을 '그들'이라고 느끼면, 그들은 일종의 반항 행동으로 위축돼 팀 전체가 어려움에 처한다.

이 실험은 거기서 끝나지 않았다. 배척 조건이 팀의 생산성을 낮춘다는 걸 증명한 후 우리는 그러한 효과를 거스를 수 있는지 궁금했다. 우리는 참가자들이 배척당한 후 '우리'라는 감정을 되찾을 수 있는지 그리고 그렇게 할 때 배척 조건이 팀의 성적에 미친 영향을 없앨 수 있는지 확인하기 위해 여러 개입 모델을 시험했다.

시험에 활용한 개입 모델 가운데 두 가지가 주목할 만하다. 첫 번째 개입은 권한 부여였다. 누군가 팀에서 배척당한 후, 참가자들은 어떻게 하면 게임을 더 잘할 수 있는지에 대해 아이디어를 공유해 달라는 요청을 받았다. 그들은 좀 더 공평하게 돌아가면서 게임에 참여하고, 순서를 감독하고, 자신이 팀에 포용될 수 있는 다른 행동들을 제안했다. 결과는 대단했다. 변화에 필요한 아이디어를 표현할 수 있는 출구를 하나 가졌을 뿐인데 팀 수행에 미친 효과를 완전히 역전시켰다. 실제로 처음에 게임에서 배척당한 참가자들이 이후 변화를 위한 아이디어를 제시할 수 있는 발언권을 갖게 되자 처음부터 팀에 포용된 참가자들보다 더 열심히 팀을 위해 노력했다.

권한 부여는 어떻게 배척 조건을 역전시켰을까? 누군가에게 의견을 구하면 그는 상황에 대한 통제감이 커지고 결과적으로 더 열심히 참여하게 된다. 조언을 구한다는 의미는 그에게 그의 아이디어가 변화를 일으킬 수 있다고 말하는 것과 같다. 이와 비슷한 현상을 의사의 연민이 환자의 치료 결과를 개선시키는 이유를 고찰한 몇 건의 연구에서 살펴볼 수 있다. 의사의 친절이 환자를 건강하게 만드는 이유는 분명하지 않다. 하지만 이러한 실험에서 환자의 자기 효능감, 즉 눈앞의 과제를 정복할 수 있는 능력이 자신에게 있다는 믿음은 치료의 결과를 좋게 만드는 중요한 매개 변수다. 즉, 의사가 연민을 베풀면 우선 환자에게 자신감이 생긴다. 환자는 의사가 요구하는 변화를 스스로 만들 수 있다고 믿기 시작하고 실제로 변화를 일으킨다. 가령 HIV 환자의 연구에서 연구자들은 의사가 연민 어린 말로 환자를 대하자 환자들이 약물 치료 계획을 준수하는 자신의 능력에 대해 크게 자신감을 얻고 실제로 행동에 옮긴다는 사실을 발견했다. 이처럼 권한 부여와 연민 모두 긍정적인 심리적 결과의 강력한 예측 변수 가운데 하나인 자기 효능감을 촉진할 수 있다.

우리가 캐치볼 실험에서 시험한 두 번째 개입은 관점 취하기였다. 팀에서 배척당한 참가자들이 자신과 비슷하게 배척당한 다른 참가자들이 쓴 글을 읽었을 때, 그들은 자신의 경험을 돌아보며 외로움을 덜 느끼고 안정감을 더 느꼈다. 결과적으로 그들은 이런 체험을 통해 다음번에는 팀을 위해 더 열심히 노력하는 모습을 보였다.

다양한 유형의 관점 취하기 훈련이 소속감과 포용력을 구축하는 데 사용될 수 있다. 가장 흔한 연습 방법은 내집단 구성원들에게 외집단이 경험하는 세상이 어떨지 상상해 보라고 요청하는 것이다. 이때 '우리'의 경험을 상상하기가 훨씬 쉽다. '그들'의 경험을 상상하려면 그들과 같은 수준의 이해에 도달하기 위해 자신이 처한 맥락 밖의 낯선 세상을 그려보는 어려운 일을 해내야 한다.

관점 취하기를 제대로 수행하면 인지적으로 다른 사람의 경험에 접근할 수 있다. 나아가 상상력을 충분히 동원하면 정서적으로 그들이 느끼는 감정까지 느낄 수 있다. 공감적 교감을 하면 적어도 잠시나마 인지적으로 '그들'을 '우리'로 재처리하는 데 성공했다는 뜻이다.

이렇듯 권한 부여와 관점 취하기는 배척의 효과를 없애는 강력한 도구다. 그렇다면 애초에 배척을 피할 수 있는 방법은 무엇일까? 친절하고 착한 동료들은 다른 사람들이 배척당하지 않고 바로 포용됐다고 느끼길 바란다. 캐치볼 게임에서 공을 공평하게 던지는 방법 외에 어떻게 하면 그런 상태에 도달할 수 있을까?

'우리'에서 '그들'로 이동시키는 가속 장치 중 하나가 바로 개인화다. 우리의 뇌는 개인 차원의 특징이 아니라 집단 차원의 특

220

징을 바탕으로 누군가를 '그들'로 규정한다. 키파(유대인 남자들이 머리 정수리 부분에 쓰는, 작고 동글납작한 모자 – 옮긴이)를 쓴 사람을 유대인으로 인식할 때는 그가 특정 종교에 속해 있다는 것만 알 수 있을 뿐, 개인적 정체성에 대해선 전혀 알 수 없다. 희망, 친밀 감, 습관, 성격과 같은 개인적 특징에 의도적으로 초점을 맞춰야 만 상대방을 '타인'으로 자동 분류하게 만드는 일반적 특성들을 머릿속에서 배제할 수 있다.

이와 관련된 기술이 바로 재분류다. 누구나 다양한 정체성을 갖고 있다. 두 사람을 비교할 때 한 측면에서는 각각 매우 다를 수 있지만 또 다른 면에서는 각자가 아주 가까울 수 있다. 공유된 정체성은 아주 많다. 사람들은 돌봄자로서, 특정 소프트웨어 언어 의 전문가로서, 같은 작가의 팬으로서, 막내로서 같은 정체성을 가질 수 있다. 그러한 공통점을 찾아내는 것이 핵심이다. 신경내 분비학자인 로버트 새폴스키는 이를 잘 보여주는 사례를 남북전 쟁에서 발견했다.

"게티즈버그 전투에서 남군 장군인 루이스 아미스테드Lewis Armistead는 돌격에서 앞장서다 치명적인 부상을 입었다. 전장 에 누워 있으면서 그는 프리메이슨Freemason(18세기 초 영국에 서 시작된 세계시민주의적, 인도주의적 우애를 목적으로 하는 비밀 단 체 – 옮긴이) 단원이 알아보길 바라는 마음으로 프리메이슨단의 비밀 신호를 보냈다. 하지만 막상 그를 보호하고, 북군의 야전 병원에 데려가고, 그의 개인 소지품을 지켰던 것은 다름 아닌 북군 장교 하이럼 빙엄Hiram Bingham이었다. 그 순간 북군 또는 남군의 우리 또는 그들은 프리메이슨 또는 프리메이슨이 아닌 우리 또는 그들보다 덜 중요해졌다.”

심리학자 샘 가엘트너Sam Gaertner와 존 도비디오John Dovidio는 '공동 내집단 정체성common ingroup identity'이라는 용어를 만들었다. 가령 두 기업이 합병할 때 직원들이 단합하도록 돕는 데 이러한 접근법을 적용한 연구도 진행했다.

개인화와 재분류는 같은 과정을 이루는 두 부분이다. 즉, 누군가를 알아갈 때 사람들은 개인으로서의 정체성, 또 사회 구성원으로서의 정체성을 확인한다. 대부분 누군가를 처음 만날 때 이 과정을 자연스럽게 겪는다. 예컨대 파티에서 친구의 친구를 소개받을 때, 대부분의 사람들은 그가 누구인지 한눈에 알려줄 그림을 그리는 데 필요한 정보를 자신도 모르는 사이에 찾기 시작한다. 이러한 정보 수집의 대표적인 방법이 '스몰토크small talk'다. 사람들이 묻는 질문들, 질문을 하는 방식, 질문을 하는 순서 등이 모두 상대에 대한 자신의 생각과 자신에 대한 그들의 생각에 영향을 준다.

신중한 개인화와 재분류를 통해 스몰토크를 빠른 라포로 전환시킬 수 있다. 만약 일터에서 누군가를 처음 만나게 되면, 그가 같은 팀원이든 다른 팀원이든 정체성의 윤곽을 찾기 위한 질문보다 더 빠르고 구체적으로 '우리'에 이르는 경로를 찾는 질문을 던져 정보를 얻고자 하는 반사적 충동을 제어해 보자. 같은 브랜드의 신발을 신고 있나? 그날 아침 집에서 아이들 때문에 애를 먹었나? 영양에 관한 같은 팟캐스트를 듣고 있나? 둘 다 이번 여름에 캠핑을 갈 계획인가? 만약 상대방과 자신의 공통점을 발견했다면 더 깊은 교감을 느끼기 위해 그 주제를 파고들면 된다. 그리고 상대방에 대해 더 많은 것을 알려줄 렌즈로 그 정보들을 이용하고 공통의 정체성을 파고들어라. 이를 통해 스몰토크 이상의 효과를 얻을 수 있으며 자신과 상대방의 뇌를 재편해 그들을 우리로 전환할 수 있다.

기업들은 조직의 이익을 위해 매우 다양한 맥락에서 이러한 도구들을 비공식적으로 사용한다. 심리학에 토대를 둔 협상 전략에는 긴장을 해소하기 위한 재분류가 포함된다. 고객지원팀 직원들은 자사 제품을 매개로 재빠르게 고객과의 공통분모에 도달하는 법을 배운다. 고객이 부모뻘 되는 분이라면 엄마나 아빠라는 정체성을 내세우고, 대상이 서비스업에 종사하는 사람이라면 한때 식당 호스트로 일했던 경험을 내비친다.

노련한 마케터들은 우리에 도달하는 가장 빠른 지름길을 찾는 데 아주 뛰어나다. 그들이 일하는 모습을 지켜보면 마치 공통점

을 찾아내는 거장이 가르치는 수업을 듣는 것과 같다. 베터업의
글로벌 영업 담당 부사장인 브래드 맥크라켄Brad McCracken은 누
군가를 만나면 단 몇 분 안에 세심하게 공통점을 찾아내는 보석
같은 인물이다. 그는 상대방을 만나기 전부터 이 작업을 시작한
다. 가령 상대방의 성장 배경, 사는 곳, 봉사 경험 등을 조사한다.
잠정적 구매자는 자신이 오늘 새로 만날 사람들이 그렇게 해주길
기대한다. 대화가 시작되면 맥크라켄은 상대방과 관련된 정보를
언급하면서 자신을 소개한다.

"(상대방이 세인트루이스 인근 도시 출신이므로) 저는 세인트루이스
에서 자랐습니다. … (상대방이 축구 코치로 자원봉사를 하므로) 제겐
두 아이가 있는데, 한 녀석은 운동을 좋아합니다."

"(상대방이 자신과 유사한 전직을 했으므로) 저는 SAP에서 일한 적
이 있지만 스타트업에서 일하길 좋아해서…."

"(상대방이 블로그에 겸손과 리더십에 관한 글을 올렸으므로) 특히 팀
을 이끄는 일에서 제가 가장 유념하는 부분은 팀원들이 뭔가를
더 잘하도록 지도하는 겁니다."

맥크라켄은 모든 말에 의미와 진실을 담아 말한다. 어떤 것도
지어내지 않으며, 단지 상대방과 자신이 자연스럽게 겹치는 부분
에 초점을 맞춰 대화할 뿐이다. 따라서 그가 형성한 유대감도 진
실되다. 마케터와 잠재 고객은 결국 직업과 연결 지어보면 우리
와 그들에 불과하지만, 맥크라켄은 모든 새로운 잠재 고객과 교

감을 갖는 데 도움이 되는 방식으로 자신의 정체성 일부를 부각시키는 기술을 사용한다.

이처럼 개인화, 재분류, 권한 부여, 관점 취하기를 통해 우리는 동료와 고객과 더 빨리 교감할 수 있다. 그렇다면 이렇게 이룬 라포를 어떻게 하면 더 깊게 만들 수 있을까? 우리가 마지막으로 제시할 기술은 투자 시간 대비 관계에 가장 큰 영향을 미친다. 바로 경청이다.

○ 경청

연민의 말을 건네는 것과 더불어 다른 사람에게 하는 행동 중 가장 간단하면서도 의미있는 것이 바로 경청이다. 쉽게 말해 시간에 쫓기지 않고 말하는 상대방에게 집중하면서 너그럽게 듣는 것이다. 좋은 청자는 상대방이 마음속에 있는 말을 전부 표현할 수 있도록 여유를 준다. 반대로 어설픈 청자는 지나치게 감정적으로 반응한다. 그리고 성급하게 문제를 해결하려 들거나 자신의 불안을 잠재우기 위해 문제를 축소하려 든다. 그렇게 하면 대화의 이점을 없애버려 둘 중 누구에게도 도움이 되지 않는다. 화자는 자신이 말할 기회를 빼앗겼다고 느끼고, 청자는 자신이 도움을 줬을 때 느낄 수 있는 시간 풍요의 감각을 경험하지 못한다.

소통 전문가들은 경청을 다섯 가지 유형으로 구분한다.

① **식별을 위한 경청**: 자신이 듣는 소리의 종류와 원천을 파악하고 구분한다.

② **이해를 위한 경청**: 새로운 뉴스를 들을 때처럼 내용을 이해하는 데 집중한다.

③ **비판을 위한 경청**: 공유되고 있는 정보의 가치를 판단한다.

④ **공감을 위한 경청**: 화자가 생각하거나 느끼는 것을 경험하기 위해 노력한다.

⑤ **감상을 위한 경청**: 즐기기 위해 음악을 들을 때처럼 즐거움을 얻기 위해 듣는다.

공감을 위한 경청은 고객 서비스 센터에서 필요한 방법이다. 예를 들어, 훌륭한 선생님들이 은연중에 활용하는 경청의 종류다. 이를 위해 훈련하는 일은 드물지만, 고객 서비스와 같은 업무에서 공감을 위한 경청은 반드시 필요하다. 다행히 공감을 위한 경청은 가르칠 수 있다. 이 기술을 훈련하기 위해 이용할 수 있는 훈련법은 다음과 같다.

만약 동료와 일대일로 마주 앉는다면, 배우자나 친한 친구의 말을 들을 때처럼 그의 말을 들어본다. 상대방이 **대화를 주도하게** 한다. 고개를 끄덕이거나 동의를 표현하는 것 외에 끼어들지 않

226

는다. 그러면 상대방은 길게 말할 수 있다는 사실에 정서적 안도감을 경험할 것이다.

상대방이 말을 멈추면, **개방형 질문을 던진다.** 가령 "그다음엔 어떻게 됐어요?"라고 묻는다. "그래서 그들이 당신에게 다시 연락했어요?" 혹은 '예', '아니오'로 답해야 하는 단답형 질문은 하지 않는다. "지금은 기분이 어때요?"는 괜찮지만, "오늘은 기분이 좀 나아졌어요?"라고 물어선 안 된다.

또한 자신이 제대로 이해하고 있는지 확인하기 위해 **들은 내용을 되풀이한다.** 그러면서 상대방에게 달리 표현된 자신의 말을 들을 기회를 주는 것이다. 그럼 상대방은 잠시 거리를 두고 자신의 생각을 재점검할 수 있다. 이때 각 문장을 자기 노출의 선물로 여기면 좋다. 때때로 자신이 상대방과 유사하게 느끼는 감정 및 생각이나 경험에 대해 말하고 싶을 수 있다. 초점을 바꾸고 싶지 않다 해도, 취약점을 드러내 공유한다면 좀 더 의미 있게 교감하게 된다.

마지막으로, **침묵을 용인하라.** 화자는 침묵하며 잠시 생각에 빠지고 싶을 수 있다. 상대방에게 대화 내용과 대화로 인해 떠오르는 모든 기억을 처리할 수 있는 시간을 준다. 그러면 상대방은 당신이 시간이라는 선물을 줬다고 느낄 것이다.

무엇보다 공감을 위한 경청은 **화자**의 정서적 필요에 의해 주도되면서도 청자가 자신보다 화자의 정서 상태에 초점을 맞추는 과정이다. 사회심리학자이자 사용자 경험(사용자가 어떤 시스템, 제품, 서비스를 이용하면서 느끼고 생각하게 되는 총체적 경험 – 옮긴이) 연구자인 안네크 뷔퐁Anneke Buffone은 신경증적 공감과 성숙한 공감을 구분한다. 신경증적 공감을 하면 "만일 내가 그걸 경험하면 나는 어떻게 느낄까?"라고 자문하게 된다. 하지만 성숙한 공감을 하면 "그런 경험을 하다니, 그녀는 어떻게 느꼈을까?"라고 묻는다. 성숙한 공감은 시간과 생각을 더 많이 쏟아야 한다. 그만큼 효과도 더 이롭다.

공감을 위한 경청은 코칭이나 치료의 중심이자 라포를 형성하는 방법의 정수다. 점점 더 많은 기업이 관리자에게 직원들의 코치가 되길 바라고 있다. 즉, 오늘날의 관리자에게 없어서는 안 될 기술이다. 위계질서를 중시하는 근무 환경에서 관리자들은 명령을 내린다. 반면 매우 민첩하고 역동적이며 점차 평면화돼 가는 기업 구조에 속한 관리자들은 직원들에게 목표를 향해 스스로 정진하라고 조언한다. 공감을 위한 경청을 제대로 활용하기만 한다면 화자와 청자 모두에게 큰 변화를 일으킬 수 있다.

물론 경청에도 위험은 따른다. 혹실드의 감정 노동을 떠올려 보라. 일터에서 돈을 받고 일하기 위해 자신의 진실된 정서 반응, 즉 감정을 억누른 채 경청을 반복하면 실제로 감정 노동으로 여겨질 수 있다. 이타적인 행동과 감정적 번아웃의 위험 사이에서 어떻게 균형을 잡아야 할까? 우리는 어떻게 하면 연민을 베푸는 행위와 스스로 해를 입지 않는 행위 사이에 적절한 경계를 규정할 수 있을까?

관계에서 적절한 경계는 성인의 심리적 건강과 성숙도를 나타내는 전형적 특징이다. 일터에서의 경계는 어떤 관계인가에 따라 달라진다. 가령 상사와의 관계, 고객과의 관계, 동료와의 관계 아니면 친한 동료와의 관계에 따라 경계는 달라진다. 경계를 쉽게 정하기가 어렵다면 우리의 오랜 벗인 시간의 렌즈로 보면 간단해진다. 각 사람을 진심으로 지지할 때 쏟아부을 합리적인 시간의 양과 비합리적인 시간의 양이 정해져 있기 때문이다. 즉, 친한 친구에게는 시간을 더 많이 쏟고, 서먹서먹한 동료에게는 더 적게 쏟을 것이다. 경청과 자기 노출이 상호적인 경우는 더 많이 시간을 쏟고, 일방적인 관계라면 더 적게 쏟을 것이다. 고객의 말에 경청해야 하는 적절한 시간의 양은 사업의 종류와 업종에 따라 다르다. 어떤 기업에서는 표준을 마련할 것이다. 만약 얼마나 시간을 쏟는 것이 합리적인지 모르겠다면, 상사나 선배 동료에게 물어야 할 것이다.

시간이라는 필수 매개 변수를 명쾌하게 이해했다면 자신이 경청에 쏟아야 하는 노력이 유한하다는 걸 알게 돼 안도할 수 있다. 또한 몇 시간 동안 남의 이야기를 들어주지 않아도 되고, 상대방의 말을 들어주는 데 사용하는 시간이 두 사람 사이의 교감 정도를 크게 강화시킬 것이다. 개개인에게 주는 시간을 적절하게 제한하고 연민과 경청의 행위를 실시간으로 베푼다면 관계는 가장 효과적으로 강화될 것이다.

우리는 서로가 필요하다. 서로에게 중요한 사람이 돼야 한다. 모두 좋은 감정을 느끼고 건강하고 잘 살길 바란다. 모두 개인의 삶에서든 직업의 세계에서든 성공하길 바란다. 조직은 생산성과 혁신, 고객 성공을 견인하기 위해 우리의 사회적 행동에 의존한다. 오늘날 우리는 교감을 방해하는 장애물에 둘러싸여 일하고 있으며 앞으로 그러한 장애물은 더욱 많이 등장할 것이다. 우리는 계속 서로를 위해 쓸 시간이 없다고 느낄 것이다. 물리적으로 떨어져 있기 때문에 여전히 멀리 있다고 느낄 것이다. 그리고 우리를 갈라놓는 현실적인 차이 때문에 소속감을 느끼기가 계속 어려울 것이다.

이런 현실 속에서도 우리는 점점 더 복잡해지는 과업을 수행하는 가운데 각자가 지닌 배경의 차이를 넘어 좀 더 많은 사람과 좀 더 빠르게 교감해야 한다는 말을 듣곤 한다.

이 책에서 제시한 해법들은 간단하지 않지만 효과를 발휘하기에 충분하다. 시간이 부족하다는 인식과 싸워 실질적으로 여유 시간이 있다고 느끼는 데 도움이 되는 사회적 행동을 추구할 수 있어야 한다. 그러고 나면 단 몇 초에 불과할지라도 그 시간과 경험을 실시간으로 공유하는 데 사용할 수 있다. 사소하지만 친절한 말과 너그러운 경청을 할 수 있다. 또 개인화, 재분류, 권한 부여, 관점 취하기 등의 전략들을 활용해 우리라는 소속감에 이르는 빠른 길을 찾을 수 있다.

그 과정은 힘들지만 보답이 따르니 노력할 만한 가치가 있다.

8장

예측력

21세기
슈퍼파워

미래를 상상하고 계획할 수 있는 능력은 인간만이 가진 뛰어난 능력이다. 예측력이란 미래를 예측하기 위해 과거와 현재에 대해 대사 작용하는 것이다. 소화기의 대사처럼 미래를 예측하는 정신은 과거와 현재에서 영양소를 추출한 후, 미래를 대비하기 위해 독소와 자갈을 배설한다. 예측력은 점심으로 무엇을 먹을지 생각하는 것부터 심폐소생술 포기 동의서에 서명하는 능력, 지구 온난화를 완화시키기 위한 집단 차원의 노력까지 모든 것을 아우른다.

2010년 4월 21일, 페이스북의 가장 유명한 F8 개발자 컨퍼런스에서 성대한 데이터 대잔치가 시작됐다. 마크 저커버그가 트레이드마크인 후드 티와 배기 진을 입고서 무대에 등장해 "우리가 웹에서 한 일 가운데 가장 큰 변화를 일으킬 제품"을 공개했다.

오픈 그래프Open Graph라는 제품은 페이스북 사용자들 사이의 연결성을 높여줬다. 가령 사용자들은 오픈 그래프를 통해 자신의 친구들이 무슨 기사를 읽는지 또는 어떤 식당을 리뷰했는지 알수 있다. 네트워크상의 개개인이 네트워크에 있는 다른 구성원들에게 하나의 포털이 되므로 사람들이 가진 온라인상의 습관에 관한 방대한 데이터를 축적하기가 쉬워졌다. 사용자들이 보는 콘텐츠, 방문한 장소, 돈을 쓰는 방법까지 모두 데이터화됐다. 또한 이제품은 개발자들이 해당 정보를 페이스북 안팎으로 전송할 수 있게 하는 API(컴퓨터 프로그램 사이의 연결)를 포함하고 있었다. 개발자들은 이 정보에 대한 액세스를 영원히 보존할 수 있었다.

당시에는 오픈 그래프의 기능이 분명한 장점으로 비춰졌다. 오픈 그래프의 목표는 "더 영리하고, 더 사교적이며, 더 개인화돼 있고, 언어를 더 잘 인식하는 웹을 구축하는 것"이었다.

알렉산드르 코건Aleksandr Kogan에게 이것은 멘로 파크Menlo Park(페이스북의 본사가 위치한 지역―옮긴이)의 신이 준 선물과도 같았다. 심리학자이자 데이터 과학자인 코건은 케임브리지대학교의 친사회성 및 웰빙 연구소의 창립자였다. 그는 빈틈없는 사상가로 명성이 자자했는데, 새로운 방법을 적용해 인간의 연결성에 관한 해묵은 문제들을 조사하는 데 관심이 있었다.

오픈 그래프 덕분에 그는 전례 없는 수준으로 많은 질문을 던질 수 있게 됐다. 〈성격과 개인차Personality and Individual Differences〉라는 저널에 발표한 2015년 연구는 이 과정이 얼마나 효과가 있었는지 보여준다. 코건과 동료들은 부와 글로벌 네트워크의 관계를 고찰했다. 돈이 더 많다는 것이 해외 친구들을 더 또는 덜 가졌다는 뜻인가? 그의 연구소는 피실험자들에게 1달러씩 주고 연구자들에게 자신들의 페이스북 프로필에 대한 액세스를 제공한다는 내용의 동의서를 작성하게 했다. 857명이 동의서를 작성했다.

심리학 연구의 피실험자 집단치고 괜찮은 수였다. 하지만 오픈 그래프 때문에 코건이 모집한 사람마다 수백 명에 달하는 친구들의 정보를 함께 가져와 데이터 풀이 폭발할 지경에 이르렀다. 코건과 연구팀은 857달러라는 헐값에 30만 명에 조금 못 미치는 수의 사람들의 페이스북 데이터를 합법적으로 구매할 수 있었다. 겨우 단 한 건의 연구에서 이 정도의 데이터가 수집됐다. 코건은 순식간에 그리고 놀라울 정도로 쉽게 지구 곳곳을 넘나들며 모든 인구통계학적 분류에 해당되는 **수십만** 명의 상세한 프로필을 만들 수 있었다.

적어도 그의 의도가 고상해 보인다는 점에 주목해야 한다. 그는 어떤 개인을 표적으로 삼거나 일부러 특정하지 않았다. 그의 팀은 더 큰 사회적 선을 위해 웰빙에 관한 통찰을 얻고자 자료 채굴을 했을 뿐이었다.

만약 코건이 데이터를 계속 한정적으로 사용했다면, 세상은 결코 그의 이야기를 듣지 못했을 것이다. 그의 삶은 케임브리지대학교 동료 교수인 존 러스트John Rust, 데이비드 스틸웰David Stillwell, 미할 코신스키Michal Kosinski의 삶과 비슷하게 보였을 수 있다. 러스트와 스틸웰, 코신스키는 페이스북 연구를 케임브리지대학교로 가져온 최초의 인물들이었다. 그들은 성격 유형과 온라인상의 친교 활동 사이의 관계를 이해하기 위해 마이 퍼스널리티myPersonality라는 애플리케이션을 개발했다. 그들은 이 앱의 상업적 잠재력이 분명해진 후에도 그들의 연구를 철저히 학문적으로만 이용하기로 했다.

하지만 코건은 다른 길을 택했다. 2013년, 그는 학술 연구를 목적으로 개발된 것으로 보이는 디스 이즈 유어 디지털 라이프 Thisisyourdigitallife라는 앱을 개발했다. 2014년 무렵 그는 글로벌 사이언스 리서치Global Science Research라는 영리 회사를 차려 이 앱을 이용해 성격 검사를 실시했다. 성격 검사를 하려고 가입한 사람들은 마지못해 그들과 친구들의 페이스북 프로필에 대한 액세스를 허용했다.

코건은 약 27만 명에게 돈을 받고 검사를 해준 후 8억 7천만 명에 달하는 페이스북 사용자들의 데이터를 확보했다. 그가 수집한 데이터 세트는 결국 선거 컨설팅업체인 케임브리지 애널리티카Cambridge Analytica, CA의 모회사에게 팔렸다. 2016년 스카이 뉴스Sky News와의 인터뷰에서 CA의 CEO 알렉스 닉스Alex Nix 는 CA가 미국에서 "모든 개인에 관한 약 4~5천 개 정도의 데이터 포인트를" 보유하고 있다고 자랑했다.

나머지는 모두 알고 있는 그대로다. CA는 이 데이터를 사용해 2016년 미국 대선에서 유권자를 특정하고 조작했다. 영국에서는 브렉시트 투표자들에게 영향을 줬다. 현재 CA는 멕시코, 오스트레일리아, 인도, 아르헨티나 등지에서 선거에 개입한 것으로 의심받고 있다. 미국 연방거래위원회US Federal Trade Commission는 결국 페이스북에 소비자의 사생활을 침해한 혐의로 50억 달러의 벌금을 부과했다. 이 판결에는 향후 페이스북이 데이터 프라이버

시를 다루는 방법에 관한 제약도 포함됐다.

돌이켜보면 데이터는 분명 오용될 가능성이 있다. 인간은 항상 탐욕과 부패에 취약하기 때문이다. 하지만 코건이 오픈 그래프를 개발한 것은 아니다. 그는 단지 그 잠재력을 이용했을 뿐이다. 어느 모로 보나 실제로 오픈 그래프를 설계한 개발자들은 그들이 판도라의 상자를 열게 될 거라고 꿈에도 상상하지 못했을 것이다. 페이스북은 자사의 플랫폼을 통해 웰빙에 대한 과학적 이해를 발전시킬 수 있다는 자부심을 느끼며 코건이 저지른 짓을 용인해 줬을 뿐만 아니라 대놓고 동참했다. '부와 친구' 연구의 공동 저자들 가운데는 하버드대학교, UC 버클리와 행동과학 연구의 자랑스러운 역사를 가진 명망 있는 기관들의 교수들도 있었다. 거기에 페이스북 직원 두 명도 있었다.

왜 그들은 이런 결과를 예상하지 못했을까?

우리는 인간종이 하나의 문제를 해결하지만 결국 그 해법이 예상치 못한 새로운 문제들을 초래하는 것으로 악명 높다는 걸 명심해야 한다. 우리는 눈앞의 필요와 조건에 집중하는 경향이 있다. 초기 인류는 온기를 유지하고 음식을 만들기 위해 불을 길들였다. 당시 인간은 불이 화형과 원자폭탄으로 이어질지 알지 못했다.

우리 시대와 앞선 시대를 구분 지을 때 등장하는 개념이 바로 믿기 어려울 정도의 복잡성과 어지러울 정도로 빠르게 새로운 것들이 발생하는 속도다. 우리 시대가 안고 있는 문제는 뷰카의 세계에서 보면 사악한 성격을 띠고 있다. 불이 발견된 후 히로시마에서 원자폭탄이 터지기까지 150만 년이 흘렀다. 오픈 그래프가 개발된 후 디스 이즈 유어 디지털 라이프가 개발되기까지 고작 3년이 걸렸다. 변화의 속도는 점점 더 빨라지고 있으며 이제 우리는 몇 개월마다 기술, 문화, 경제에서 벌어지는 격변을 맞닥뜨리고 있다. 게다가 여러 가지 오래된 문제를 해결하기 위해 따라잡기 놀이에 너무 자주 매몰되는 환경에서 살아가고 있다.

그런 의미에서 페이스북의 실수는 21세기의 전형을 보여주는 대표적인 사례다. 무엇보다 인간의 상상력이 풍부하지 못한 결과였다. 그들은 앞으로 어떤 일이 **벌어질지는** 말할 것도 없고 **벌어질 수 있을지도** 예측하지 못했다.

모두가 불안정하고 불확실한 미래에 직면하게 되면서 변화를 예상하고 대비해 계획하는 능력이 절실해졌다. "왜 그들은 이런 결과를 예상하지 못했을까?"라는 질문은 좀 더 시급하고 실천하기 쉬운 질문을 우리에게 제시하고 있다. **어떻게 하면 우리는 더 잘 예상할 수 있을까?**

○　통찰력을 넘어 예측력을 키워라

　　미래를 상상하고 계획할 수 있는 능력은 인간만이 가진 뛰어난 능력이다. 예측력이란 미래를 예측하기 위해 과거와 현재에 대해 **대사 작용**하는 것이다. 소화기의 대사처럼 미래를 예측하는 정신은 과거와 현재에서 영양소를 추출한 후, 미래를 대비하기 위해 독소와 자갈을 배설한다. 예측력은 점심으로 무엇을 먹을지 생각하는 것부터 심폐소생술 포기 동의서에 서명하는 능력, 지구 온난화를 완화시키기 위한 집단 차원의 노력까지 모든 것을 아우른다. 댄 길버트Dan Gilbert, 팀 윌슨Tim Wilson, 피터 레일턴 Peter Railton, 찬드라 스리파다Chandra Sripada, 로이 바우마이스터 Roy Baumeister 등의 연구를 따라 정의하자면, 예측력은 "미래의 가능성을 예상하고 평가한 후 사고와 행동의 지침으로 이러한 예상을 사용하는 정신 과정"이다. 2013년 셀리그만과 철학자 레일턴, 심리학자 바우마이스터, 신경학자 스리파다가 함께 발표한 《전망하는 인간, 호모 프로스펙투스》에서는 인간종을 정의하는 특징이 미래를 구상하고 계획하는 능력이라고 표현했다.

　　채집인으로서 우리는 시기상 곧 일어날 구체적 자연 현상을 예측해야 했다. 농업 혁명은 예측에 근거한 새로운 종류의 노동을 출현시켰다. 가령 봄에 씨앗을 뿌리고 가을에 추수를 하며 균형 잡힌 방식으로 골고루 작물을 키우고 기근에 대비해 식량을 저장했다. 또 유순한 가축들을 키웠다. 하지만 1장에서 봤듯이 농부의 예측력에는 불안의 그늘이 드리워져 있었다.

산업 혁명 덕분에 노동자들은 예측에서 벗어나 구체적이고 시기에 맞춰 해야만 하는 과업들을 꾸준히 수행하게 됐다. 그 과정에서 기계가 속도와 순서와 결과를 정했다. 인간의 손은 반복적이고 당장 처리해야 하는 일을 수행했다. 미래에 대한 생각은 일외 생활에서 여전히 인간에게 도움이 됐을 것이다. 하지만 공장안에서 핵심 노동 기술로서 예측력은 별로 중요하지 않았다.

그런데 이제 물결이 다시 뒤바뀌었다. 오늘날 노동의 변천으로 인해 예측력은 노동 기술의 핵심 목록에서 최상단을 점하게 됐다. 세상이 급류처럼 시시각각 무서운 속도로 변화하는 환경 속에서 일하는 오늘날의 노동자들은 그 어느 때보다 새로운 방식의 예측력이 필요하다. 효과적인 예측력을 통해 변화보다 한발 앞서는 능력은 개인과 조직 모두에게 엄청난 이점으로 작용한다.

개인이 예측력을 갖고 있으면 변화가 닥치기 전에 정서적으로나 논리적으로 변화에 대비할 수 있다. 2021년, 우리는 1,500명의 노동자를 대상으로 개인사와 직업 면에서 예측력이 번영과 어떻게 관련이 있는지 조사했다. 많은 예측력 척도에서 드러나듯이 예측에 익숙한 사람일수록 낙관주의, 자기 효능감, 회복탄력성이 더 커지고, 불안과 우울이 현저히 낮아진다는 사실을 발견했다. 아울러 예측력은 생산성과 삶의 만족도와도 상관관계가 있다. 예측을 잘하는 사람들은 직장에서 생산력이 21%나 더 높았고 전반적인 삶의 만족도 역시 25% 더 높았다. 이러한 예측력이 있으면 고도로 연결된 환경에서 우리가 내리는 결정의 다운스트림 효과downstream impact, 즉 팀과 회사와 시장에까지 미치는 영향을 예측할 수 있다.

더 이상 전략이 20년짜리 사업 계획의 일부가 될 수 없는 환경에서 조직 차원의 예측력은 중요하다. 시장과 기술이 너무 빨리 진화하고 있다. 기업 차원의 예측력은 가능한 미래에 대한 역학적 접근법들을 실시간으로 제공할 수 있는 하의상달식 보고에 의존한다.

지금까지 이야기를 예를 들어 살펴보자. 우선 모든 데이터를 기계에 입력하면 무슨 일을 해야 할지 우리에게 알려줄 것이다. 이러한 조건에서는 인간이 아니라 기계가 예측을 잘해야 한다. 하지만 여기서 결정적으로 간과한 것이 있다. 아직까지도 대부분의 기계는 인간의 의견에 의존한다는 점이다. 2016년 선거철에 민주당은 11월 8일 화요일의 승자를 예측하기 위해 최첨단 디지털 여론조사기관을 이용했다. 하지만 어떤 데이터를 수집해야 할지 어떻게 해석해야 할지 결정하는 일은 인간의 몫이었다. 많은 여론조사기관에서는 유권자가 중간에 어떻게 변심하는지 설명하기 위해 새로운 모델을 개발하는 대신, 2012년 선거와 같은 모델을 사용하기로 했다. 다른 기관들은 참석자 수를 과소 또는 과대 추정하는 언론의 정치적 편향을 고려하지 않은 채, 선거운동에 대한 언론 보도자료를 예측의 근거로 사용했다. 무엇을 예측할지 기계에 입력하는 것도 인간이 한다. 일반적으로 머신러닝 알고리즘은 아직까지도 그것이 옳다고 또는 틀리다고 증명할 수 있는 인간의 가설에 의존한다. **우리가** 무엇이 진실이 될 수 있는지 결정한다. 기계는 데이터가 우리의 가설과 일치하는지 여부를 말해줄 뿐이다. 어쨌든 당분간 우리는 여전히 '잘못된 데이터를 넣으면 잘못된 결괏값이 나오는 시스템garbage in, garbage out'의 조금 더 정교한 버전에 종속돼 있을 것이다.

그렇다면 조직이 예측력을 가지려면 인간인 우리가 좀 더 예견을 잘해야 한다. 같은 2021년 연구에서 우리는 예측력이 집단 차원의 사업적 결과와 어떻게 관련이 있는지 살펴봤다. 우리는 높은 예측력 점수를 기록한 리더의 팀이 결정력을 발휘해야 하는 다수의 프로젝트에서 더 나은 수행력을 나타내는 것을 발견했다. 구체적으로 팀의 참여도는 19% 더 높았고, 혁신 점수도 18% 더 높았으며, 인지적 민첩성도 25% 더 높았다. 예측력이 높은 리더와 예측력이 낮은 리더 사이에서 살펴볼 수 있는 중요한 차이 중 하나는 그들이 계획을 하는 데 쓰는 시간의 양이었다. 예측력 점수가 높은 리더는 그렇지 못한 리더보다 계획을 하는 데 159%나 더 많은 시간을 쓴다. 이러한 리더들은 고용주를 위해 더 헌신적으로 일한다. 또한 예측력 점수가 저조한 리더보다 퇴사할 가능

244

성이 33% 더 낮았다.

　예측력이 좋을 때 개인과 조직이 누리는 구체적 혜택은 분명하다. 또한 오늘날 우리에게 예측력이 필요한 데는 철학적인 이유도 있다. 끊임없는 변화의 시대에 무엇이 다가올지 예측하는 능력은 우리의 자율성을 보존할 수 있다는 희망으로 이어진다. 페인처럼 우리는 눈앞의 상황을 예의주시해 다음에 무엇이 다가올지 알려주는 단서를 읽어야 한다. 회복탄력성과 민첩성과 같은 역량이 급격한 변화에 대처하는 데 도움을 준다면, 즉 철썩이는 파도에 맞서 우리로 하여금 재빠르게 자세를 취해 수면 위에 떠 있을 수 있게 해준다면, 예측력은 거대한 파도가 도달하기 전에 알아챌 수 있는 잠재력을 제공한다. 이러한 모든 이유에서 예측력은 프리즘 파워의 네 번째 힘으로, 오늘날 일터에서 번영하기 위해 꼭 필요한 메타 기술이다.

○　**소프트웨어팀의 예측력**

　보통 엔지니어, 제품 관리자, 설계자로 구성되는 소규모 작업 집단인 소프트웨어팀은 현대의 일터에서 예측력의 중차대한 역할을 가장 극명하게 보여주는 사례다.

　공공 안전, 프라이버시, 보건의료, 금융, 정치 제도를 위한 오늘날의 운영 시스템을 생각해 보라. 이러한 플랫폼을 개발하기 위해 디지털 도구를 구축하는 데 능숙한 소프트웨어팀이 고용된다. 하지만 소프트웨어팀은 공공 부문의 전문가일 리 없다. 이상적인 상황이라면 인구통계학자나 공중보건 관료나 법 집행 관리자나 선거 담당 공무원과 같은 주제 전문가들이 의사결정을 내려야 할 때마다 엔지니어와 함께 머리를 맞대고 상황을 잘 고려해 결정을 내린다고 생각할 수 있다. 때때로 이렇게 의사결정이 이뤄지기도 한다. 하지만 제한된 자원과 시급한 일정 때문에 운영 시스템의 구축자들은 대체로 자체적으로 해결하라는 피드백을 받는다. 그리고 사회가 돌아가는 방식에 크나큰 영향을 미칠 만한 결정을 고민 끝에 홀로 내린다. 더러 그들은 자신들의 결정이 잘못될 가능성을 예측하는 데 실패한다.

2014년 4월 9일, 태평양 표준시간 오후 11시 54분에 캘리포니아, 워싱턴 D.C., 플로리다, 미네소타, 펜실베이니아, 사우스캐롤라이나, 노스캐롤라이나 전역에 소재한 81개의 911 응급 콜센터가 먹통이 됐다. 여섯 시간 동안 아무도 통화를 할 수 없었다. 1100만 명의 미국 국민이 응급 지원을 받지 못하는 상황이 벌어졌다. 가장 도움이 절실할 때에 911에 전화했는데 응답이 없다고 상상해 보라. 심장마비, 자살, 절도, 교통사고, 화재가 발생했지만 911 센터에서는 아무런 응답을 하지 않았다. 추정컨대 6,600건의 응급 전화가 발신되었지만 응답이 없었다. 문제를 진단하기 위한 인력이 긴급 동원됐다. 무선 통신 서비스가 문제였을까? 무엇이 잘못된 것일까?

연방통신위원회Federal Communications Commission는 당시의 사건을 '소프트웨어 코딩 에러'의 결과로 진단했다. 하지만 인간 예측의 오류라고 부르는 게 더 정확할 것이다. '소프트웨어 코딩 에러'라는 표현은 누군가 세미콜론을 빠뜨렸다는 뜻이다. 문제를 일으킨 엔지니어들은 코드를 작성할 때 실수하지 않았다. 단, 그들과 그들이 속한 팀들이 코드에 영향을 주는 두 건의 특정 **의사결정**을 할 때 그릇된 판단을 내린 것이 문제였다. 먼저, 해당 팀은 통화 시스템을 구축할 때 총 수용 한도를 설정했다. 특정 한도를 넘어서면 수신 전화를 더는 받을 수 없다. 바로 그 한도를 설정할 때 너무 낮게 추정한 것이 문제였다. 다음으로 시스템의 모든 잠재적 기능 오류를 예방하기 위해 운영 감독 인력이 사용할 수 있는 경보 시스템을 구축했다. 하지만 해당 팀에서 통화 시스템이 한도를 초과할 거라고 예상하지 않았기에 문제를 해결하기 위해 설계된 경보 시스템도 부적절하게 설정돼 작동하지 않았다. 심지어 시스템을 감독하는 사람들에게 오류의 원인과 심각성은 보이지 않았다.

해당 소프트웨어팀은 당연히 이 문제를 예견할 수 있어야 했다. 우리는 그들의 업무가 오류를 범했다고 자신 있게 말할 수 있다. 그들의 결정에 지침이 될 만한 더 좋은 정보가 있었기 때문이

다. 어떤 개발자나 제품 관리자라도 시스템이 4천만 통이라는 한
도를 금세 초과할 거라고 본능적으로 추정할 수는 없었을 것이
다. 하지만 전문성과 정확한 인구통계학적 정보에 근거해 접근했
다면 그들은 먹통 사태를 완전히 대비할 수 있었을 것이다. 문제
의 핵심은 코딩 실력이 아니라 미래에 대한 모델링 실패에 있다.
1100만 명이 코딩이 아닌 예측의 오류 때문에 응급 구조 서비스
의 도움을 받을 수 없었다.

신제품의 잠재적 영향을 고려하거나 업무 과정에서 대혼란을
헤쳐나갈 때 예측 도구를 백분 활용하려고 노력하든 하지 않든
예측은 개인으로부터 시작된다. 불과 1.36kg의 축구공 모양을
한 살덩어리의 특정 부위에서 모든 작동을 시작한다.

이제 예측력이 뇌에서 어떤 모습으로 나타나는지 살펴보자.

○   예측력과 디폴트 모드 네트워크

오늘날 신경과학계에서 이뤄진 중요한 발견 가운데 하
나가 바로 디폴트 모드 네트워크Default Mode Network, DMN다. 이
는 휴식에 관여하는 뇌 영역을 의미한다. 여타의 과학적 발견들
과 마찬가지로 DMN도 우연히 발견됐다.

뇌기능 영상 연구자들은 '태스크 포지티브 네트워크task

positive network', 즉 철자의 순서를 바꿔 단어 만들기를 하거나 산수 문제를 푸는 것처럼 집중이 필요한 과업을 수행할 때 작동하는 뇌의 영역을 찾았다. 대부분의 실험 과정에서 관찰 대상자에게 "저기 누워서 아무것도 하지 마세요"라고 요청하는 식으로 휴식 시간을 포함하는 통제 조건이 주어졌다. 우리는 뇌가 휴식을 취하는 동안 신경망이 어두워지고 조용해지리라 예상했다. 하지만 중앙 측두엽의 한 신경망이 끊임없이 색을 밝히며 활발히 활동하고 있는 것이 관찰됐다. 바로 이 신경망이 우리가 백일몽을 꿀 때처럼 마음이 배회할 때마다 활성화된다.

이러한 뇌 기능의 중요성을 고려해 보라. 아무 일이 일어나지 않을 때 뇌는 전원이 그냥 꺼진 채 있지 않는다. 그 대신 새로운 사고 모드로 전환된다. 우리는 그 순간을 기본값이라는 뜻의 **디폴트**default라고 부른다. 뇌가 자유로워지는 순간 바로 실시하는 활동으로, 상상과 계획이라는 두 과정에 특화돼 있어 매우 중요하다.

스리파다는 디폴트 모드를 경험하는 게 어떤 느낌인지 다음과 같이 묘사한다.

> "콘텐츠는 지각적이면서도 이미지적으로 구성돼 있다. 먼 과거의 기억이 자서전을 쓰듯이 스쳐 지나가고, 좀 더 최근의 사건들이 재생되며, 가깝고 먼 미래를 예측한다. 이 생각에서 저 생각으로 두서없이 전환된다. 대개 인접한 사고 항목 간에 주제

의 연관성이 있긴 하지만 연결되지는 않는다. 이런 종류의 두서없는 생각의 흐름은 흥미로운 패턴과 관계를 파악하는 데 이상적이다. 생각들은 예측 불가능하고 부분적으로는 무작위적인 방식으로 병치된다. 암시적 학습 시스템은 이러한 새로운 생각의 흐름을 (현실에서 실제로 사건들이 발생하는 것을 관찰하는 것과 같은 방식으로) '관찰'하고 새로운 패턴과 일반화, 해석, 통찰을 도출할 수 있게 한다."

우리는 모두 주의력이 저절로 진자 운동을 한다는 사실을 잘 알고 있다. 사실 이 책을 읽는 동안에도 주의력은 진자 운동을 하고 있다. 매 순간 우리의 주의는 백일몽으로 빠져들어 1분여 동안 그곳에 머물렀다가 다시 책으로 돌아온다. 정신이 배회하는 동안 디폴트 네트워크가 켜지고, 주의는 특정 과업에서 멀어져 백일몽으로 향한다. 이때 우리의 정신은 시간과 공간의 관계를 깨뜨리고 기억과 환상을 하나로 섞는다. 그런 후 다시 주어진 과업으로 돌아가면, 태스크 포지티브 네트워크가 켜지고 주의력은 백일몽에서 벗어난다. 수초 또는 수분간 지속되는 이 진자 운동은 하루 종일 반복된다.

스리파다는 이러한 진자 운동을 발굴과 탐색을 오가는 영원한 주기로 이해한다. 태스크 포지티브 사고는 효율적이다. 시간과 공간을 고려하고 세상에 존재하는 정보를 수집하고 이렇게 알려진 것들을 **발굴**한다. 디폴트 네크워크는 실제의 과거 및 현재와 전혀 다를 수 있는 장면들을 상상함으로써 새로운 가능성을 **탐색**한다. 이처럼 생생하고 환상적인 상상 덕분에 우리는 존재하지 않는 것을 발견하고 깊이 이해할 수 있다.

태스크 포지티브 네트워크를 이용해 우리는 역사책을 읽고 프랭클린 루즈벨트가 허버트 후버에 이어 대통령이 됐다는 사실을 암호화한다. 하지만 곧 우리는 후버를 거대한 공백으로 처리한다. … 그러고 나서 우리는 공간의 공백을 경험하고… 화성에 사는 게 어떤 느낌일지 궁금해한다. … 우리는 뇌에 매우 중요한 무언가를 하고 있는 것이다. 다음 장에서 우리는 창의와 관련된 일에 이런 상호 작용이 얼마나 중요한지 살펴볼 것이다.

이런 관점에서 정신의 배회는 오류가 아니라 정신의 한 특징이다. 우리가 점점 더 시간에 쫓겨 살면 주의력을 더 강하게 통제하고, 끊임없이 정신의 '휴식'을 줄이려 들 수 있다. 설령 그게 가능할지라도 바람직하지는 않다. 디폴트 모드에서 종종 최고의 아이디어가 발생하기 때문이다. 모든 디폴트에는 다 이유가 있으며 그것을 무시하면 우리에게 해롭다.

미래를 이해할 때 정신적으로 배회하는 것이 어떠한 영향을 미칠까? 계획을 더 잘 세우기 위해 그것을 어떻게 이용할 수 있을까?

그것이 바로 우리의 동료 바우마이스터가 알고 싶었던 바다.

○   예측의 2단계 모델

    퀸즐랜드대학교 심리학과 교수인 바우마이스터는
700건의 논문과 40여 권의 책을 발표한 심리학자다. 미국 국립
생물정보센터PubMed에 맞먹을 정도로 행동과학 연구에 관한 지
식이 해박하다. 그는 오랫동안 예측력을 다각도로 고찰했다. 그는
우리가 과거, 현재, 미래에 대해 어떻게 생각하는지 심층적으로
알아보고자 500명의 참가자들에게 무작위로 떠오르는 생각을
추적하게 하고 사흘에 걸쳐 하루 종일 그 순간들을 떠올리는 연
구를 진행했다. 참가자들이 떠올린 생각들은 태스크 포지티브 모
드와 정신의 배회 모드에 걸쳐 발생했다. 바우마이스터는 현재를
지금 당장 5분으로 정의했다. 다른 모든 것은 과거나 미래였다.
    연구 결과로 얻은 데이터는 우리가 매일 떠올리는 생각의 '시
점'에 대해 많은 것을 알려준다. 우리는 과거, 현재, 미래 가운데
어느 시점에 가장 오래 머무는가?
    바우마이스터는 사람들이 대부분의 시간을 현재에 대해 생각
하며 보낸다는 걸 발견했다. 또 과거보다는 미래에 대해 더 많이
생각했다. 사실상 우리는 깨어 있는 시간 내내 떠올리는 생각 중
최소 4분의 1을 예측에 소비한다.
    더불어 그는 흥미로운 역설도 발견했다. 미래에 대한 생각은
현재나 과거에 대한 생각보다 훨씬 더 의미 있고 흥미롭다. 하지

만 미래에 대한 생각에는 현재에 대한 생각보다 더 부정적인 정서가 포함돼 있다. 추가 실험에서 이러한 모순은 두드러졌다. 종종 사람들은 미래에 대해 생각할 때 낙관주의를 경험하지만, 미래 지향형 마음가짐을 가지고 실제로 취한 행동은 위험 회피와 염세주의를 반영한다.

이것을 어떻게 이해할 수 있을까? 우리는 미래를 상상하면서 가장 낙관적인 자기와 가장 염세주의적인 자기를 동시에 경험하는 듯하다.

바우마이스터는 이 난제를 해결하기 위해 미네소타대학교 마케팅학과 교수인 캐슬린 보스Kathleen Vohs와 뉴욕대학교 심리학 교수인 가브리엘레 외팅겐Gabriele Oettingen과 협업해 예측이 2단계를 통해 발생한다고 제안했다.

- **1단계**: 빠르고 아주 광범위하며 낙관적이다. 이 초기 단계에서 우리의 사고는 "나는 미래가 어떤 모습이길 바라는가?" 또는 "내게 어떤 희망적인 결과가 나타날까?"와 같은 질문들에 초점을 맞추는 경향이 있다. 1단계는 보통 수초부터 수분간 지속된다. 또한 좀 더 탐색적이며 DMN이 작동한다.
- **2단계**: 1단계 후 재빨리 시작되고, 1단계가 그린 그림에 대해 훨씬 구체적이다. 또한 사색적이고 현실적이며 심지어

염세주의적인 평가가 뒤따른다. 이때 "나는 거기에 어떻게 도달하지?"와 같은 질문을 떠올린다. 2단계에서 우리는 상세한 내용에 관한 계획을 세우는데, 금세 버겁다고 느낄 수 있다.

예측의 2단계 모델은 예측 경험에 관한 모순된 실험 결과를 해결하는 데 도움이 된다. 즉, 우리는 미래에 대한 생각에서 의미를 도출하지만 동시에 두려움과 불안도 느끼며, 다가올 일에 낙관하면서도 위험을 회피하는 결정을 내릴 수 있다. 다음에 어디로 갈지 상상하는 것은 대단히 의미 있고 신나는 일이다. 하지만 그곳에 도달하기 위해 무슨 일을 해야 할지 생각하기 시작하면 두려워진다. 이러한 두려움이 우리가 안전한 길을 향하도록 유도할 수 있다.

예측의 2단계 모델은 예측력을 개선하기 위한 최선의 방법을 시사하기도 한다. 사람들은 예견자로서 각기 다른 강점을 갖고 태어났다. 이러한 이유에서 우리가 사용하는 개입 모델은 각 단계를 별개로 다룬다.

○   예측력 근육 ①: 시나리오 계획

　　　백일몽을 꾸는 낙관주의자들에게는 1단계 예측이 **최고**
다. 이들은 사고를 확장시키고, 이상적인 자기가 있는 아주 밝은
미래를 추정한다. 이들의 DMN은 가능성으로 가득 차 있다.

　하지만 다른 사람들에게 1단계 예측은 대단히 불편하다. 그들
은 모호한 것을 좋아하지 않는다. 최대한 빨리 기본적 내용을 파
고들려 한다. 다음 장에서 보겠지만 이러한 경향성의 일부는 **경험
에 대한 개방**이라는 성격 특질의 수준이 낮은 것과 관련이 있다.
1단계를 어려워하는 사람은 선택 가능한 모든 내용을 다 고려하
지 않은 채 계획에 뛰어든다. 그렇게 함으로써 일종의 정신적 '오
류'를 저지른다. 가령 자신, 가족 또는 속한 조직에게 지금보다 더
밝은 기회가 있을 거라는 걸 깨닫지 못한 채 배제해 버릴 수 있
다. 또한 환상이 주는 거대한 재미나 기쁨을 스스로 박탈해 버릴
수 있다.

　1단계 '오류'의 또 다른 종류는 PTSD에 취약한 사람들에게서
나타난다. 4장에서 봤듯이 PTSD를 앓는 사람들이 가진 자동적
사고 패턴 가운데 파국화가 있다. 파국화를 경험하는 사람들은 가
능한 최악의 결과를 바로 파악하고 그것이 불가피하다고 선언함
으로써 대안 탐색의 기회를 차단해 버린다.

　이때 도움이 되는 개입 모델은 4장에 나온 '올바른 관점으로

바라보기' 훈련이다. 이 훈련을 하면 사람들은 자신의 관점 기술
을 체계적 방식으로 연마해 훨씬 더 다양한 결과들을 향해 시야
를 개방할 수 있다. 게다가 1단계에서 더 많은 시간을 보내면서
1단계가 제시하는 긍정적 정서를 일부 느낄 수 있다. 열린 마음
으로 무척 다양하고 신나는 가능성을 탐색하면 기분이 좋다. 누
구나 그것을 경험해야 한다.

중증 PTSD 환자라면 미래에 관한 긍정적인 생각 **그 어떤 것에
도** 접근하기 어려울 수 있다. 몇 년 전, 셀리그만의 제자였던 데이
비드 야덴David Yaden과 앤 마리 뢰프케Anne Marie Roepke가 이러
한 어려움을 해결해 주는 여러 종류의 개입 모델을 가지고 실험을
실시했다. 그들은 최근에 역경을 경험한 사람들에게 여러 과업을
수행하라고 요청했다. 한 달 동안 주당 1회씩 한 가지 과업을 실
시하는 게 최고로 효과가 있었다. 그 개입 모델은 다음과 같다.

> "많은 사람이 어려운 경험을 한 후 상실감을 느낀다. 삶에서 특
> 정 기회나 '문'이 닫혔다고 느낀다. 때때로 새로운 문이 열리고
> 새로운 기회가 나타나는 걸 발견하기도 한다. 이러한 새로운
> 기회는 새로운 활동, 목표, 롤 모델, 친구, 일 관련 변화, 아이디
> 어 또는 사람들을 돕는 방법 등 무엇이든 될 수 있다. 새로운
> 기회가 있다고 해서 상실이 중요하지 않거나 덜 고통스럽다는
> 뜻은 아니다. 특정 상실이 잠재적으로 중요한 새로운 기회와

함께 존재할 수 있다. 우리는 지난 6개월 동안 당신이 삶에서 새로운 문이 열렸다는 것을 알아챘는지 알고 싶다. 지금부터 15분 동안 이미 열렸거나 열릴 수 있는 새로운 기회나 '새로운 문'에 대해 떠오르는 생각을 모두 적길 바란다."

이 과업을 통해 부정적 사고의 덫을 드러내고 인정하며 고통스런 경험이라는 현실을 인정할 수 있다. **당신이 겪는 상실은 진짜이며 우리도 당신의 상실을 보고 있다.** 연대의 메시지는 단순하지만 효과는 강력하다. 이를 통해 부정적 사고를 품고 서로 공유할 수 있는 정신적 '공간'이 생긴다. 참가자들은 부정적 사고를 멈춰도 된다는 허락을 받았다고 느끼기 때문에 부정적 사고를 하려는 생각에 저항하기가 더 쉬워진다. 과거, 현재, 미래에 대한 긍정적 사고가 파고들 공간도 생긴다.

뢰프케와 야덴과 동료들은 자신이 겪은 힘든 사건을 구체적인 말로 소개할 때, 성장할 수 있는 능력을 키우고 다시금 난국에 직면할 때 겪는 부정적 결과를 줄일 수 있다는 걸 발견했다. 사람들은 이러한 과업을 통해 1단계 근육을 강화시키고 그동안 부정성에 묻혀 있던 가능성을 발견할 수 있다.

1단계 예측을 개선해 줄 또 다른 도구는 **시나리오 계획**이다. 1950년대에 미래학자 허먼 칸Herman Kahn이 싱크탱크 랜드 연구소RAND에서 처음 개발한 훈련 도구다. 먼저 리더 집단이 매우 다양한 미래를 구상하도록 안내한 후(1단계), 준비를 위한 계획으로 역작업을 하도록 요청한다(2단계). 보통 처음에는 이 훈련이 아니었다면 결코 표면으로 올라오지 않았을 비전들을 떠오르게 한다. 이러한 비전들은 가까운 미래에 대한 계획을 세울 때 놀라울 정도로 유용하다고 밝혀졌다. 시나리오 계획을 적용한 유명한 성공 사례는 정유회사 로열 더치 셸Royal Dutch Shell Corporation에서 이 방법을 사용해 1973년의 원유 통상금지령과 그에 따른 유가 쇼크에 미리 대비한 것이다.

매우 다양한 미래에 대해 정교히 이야기하려면 탐색을 위해 우리의 특출한 DMN을 이용해야 한다. 미래를 좀 더 생생하게 상상하면 다가올 미래에 좀 더 잘 대비할 수 있다.

○ 예측력 근육 ②: 그로우 모델

2단계 예측은 어떤 사람들에게는 어려울 수 있다. 행동의 근거를 제공하는 2단계에서는 잠재적 미래에 대한 신중하고 사색적인 **평가**가 진행된다. 그 과정에서 뇌의 핵심 기능이 자신에게 불리하게 작용하기도 한다.

1979년 대니얼 카너먼Daniel Kahneman과 아모스 트버스키Amos Tversky는 계획 오류를 처음으로 소개했다. 이는 미래의 과업에 필요한 시간과 비용을 심하게 과소 추정하는 경향성을 말한다. 집수리를 해본 적이 있다면 쉽게 이해할 것이다.

우리 **자신의** 미래 과업을 계획할 때만 오류가 발생한다는 점이 특히 눈길을 끈다. 반면 타인의 계획을 관찰할 때는 좀 더 정확하게 바라본다. 다음번에 집수리 예산을 책정해야 한다면 비슷한 일을 해본 친구에게 자신의 집수리 비용과 소요 시간을 예측해보라고 요청하자. 아마도 친구의 예측이 훨씬 더 정확할 것이다.

2단계 예측을 좀 더 잘하도록 지원하려면 어떤 결과에 도달하기 위해 무엇이 필요한지를 좀 더 현실적으로 평가하는 법을 훈련해야 한다. 뉴욕대학교 외팅겐 교수가 만든 '웁' 모델WOOP Framework이 대표적인 훈련법이다. 이는 강력한 증거에 입각한 개입 모델이다. 4단계로 이뤄진 굉장히 단순한 이 모델을 활용해 당뇨환자의 체중 감량부터 학생의 학습 노력 증가와 출석률 개선에 이르기까지 인상적인 결과를 도출했다.

① 바람Wish을 파악한다.
② 결과Outcome를 고려한다.
③ 장애물Obstacles에 집중한다.
④ 계획Plan을 결정한다.

많은 코치들이 웁과 유사한 그로우GROW라는 방법을 사용한다. 그로우는 목표를 파악하고 장애물에 대비해 계획하도록 지원하는 기초적인 4단계를 사용한다. 그러고 나서 코치는 코칭 대상이 스스로 세운 계획을 실천하는 책임을 개인에게 지운다. 그로우는 개인별로 변경해 사용할 수도 있다.

훈련: 코칭의 그로우 모델

G-목표 Goals : 1단계에서는 목표를 파악한다. 목표는 스마트 SMART, 즉 구체적이고 Specific, 측정 가능하며 Measurable, 달성 가능하고 Attainable, 관련이 있으며 Relevant, 정해진 시간 안에 달성해야 한다 Time-bound. 이 단계에서는 다음과 같은 질문에 답한다.

- 무엇을 달성하고 싶은가?
- 목표에 도달했는지 어떻게 알 수 있는가?
- 어떤 시간표에 따라 이 목표를 달성하는 것이 현실적인가?

R-현실 Reality : 2단계에서는 목표 달성을 방해하는 현실을 이해한다. 코치는 코칭을 받는 사람이 주요 장애물들을 파악하고 각각에 대해 신중하게 조사해 자기 인식을 높이도록 지원한다. 이 단계에 필요한 질문은 다음과 같다.

- 무엇이 목표 달성을 어렵게 하는가?
- 어떤 상황에서 이러한 장애물들이 가장 또는 덜 두드러지는가?
- 어떤 전략을 시도해 봤는가?
- 이것이 과거에 경험한 무언가를 떠올리는가?

O-선택지 Options : 3단계에서는 이러한 장애물들을 극복하기 위한 선택지들을 상상한다. 그로우 모델에서 가장 생산적인 부분으로, 2단계의 숙고를 위해 1단계에서 탐색을 통한 예측을 실시하는 것이다. 이 단계에서 도움이 되는 질문은 다음과 같다.

- 이번에는 저번과 다르게 무엇을 시도할 수 있는가?
- 이러한 선택지들의 장단점은 무엇인가?
- 자신의 목표에 도달하는 법에 관한 이야기를 한다고 상상해 보라. 자신의 성공 비결은 무엇이었는가?

W-의지 Will : 4단계에서는 한 개의 선택지를 택해 실행 계획으로 전환한다.

- 목표에 도달하기 위해 필요한 선택지는 무엇인가?
- 목표 달성을 위해 거쳐야 할 단계들은 무엇인가?

- 장애물 a, b, c는 어떻게 극복할 것인가?
- 진퇴양난에 빠지면 어디서 도움을 구할 것인가?
- 자신의 계획에 대한 책임을 지도록 지원해 줄 사람은 누구인가?

그로우 모델은 사람들이 목표를 향해 나아가며 실질적 진전을 이룰 수 있도록 지원한다. 그로우든 움이든 아니면 다른 유사한 방법이든 장애물을 예상하고 극복하려는 계획을 세우는 근육을 키우면 2단계 예측을 개선하는 데 도움이 된다.

○ 혁신가 편향을 시정하다

계획 오류는 카너먼과 트버스키 등이 발견한 많은 인지적 편향 가운데 하나에 불과하다. 인지적 편향이란 간단히 말해 사고의 체계적 오류다. 이러한 오류는 우리의 마음에 뿌리 깊게 박혀 있어서 누구에게나 영향을 준다.

왜 우리는 내재된 오류를 갖고 있을까? 편향이 무조건 나쁜 것은 아니다. 편향이 적절한 상황에 쓰인다면 시간과 자원을 줄여주는 정신적 지름길로 작용한다. 하지만 편향은 상황과 상관없이 항상 작동해 이상한 곳으로 우리를 안내할 수도 있다.

2021년, 베터업 연구소 연구자 앤드루 리스Andrew Reece와 그의 팀은 새로운 종류의 편향을 제안했다. 구체적으로는 새로운 제품이 해로울 가능성에 대해 정확하게 예측하는 능력을 방해하는 편향이었다. 이러한 경향은 현실 속에서 마주하는 어떤 패턴을 관찰하다가 발견됐다. 1단계 예측을 뛰어나게 잘하는 고도의 혁신가들은 미래를 바라보는 장밋빛 렌즈에 매몰될 수 있다. 저커버그의 오픈 그래프에 대한 약속을 생각해 보라. 그는 오픈 그래프가 "우리가 웹에서 한 일 가운데 가장 큰 변화를 일으킬 제품"이라고 했다. 오픈 그래프는 변화를 일으켰다. 단지 저커버그가 바랐던 방식이 아니었을 뿐이다.

앤드루와 팀이 **혁신가 편향**이라고 부르는 경향은 자신이 직접 만든 어떤 제품이 가질 잠재적 위해 요소를 평가할 때 보이는 부정확성을 의미한다. 확증 편향과는 조금 다르다. 확증 편향은 기존의 믿음을 뒷받침하는 정보만을 찾고 반대되는 정보는 무시하는 경향성인 반면, 혁신가 편향은 기존의 정보를 어떻게 통합하느냐와 무관하고 미래를 어떻게 상상하느냐와 관련이 있다.

연구팀은 혁신가 평향에 관한 이론을 여러 실험을 통해 검증했다. 첫째, 그들은 피실험자들에게 가상의 발명품 목록을 주고 그것들이 이로움과 해로움을 줄 가능성에 대해 평가하게 했다. 목표는 중립적 발명품을 파악하는 것이있다. 즉, 아무런 이해관계가 없는 많은 사람이 느끼기에 이로움과 해로움을 공평하게 낳을 거라 예상되는 제품들을 찾는 것이었다. 중립으로 평가된 발명품의 예로는 지능을 올려줄 수 있는 부스터 샷과 고인이 된 사랑하는 사람의 홀로그램이 있었다. 2단계 실험에는 새로 선발한 600명이 참여했다. 모두 미리 훈련을 통해 프라이밍priming(추후의 행동이나 생각에 영향을 주고자 미리 어떤 정보를 보고 듣게 하는 것 – 옮긴이)됐다. 구체적으로는 홀로그램과 같은 중립적 발명품에 대한 설명을 듣고, '당신이라면 이 홀로그램을 시장에서 어떻게 홍보할 것인가'라는 질문을 받았다. 참가자들은 해당 제품의 가치 제안(회사가 제공하기로 약속한 가치와 사용자가 돈을 지불해야 하는 이유를 전략적으로 정리한 것 – 옮긴이)에 대해 깊이 생각하고, 이름과 슬로건을 제시하고, 잠재 고객들을 상대로 이 발명품을 어떻게 포지셔닝할지 결정해야 했다. 이 훈련을 통해 참가자들은 홀로그램이라는 특정 발명품에 대해 '주인의식'을 갖도록 강요당했다.

3단계 실험에서 연구진은 600명의 참가자들을 통제군과 '주인' 집단으로 나누었다. 주인 집단은 홀로그램이 가진 잠재적 이로움과 해로움을 평가하라고 요청받았다. 통제군은 가령 지능을 높여주는 신약 같은 새로운 중립적 발명품을 받고 그것의 잠재적 이로움과 해로움을 평가하라고 요청받았다. 통제군은 두 번째 발명품에 대해 사전에 어떠한 작업도 하지 않았다는 것을 명심하라.

앤드루의 연구팀은 세 가지 결과가 나오리라 예상하고 가설을 세웠다.

① **열의의 전염**: 통제군과 주인 집단 모두 미리 마케팅 훈련을 통해 프라이밍됐기 때문에 발명품에 대해 전반적으로 낙관적으로 느낄 수 있다. 두 집단 모두 자신들이 평가한 제품이 무엇이든 이로운 잠재력을 과대 추정할 것이다.

② **경쟁심**: 주인 집단은 홀로그램이 해롭기보다 이로운 잠재력이 더 높다고 평가할 것이다. 반면 통제군은 앞서 홀로그램에 대해 열심히 평가 작업을 했기 때문에 홀로그램과 부스터 샷을 비교하는 경쟁심을 갖게 될 것이다. 따라서 그들은 부스터 신약의 잠재적 해로움을 과대평가할 것이다.

③ **혁신가 편향**: 주인 집단은 홀로그램의 이로운 잠재력을 더 높게 평가할 것이다. 통제군은 1단계에서 편향이 없는 평가자들처럼 부스터 샷을 중립적으로 평가할 것이다.

세 번째 가설의 가능성이 가장 높다. 프라이밍 훈련은 제품 소유자들이 홀로그램을 선호하게 만든 반면, 통제군은 부스터 샷에 대해 중립을 지켰다. 이후 앤드루의 팀은 복수의 발명품들에 대해 500명으로 구성된 새로운 집단을 대상으로 실험을 실시해 위와 똑같은 결과를 얻었다.

여기서 한 가지 결론을 예상할 수 있다. 조직들이 제품의 해로운 잠재력을 평가하기 위해 외부 인물이나 기관에 위탁하거나 철저히 분리된 내부 팀을 만들어야 한다는 것이다. 하지만 혁신가

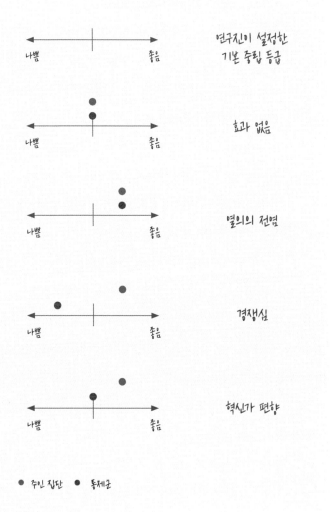

혁신가 편향 결과들

편향을 무력화시킬 수 있다면 어떨까?

앤드루의 팀은 연구의 마지막 단계에서 바로 이 질문을 중점적으로 다뤘다. 그들은 좀 더 현실적 관점을 갖게 하려는 노력이 위험할 수 있다는 사실을 발견했다. 먼저, 잠재적으로 중요한 일에 대한 참가자들의 열의에 찬물을 끼얹었을 수 있다. 긍정적이고 상황을 활성화시키는 분위기는 혁신을 위해 매우 중요하다. 우리는 그 열정에 찬물을 끼얹고 싶지 않다.

연구팀은 열정을 잃지 않으면서 경로를 조정할 수 있도록 지원하는 몇 가지 개입 모델을 적용하기로 했다. 가장 좋은 개입 모델은 그들이 '최악의 시나리오'라고 부르는 것이었다. 주인 집단과 통제군에게 문제의 발명품에 대해 가장 심각한 결과를 상상함으로써 **의도적으로** 파국화를 경험하도록 지시했다. 파국화의 부정적인 면을 고려할 때 바람직한 효과가 있었다는 것은 예상 밖이다.

통제군에게 발명품의 가장 심각한 결과에 대해 생각하라고 프라이밍한 것은 중립적 발명품에 대한 그들의 중립적 평가에 아무런 영향을 주지 못했다. 하지만 주인 집단에게 그들이 '소유한' 발명품에 대해 가장 심각한 결과를 생각해 보라고 프라이밍하자 그들은 과도하게 낙관적이었던 평가를 중립적으로 정정했다. 무엇보다 혁신가의 열정에 찬물을 끼얹지 않고서도 정정했다는 것이 중요하다.

이러한 결과를 토대로 우리는 이제 혁신가와 조직들이 그들의 연구가 가질 미래의 결과를 좀 더 정확하게 예측하도록 도울 수 있는 새로운 개입 모델을 갖게 됐다.

○   측정 가능한 예측력

예측력은 급류와 같은 일터에서 번영하기 위해 반드시 필요하다. 베터업의 연구에서도 고객을 위해 예측력을 측정 가능한 방식으로 개선하는 것이 점점 더 중요해졌다. 2018년, 베터업의 심리측정팀은 미래에 대한 생각의 빈도와 유효성을 평가하는 예측력 척도를 검증했다. 이 평가를 통해 모든 고객에 대한 기준점을 마련할 수 있다.

이제 수십만 명이 코칭 전후에 예측력 척도 평가를 실시한다. 우리는 예측력을 가르칠 수 있다는 걸 알고 있다. 예측에 서투른 사람도 바뀔 수 있으며, 예측을 잘하는 사람은 더욱 개선할 수 있다. 사실 예측력은 우리가 추적한 전인 모델의 모든 차원에서 가장 현저하게 증가한다. 평균적으로 3~4개월 코칭을 받으면 예측력이 24% 개선되는 결과를 보인다. 예측력 점수에서 최저점을 받은 사람들조차 같은 기간에 무려 115% 개선되는 효과를 보았다.

이러한 결과는 고무적이다. 초기의 기술 수준과 상관없이 누구라도 자신과 조직이 성공할 수 있도록 포지셔닝하기 위해 예측력을 키울 수 있다. 예측력은 기업 전략, 제품 개발, 상업적 파트너십, 투자 포트폴리오의 근간이다. 예측력은 우리가 인간이라는 한 종으로서 가진 능력이지만 아직 완전히 펼쳐보지 못한 능력이다. 아직까지 이 정도로 대단한 예측력이 필요했던 적이 없었기 때문이다. 하지만 이제는 일터에서 살아남기 위해서라도 예측력이 꼭 필요하다. **탁월한** 예측력은 그저 하루하루를 버텨내는 사람들과 매일매일 번영하는 사람을 구분 짓는 기준이 될 것이다.

몇 해 전, 페이스북은 디자인 담당 부사장 마거릿 스튜어트Margaret Stewart 휘하에 '책임 혁신responsible innovation'이라는 새로운 부서를 출범시켰다. 이 부서는 '잠재적인 위해 요소를 예견해 최소화하고 제품을 책임감 있게 만들도록 보장하기 위해 제품 개발 주기 전반에 걸쳐 경주하는' 임무를 맡았다. 웹의 지형을 바꾸겠다는 오픈 그래프 시대의 오만함은 사라지고, 예측에 실패할 수도 있다고 시인하는 태도를 새롭게 갖추게 된 것이다.

페이스북만이 아니다. 다른 기업에서도 첨단 예측 분야에서 제품 및 엔지니어링 리더들을 대상으로 교육을 실시하기 시작했다. 시간이 지나면 모든 연구개발 조직에서 페이스북의 책임 혁신 부서와 같은 조직을 마련할 것이다. 엔지니어링과 제품 관리 분야에서 일하고자 한다면 예측력에 관한 교육 과정을 거쳐야 할 것이다. 궁극적으로는 올바른 예측을 기대하는 분위기가 자리 잡아 예상 가능한 위해 요소를 모두 피하게 될 것이다.

가령 CISO의 역할을 고려해 보라. 10~20년 전만 하더라도 '정보 보안'이라는 분야는 존재하지도 않았다. 기업들은 페인이 에퀴팩스에서 겪은 사건을 비롯해 지난 20년 동안 발생한 데이터 유출과 해킹 사건을 통해 교훈을 얻었다. 이제 모든 기업에는 데이터 프라이버시와 저장을 감독하는 정보보안팀이 존재한다. 각 팀은 법무 및 엔지니어링 리더들과 긴밀히 협조한다. 그리고 기업들은 모범 사례를 따르지 않으면 법적 책임을 져야 한다.

어쩌면 잘못된 예측을 통해 얻은 교훈들 때문에 최고예측담당자가 생길지 모른다. 그 사이, 신기술 제품을 만들어 출시하고 그에 대한 서비스를 제공하는 기업들에게는 예측력이라는 기업의 역량이 가장 필요할 것이다. 이 분야의 리더들은 예측과 의사결정, 이해당사자 관리, 데이터 분석, 공공정책 그리고 행동과학에서 전문성이 필요하다.

우리를 비롯해 주변의 노동력이 충분한 예측력을 갖게 하려면 여전히 할 일이 아주 많다. 하지만 우리는 충분한 예측력을 **가질 수 있다**. 그렇게 되면 개인으로서, 조직으로서 우리는 급류에 밀려 너무도 쉽게 사라진 자율성을 되찾아 다시 태어나게 될 것이다.

9장

혁신

인공지능 시대에도
살아남는 인재의 비밀

인공지능의 도래로 적어도 이 지구상에서 우리의 존재 이유가 될 수 없었던 것들이 사라질 것이다. … 한 가지 매우 타당한 존재의 이유는 우리는 창조하기 위해 존재한다는 것이다. … 우리는 무언가를 발명한다. 우리는 창조를 찬양한다. 우리는 과학적 프로세스에서, 병을 치료하는 일에서, 책을 집필하는 일에서, 영화 각본을 쓰는 일에서 대단히 창의적이다. 이것은 우리가 찬양해야 할 우리의 창의성이며, 이미도 창의성은 우리를 인간으로 구분하는 특성일 것이다.

리카이푸

2006년 11월, 42세인 마사 '마티' 코브 Martha 'Marty' Cobb는 지하 기숙사에 있는 2층 침대의 위층에 누워 있었다. 천장이 너무 낮아 침대에 앉을 수 없었다.

이혼한 지 얼마 되지 않았고 돈도 없었던 코브는 선택지가 별로 없었다. 그녀가 세 자녀를 키운 텍사스주 러벅에 사는 친구들은 그녀에게 사우스웨스트 항공사에서 일하라고 권했다. 그곳에서 일한다는 건 곧 집에서 멀리 떨어져 장시간 혹독하게 일해야 한다는 뜻이었다. 하지만 동네에 좋은 일자리가 없었기 때문에 선택의 여지가 없었다.

코브는 승무원들을 정어리처럼 빽빽이 채워 넣은 사우스웨스트 항공의 숙소에서 생활했다. 그녀는 볼티모어에 있는 그 3층 집을 '데이비드 코레시 합숙소 David Koresh compound'라고 불렀다. 층마다 2층 침대와 냉장고가 있었다. 연차가 가장 낮은 승무원은 가장 나쁜 자리로 내몰렸다. 스물여섯 명의 여성들이 한 남성 조종사가 소유한 이 집을 함께 썼다(그래서 "코레시"라고 부른다). 그해 추수감사절에 코브는 스티로폼 상자에서 꺼낸 차가운 칠면조를 먹으며 생각했다. '내가 도대체 무슨 짓을 **한 거지?**'

그녀에겐 이번이 첫 새출발이 아니었다. 대학생 시절, 코브는 하와이에서 여름 학교에 다니며 호화 리조트의 행사 플래너가 되겠다고 결심했다("훌라춤에서 A학점을, 경제학에서 C학점을 받았어요"). 이후 샌타바버라에 있는 5성급 리조트인 더 빌트모어The Biltmore에서 일했다. 그곳은 그녀가 이제껏 봐온 시설과는 완전히 달랐다. 그녀는 언젠가 그곳에서 격조 높은 파티를 기획할 꿈을 꿨다.

하지만 코브는 대학 졸업을 위해 텍사스로 돌아온 지 얼마 되지 않아 결혼을 했다. 세 자녀도 생겼다. 러벅에는 빌트모어와 같은 호텔은커녕 비슷한 것조차 없었다. 그래서 10년간 아이를 기르는 일에 집중했다. "제게는 재능이 없었어요. 다리 찢기 말고는 할 줄 아는 게 없었죠." 그녀의 말이다.

사실 코브는 겸손함 못지않게 재능도 많았다. 그녀는 통통 튀는 유머 감각과 즉흥적인 아이디어를 뽑아내는 재주를 타고났다. 반짝이는 아이디어로 사람들을 기쁘게 해주는 것이 그녀의 특별한 재능이었다. 그녀는 아버지 덕분에 서비스업에 대한 자신의 열정을 키울 수 있었다고 말한다. 코브의 아버지는 추수감사절마다 친한 친구 열 명에게 칠면조를 가져다주곤 했다. 성탄절에는 가족 모두 일찍 일어나 친구들에게 줄 시나몬 번을 구웠다. 아버지는 특히 어려운 시기에 사람들을 들여다보라고 딸들에게 가르쳤다. "무언가 하는 게 아무것도 안 하는 것보다 낫단다." 아버지의 가르침이었다. "너 자신이 아니라 남을 위해 뭔가를 하렴."

가정주부로서 지낸 10년 동안 코브는 자신의 재능을 키울 수 있는 서비스업에 이끌려 파트타임으로 여러 곳에서 일했다. 가령 에어로빅 강사로 활동하기도 했는데, 학생들은 너무나 재미 있는 코브의 유머에 자신들이 운동하고 있다는 걸 잊을 정도였다.

하지만 첫 번째 결혼이 실패로 끝나며 한 번 더 변화가 찾아왔다. 코브는 치과 교정 전문의를 위한 마케팅 일을 맡게 됐다. 어느 날 코브는 홍보 파티 준비를 부탁받았다. 전문의가 루이지애나 출신인 터라 고객들을 위해 찜 요리와 가재 요리, 밴드를 준비하며 뉴올리언스식 파티를 계획했다. 코브는 고객들을 즐겁게 해줄 새로운 방법을 세세히 궁리하는 일에 아주 잘 맞았다.

두 번째 이혼으로 재정적 어려움을 겪은 후, 코브는 어떻게 하면 삶을 다시 일으켜 세울 수 있을지 깨달았다. "저는 항상 제 아이들에게 이렇게 가르쳤어요. '계속 앞으로 전진하렴. 실수하면 툭툭 털고 일어나 다시 시작하면 돼.'"

사우스웨스트 항공에서 새롭게 시작하기는 쉽지 않았다. 무엇보다 교육이 지독하게 힘들었다. 첫 6개월은 수습 기간에 해당됐는데, 코브는 항상 '예비 인력'으로 분류됐다. 회사가 호출하면 그녀는 언제라도 두 시간 내에 출근해 비행을 해야 했다. 신입 직원이라 주말과 공휴일에도 일했다. 게다가 동료들은 코브가 비행 중에 수행하는 업무에 대해 못 본 척하고 문제가 발생하면 상부에 보고하라는 지시를 받았다. 부정적인 보고는 곧 해고로 이어질 수 있었다.

그녀는 많이 불안했다. 하지만 승객들이 주는 스트레스에 비하면 아무것도 아니었다. 사람들은 온갖 이유로 비행기를 탄다. 신혼여행을 가는 부부가 있는가 하면 장례식에 가는 사람도 있다. 그녀는 많은 승객이 함께 탑승하기를 꺼리는 전사한 병사의 이송 업무를 맡기도 했다.

팬데믹이 시작되자 일은 한층 더 어려워졌다. 갑자기 **아무도** 비행기를 타려 하지 않았다. 그나마 승객들이라곤 어쩔 수 없이 비행기를 탄 사람들뿐이었다. 재채기나 기침 한 번에도 모든 승객이 긴장했다. 항공사 직원들은 항공업이 추락하는 무게를 고스란히 견뎌야 했기에 코로나19를 두려워했다. 2020년 4월 여객 수송은 2019년 4월 대비 96%나 감소했다.

도처에서 위기가 감지됐다. 코브도 불행이 짙어지는 것을 느꼈다. 하지만 자신의 천성을 따라 사람들을 돕고 싶었다. 그녀는 승객들을 상대로 농담을 하기 시작했다.

"할머니가 서포트 브라를 입듯이 좌석의 안전벨트를 몸통을 가로질러 채워주세요."

"산소 호흡기를 작동시키려면 첫 1분 동안 75센트를 넣어주시면 됩니다."

"어린아이들과 동승 중이라면 유감입니다. 한 명 이상의 자녀와 동승 중이라면 장래에 돈을 가장 잘 벌 것 같은 아이를 골라 산소마스크를 먼저 씌워주십시오."

뜻밖의 안내 방송에 웃음소리가 여기저기서 들리더니 곧 시끌벅적하게 비행기 전체에 퍼졌다. "다른 사람들에게 친절을 베풀고, 다른 사람들을 웃게 만들고, 내가 바꾸거나 고칠 수 없는 현실에 대해 잊는 것, 그게 저를 웃게 했어요." 그녀가 회상하며 말한다. "어떤 식으로든 변화를 일으킬 수 있다고 깨닫는 데서 시작해야 해요. 많이 베풀수록 돌아오는 것도 많아요."

그녀는 단 몇 마디로 비행기를 가득 채운 승객들의 기분을 끌어올렸다. 승객들의 반응에 고취된 코브는 한 발 더 나아갔다. 그녀는 좀 더 실험적인 유머를 던지기로 했다.

"여러분, 저희 승무원들에겐 정말 긴 하루였습니다. 여러분도 마찬가지였을 겁니다. 그래서 저희 승무원들은 휴식을 취하려 합니다. 하지만 그러기 전에 여러분께 음료와 과자를 드릴 예정입니다. 사우스웨스트 항공의 가족인 저희는 더 열심히가 아니라 더 스마트하게 일해야 한다고 생각합니다. 그래서 여러분은 이제 사우스웨스트 익스프레스를 보게 되실 겁니다."

이 말이 끝나자마자 코브는 기내 곳곳으로 프레즐과 땅콩을 던지기 시작했다. 승객들은 간식을 손에 넣기 위해 자리에서 일어나 통로로 나와 엎어지고 서로 뒤엉켰다. 충분히 많은 사람이 엎어져 있자 코브는 다시 마이크를 잡고 이렇게 말했다.

"좋습니다, 여러분. 이제 여기를 보십시오."

승객들이 그녀를 바라봤다.

"자, 이제 음료가 나갑니다."

하루는 그녀가 착륙 전에 하는 '상황극'이 끝난 후 착륙 전 점검을 위해 기내를 둘러보다가 스물다섯에서 서른 정도로 보이는 젊은 여성이 엉엉 울고 있는 걸 발견했다.

"괜찮으세요?"

코브가 물었다. 그녀는 여성의 어깨에 손을 얹었다.

"제가 도와드릴까요?"

"저는 평생 비행기 타는 걸 두려워했어요." 젊은 여성이 흐느끼며 말했다.

"제 생각에 당신이 그걸 고쳐준 것 같아요."

웃음에는 정말 치유 효과가 있다. 코브는 즉흥 유머를 온갖 종류의 문제를 해결하는 도구로 점점 더 활용했다. 가령 사우스웨스트 항공은 저비용 정책 덕분에 장거리 비행 사이에 이뤄지는 점검 정비 시간을 빠듯하게 운영하고 있었다. 사우스웨스트 승무원 가운데 청소 전담 직원들은 다음 승객들을 태우기 전 정말 찰나와 같은 시간 안에 기내의 쓰레기를 수거하고 청소해야 한다.

코브는 승객들에게 도움을 청하는 해법을 내놓았다. 장시간 비행이 끝날 무렵 그녀는 다음과 같은 안내 방송을 한다.

"사우스웨스트 항공사가 이 비행기 어디엔가 400달러에 달하는 무료 탑승권을 숨겨뒀다는 소문이 있습니다. 여러분, 의자 뒷주머니 안과 트레이 탁자 뒷편과 좌석 아래를 살펴봐 주시기 바랍니다. 다시 말씀드립니다. 400달러짜리 탑승권입니다. 찾는 동안 발견하는 모든 쓰레기는 주위 통로에 있는 저희 승무원들에게 주시면 됩니다."

이 방법은 거의 매번 효과적이었다. 한번은 한 승객이 코브의 말을 진지하게 받아들이고 오래된 사우스웨스트 로고가 찍힌 종이쪽지를 탑승권으로 착각했다. 하지만 이내 코브의 말이 거짓임을 깨닫고는 탑승 게이트 승무원들에게 코브의 안내에 대해 불만을 쏟아냈다.

사우스웨스트항공으로서는 매우 중요한 순간이었다. 리더들은 즉흥 유머로 승객을 응대한 코브를 문책했을까? 그동안 사우스웨스트 항공은 그녀가 안내 방송에서 언급해야 하는 내용을 훈련시키기 위해 수십 시간을 투자했다. 다른 주요 항공사들도 승무원들이 정해진 문구대로 방송하길 원한다.

하지만 사우스웨스트 항공은 항상 다른 방식으로 항공사를 운영했다. 창립자인 허브 켈러허Herb Kelleher는 직원들을 존중하면 그들이 최선의 자기를 이끌어 내 일하고 고객들을 존중하게 된다고 믿었다. 그리고 엄격한 사전 훈련을 통해 직원들이 넘지 말아야 할 선을 알려주고 규정을 위반할 위험이 있는 직원을 걸러냈다. 일단 승무원이 훈련을 잘 마치면 회사에서는 그들이 알아서 요령껏 일을 처리할 거라 생각한다. 심지어 그렇게 하라고 권장한다. 코브에게 밀실공포증을 유발한 볼티모어의 숙소를 포함해 모든 환경이 사우스웨스트 항공의 저비용 정책에 따른 것이었다. 그것은 이 회사가 업계 최고의 자리를 유지하는 방법의 일환이기도 하다. 하지만 켈러허는 한때 잦은 야유회, 파티, 장난을 통해 사우스웨스트에서 일하는 느낌을 직원들에게 알려주고자 했다. 이 항공사의 주식시장 종목코드가 LUV(love의 줄임말-옮긴이)라고 불리는 이유이기도 하다.

입사 후 초기에 수습 딱지를 뗀 후, 코브는 다른 동료들이 재미있고 창의적인 서비스 해법을 내놓는 것을 보고 아이디어를 얻었다. 사우스웨스트 항공의 가장 급진적 혁신 가운데 하나는 기내에서 승무원들이 알아서 승객들에게 엔터테인먼트를 제공하게 만든 것이다. 후속 사례 연구에서는 사우스웨스트의 직원, 즉 '인적 자원'에 대한 접근법이 고도로 상품화된 산업 분야에서 다른 기업들과 크게 차별화되는 변수임을 보여줬다. 고객 서비스에 대한 혁신적 접근법 때문에 사우스웨스트는 항공사 가운데 영업이익률이 가장 높다.

"켈러허는 인류와 사람들을 대단히 높게 평가하기 때문에 로봇 같은 직원은 원치 않았습니다." 사우스웨스트 항공의 성공에 관한 책을 집필한 경영 컨설턴트인 케빈 프라이버그Kevin Freiberg가 말했다. "그건 마치 '있는 그대로의 모습으로 당신의 창의력을 발휘하라'라고 말하는 것과 같습니다."

코브는 무료 탑승권에 대한 농담 때문에 문책을 당하지 않았다. 오히려 그녀와 관리자들은 승객의 반응을 보고는 안타까워하며 웃었다. 현재 코브는 다른 직원들에게 본보기 역할을 하고 있으며 창의성의 표현을 중시하는 사우스웨스트의 문화를 전파하는 일을 지원한다. 아울러 그녀는 유명인사가 됐다. 2014년 코브의 안내 방송을 담은 동영상이 유튜브에서 조회수 3억 뷰를 기록했다. 그 덕분에 그녀는 코미디언 엘런 드제너러스Ellen DeGeneres에게 칭송을 받고 엘런의 쇼에 출연하기도 했다. 이에 감동을 받은 코브의 동료들은 모든 승객에게 좀 더 편안하고 안전하고 즐거운 비행을 선사하기 위해 그녀의 유머 내용을 흉내 낸다. 모두 코브가 창의적으로 일할 수 있도록 허락하고 장려한 환경 덕분이다.

○　　인간의 고유한 재능

예상을 뛰어넘는 탁월한 창의력은 인간에게만 있는 재능이다. 인공지능 분야의 선구자적 사상가이자 구글 차이나의 사장을 역임한 리카이푸는 창의력이 인간 존재의 **목적**일 수 있다고 시사하기도 했다. 어쩌면 다른 모든 것이 자동화되고 난 후 우리에게 남을 유일한 일은 결국 창의적인 일이 될 것이다.

창의력 연구자들은 어떤 아이디어가 창의력을 가지려면 다음의 조건을 만족해야 한다고 말한다.

① 독창적이어야 한다.
② 놀라워야 한다.
③ 대중들에게 유용하고 바람직해야 한다.

세 번째 조건은 단순히 상상력이 뛰어난 아이디어와 창의적 아이디어를 구분한다. 아이들은 상상력이 아주 좋지만 대개 대중을 향한 감각이 부족한 탓에 반드시 창의적이진 않다. 살라미로 도로를 깔겠다던 다섯 살 배기 셸리그만의 아이디어는 독창적이고 놀라우며, 심지어 유쾌하기도 하지만 창의적이지는 않았다.

이 정의에서 벗어나는 한 가지 예외는 대중이 알아보지 못하고 사후에 그 진가를 인정받은 '시대를 앞서가는 예술가'다. 드물긴 해도 예술에서는 창의적 아이디어가 대중에게 인정을 받기 전에 출현하곤 한다. 하지만 사업적 영역에서 세 번째 기준은 잘 들어맞는다. 독창적인 아이디어 중 우리 자신이나 조직에게 가치를 창출해야지만 유용하다.

수십 년 동안 기업들은 창의력을 조직의 특정한 개별 부서에게 맡겼다. 말 그대로 '창의'라는 이름을 부여받은 부서였다. 설계자, 시제품 제작자, 마케터 등의 역할을 맡은 직원들은 **창의적이어야 했다.** 다른 사람은 그저 자기 일만 하면 충분했다. 이 모델은 창의력이 공장에서 만들어질 기계와 제품을 만드는 소수의 발명가에게만 국한됐던 산업 혁명기의 잔재다. 당시 대부분의 공장 노동자들에게 창의력은 강점이 아니라 골칫거리였다.

최근 한 대형 다국적 기술 기업에서 창의력에 중심을 둔 새로운 리더십 정책을 공개하자 그 회사의 많은 직원이 어리둥절해했다. 창의력은 창의 부서의 소관이 아니던가? 모든 리더가 창의적이어야 한다는 게 도대체 무슨 뜻인가? 우리의 일이 바뀌는 것인가? 우리 모두 창의 인력으로 대체되는 것인가?

창의력을 전문 기술로 여기던 시절은 지났다. 그러한 모델은 시대착오적일뿐더러 직원들이 현대의 일터에서 성공하기 위해 필요한 기술을 배우길 바라는 리더들의 눈에는 위험하고 대단히 순응하기 힘든 환경을 만든다. 급류와 같은 일의 세계에서 채집인의 핵심 기술은 조립 라인이 쇠퇴한 후 그 중요성을 되찾았다.

오늘날 창의력은 두 가지 이유에서 꼭 갖춰야 하는 역량이다. 첫째, 자동화가 점점 확산되면서 인간에게는 본질적으로 좀 더 창의적인 일만 남을 것이다. 맥킨지 글로벌 연구소에서는 지금부터 2030년 사이 자동화의 영향을 가장 적게 받을 기술로 창의력을 꼽았다. 특히 창의력에 할당된 노동 시간이 전체적으로 13%

증가하고, 추가적으로 다른 혁신적 사고에 투입되는 시간은 16%
증가할 것으로 추정했다. 세계경제포럼에서도 2020년대에는 자
동화 때문에 혁신이 결정적 업무 기술이 될 거라고 추정했다.

언론인의 역할을 생각해 보자. 오늘날 신문사는 스포츠 경기의
보도와 같은 단신을 작성할 때 봇을 사용한다. 〈워싱턴포스트〉는
리우 올림픽 보도의 대부분을 봇을 이용해 작성했다. 기업 측면
에서 보면 현재 수십 곳의 기업에서 인간이 만든 콘텐츠를 대체
하기 위해 인공지능이 작성한 블로그를 이용한다. 그중 다수는
탁월한 언어 모델인 GPT-3를 활용해 작성한다. 단순한 사실을
나열하는 공장이 기자를 대체할 수 있다면, 인간 기자에게 남는
일은 무엇인가? 예리하게 관찰하고, 미묘한 사회적 단서들을 토
대로 아무런 연관성이 없어 보이는 사건들 사이의 연관성을 추정
해 가설을 세우는 탐사보도 같은 일이 될 것이다.

오늘날 일의 세계에서 창의력이 중요한 두 번째 이유는 변화
의 속도 때문이다. 발 빠른 기업인들은 현재 모든 산업 분야를 빠
르게 와해시키고 있다. 우버가 택시업계에 저지른 만행을 보라.
넷플릭스가 블록버스터를, 나아가 영화관을 곤란에 빠뜨린 것을
보라. 아마존이 우리 모두를 어떻게 바꿨는가? 핀테크 기업 스트
라이프Stripe처럼 한 조직이 와해를 앞당기든 아니면 비자Visa와
같은 금융업의 유산이 된 기업들처럼 와해를 피하려고 하든, 직
원들의 혁신 역량을 모두 이용해야만 경쟁력을 갖출 수 있을 것

이다.

무엇보다 최전방에 있는 사람들에게 달려 있다. 가령 수요가 발생하는 신호를 포착하고 새로운 해법으로 실험할 수 있는 코브와 같은 사람들 말이다. 반면 모든 직원을 혁신가로 포지셔닝하지 않는 기업은 빠르게 뒤처질 것이다.

이제 우리 모두 창의 인력이다. 우리만의 방식으로, 우리가 맡은 역할에서 창의 인력이 될 수 있다. 창의력을 얻기 위해 기우제를 하듯 간절히 기도하고 바랄 필요는 없다. 창의력은 개개인의 안에 내재돼 있다. 우리 종의 타고난 능력으로, 인류와 떼려야 뗄 수 없다. 심리학의 다른 분야만큼 창의력 연구에서 큰 진척이 없어 아직도 알아봐야 할 게 많지만, 수십 년에 걸쳐 이뤄진 연구들에서 우리는 창의력을 어떻게 키울 수 있는지, 어떻게 이롭게 이용할 수 있는지에 관한 중요한 통찰을 발견했다. 이 장에서 우리는 인간의 뇌가 창의력을 어떻게 발현하는지부터 살펴볼 것이다. 또 누군가가 다른 사람보다 더 창의력을 발휘하는 이유에 대해 살펴볼 것이다. 이 가운데 일부는 창의적 사고 유형의 차이와 관련이 있으니 그 유형들도 살펴볼 것이다. 그러고 나서 창의력이 집단에서 어떻게 작용하는지로 넘어갈 것이다. 마지막으로 개인과 팀, 조직을 위해 창의력을 키우는 데 도움이 되는 새로운 행동과학 도구들을 소개하며 마무리할 것이다.

○　　**창의적인 뇌**

　　창의력 '근육'을 키우려면 우선 창의력을 이해해야 한다. 창의력은 이두박근과 다르다. 한 가지 기능을 전담하는 세포 덩어리들이 한 곳에 모여 있는 게 아니란 의미다. 그보다 세 가지 규모의 뇌 회로에서 조율하는 여러 인지 능력들이 조화를 이뤄 탄생한 결과물이다. 뇌의 회로는 한 집단의 뇌 중추로부터 다른 중추로 메시지를 전송하는 고속도로 시스템으로 생각할 수 있다.

　앞 장에서 예측력과 관련해 DMN을 살펴봤다. DMN이 대부분 미래에 대한 계획이나 공상을 하는 자연 발생적인 사고와 관련이 있다는 걸 기억하라. DMN은 시간과 공간의 제약을 깨뜨린다. 창의력은 예측력의 하위 유형으로 이해할 수 있다. 앞으로 무엇이 나타날지 어렴풋이 들여다보는 것이다. 따라서 DMN이 혁신의 핵심이 되는 3대 회로 가운데 하나라는 사실을 쉽게 알 수 있다.

　DMN과 더불어 두 개의 다른 뇌 회로는 창의적 과업에 몰두할 때 끊임없이 등장한다. 하나는 현저성 회로salience network이고, 다른 하나는 집행 통제 회로executive control network다. 현저성 회로는 주의가 필요한 신호들을 찾아 우리가 처한 내부와 외부 환경을 감시한다. 현저성 회로가 시급한 신호를 발견하면 신호들을 향해 중요한 신경 자원인 주의력을 밝히고 다른 회로들이 그에 따라 꺼지고 켜지게 만든다. 운전 중에 앰뷸런스의 사이렌 소리가 멀리서 들려오면, 현저성 회로가 당신의 주의력을 그쪽으로 옮겨 차를 임시 정차 하게 한다. 반면 집행 통제 회로는 외부에서 지시하는 구체적 과업들을 감독한다. 예를 들면, 초등학교 시절 가장 친했던 친구 두 명의 이름을 말하라는 지시를 받으면 당신의 집행 통제 회로가 활성화된다.

그럼 3대 뇌 회로는 어떻게 협업해 창의력을 지원할까? 이론상 기존의 아이디어들을 완전히 새롭게 재조합한 결과인 혁신적 아이디어는 자연 발생적 전의식의 아이디어들이 연결돼 붙을 수 있는 DMN에서 처음 출현한다. 살라미로 도로를 도배하겠다는 생각처럼 대부분 쓸데없는 생각이지만, 일부는 현저성 회로의 흥미를 자극할 만한 충분한 가치가 있다. 그러면 현저성 회로는 집행 통제 회로를 동원해 아이디어를 개선하고 발전시킨다. 또한 집행 통제 회로는 해결해야 할 창의적인 문제에 관한 정보를 가지고 DMN으로 돌아간다.

통제된 사고 과정과 자연 발생적 사고 과정 사이의 교류를 보면 바우마이스터의 예측에 대한 2단계 모델과 비슷하다. 집행 통제 회로는 2단계 숙고에 매우 중요한 반면, DMN은 1단계 백일몽을 주도한다. 이 모델은 카너먼이 《생각에 관한 생각》에서 설명한 두 개의 사고 체계에 대한 이해를 심화하는 데 도움이 될 수 있다. 카너먼의 사고 체계 1은 빠르고 정서적이며 자동적이고 비의식적인 사고, 즉 직관을 포함한다. 반면 사고 체계 2는 느리고 노력이 들어가며 사색적이다. 여기서 창의적 이미지는 카너먼이 말한 체계 1(직관)에서 발생하는 것으로 생각할 수 있으며, 창의적 이미지를 현저성 회로가 진지하게 받아들이면, 체계 2(숙고)를 거쳐 집행 통제 회로에 의해 창의적 아이디어로 정제된다.

직관적이고 자연 발생적인 사고와 고도로 통제되고 집중된 노력이 함께 어우러지는 작업은 창의력을 연구하는 학자들 사이에서 오랫동안 논쟁된 주제이다. 창의력은 의식적인가? 프로이트, 철학자 대니얼 데닛Daniel Dennett 등의 학자들은 그렇지 않다고 주장했다. 창작이 신비롭거나 낭만적으로 느껴질 수 있다고 믿는 많은 예술가는 그들의 관점에 동조한다. 하지만 현저성 회로와 집행 통제 회로의 중요한 역할을 감안할 때, 과학에서는 다르게 이야기한다. 창의력은 이미지 테스트에서도 볼 수 있고, 연구실에서도 볼 수 있다.

바우마이스터가 바로 그렇게 했다. 한 실험에서 그는 재즈 음악가들을 초대해 전에 들어본 적이 없는 악보를 주고 즉흥으로 독주해 달라고 요청했다. 음악가 중 3분의 1은 연주하는 동안 913부터 6까지 거꾸로 숫자를 세어야 했다. 이들은 주의를 의식적으로 전부 사용할 필요는 없었지만 인지적으로 애를 많이 써야 했다. 또 다른 3분의 1은 연주를 하면서 15부터 1까지 거꾸로 세어야 했다. 이 정도는 거의 자동으로 할 수 있어 주의력이 많이 요구되지 않았다. 남은 3분의 1은 아무런 추가 과업 없이 즉흥 연주만 했다. 그리고 전문 음악가들이 눈을 가린 채 모든 즉흥 연주의 완성도를 평가했다.

6까지 거꾸로 세면서 즉흥으로 연주한 독주는 다른 두 집단의 연주보다 창의력에서 현저히 뒤처졌다. 1까지 세면서 연주할 때는 숫자를 세는 일 자체가 창의적인 결과물에 영향을 미치지 않았다. 이 연구 결과는 의식적인 주의가 창의적 결과물에 반드시 필요하다는 걸 시사한다. 바우마이스터와 동료들이 적었듯이 "무의식이 악상을 만들어 낸다. 의식이 악상들을 한데 모아 창의적인 결과물"을 내놓는다. 즉, 지나치게 의식을 방해하면 창의력이 떨어진다.

한편 창의력이 뛰어나려면 DMN이 참신하고 놀라운 아이디어를 생산해야 한다. 또 현저성 회로가 시장성을 파악해야 하고, 마지막으로 집행 통제 회로가 표면에 드러난 아이디어를 이용해야 한다. 또한 집행 통제 회로와 DMN 사이에서 순환이 이뤄져야 한다. 이 과정은 유용한 결과물을 낼 가능성이 가장 큰 활동으로 비의식적 결과물들을 모으기 위해 중요하다.

○　창의적 성격

　　지금까지 우리는 보편적으로 논했다. 우리는 모두 창의적 존재가 될 수 있다. 누구나 창의적 행동을 할 때 3대 뇌 회로를 이용한다. 하지만 모두 똑같이 창의력을 발휘하지는 않는다. 어떤 사람들의 뇌는 창의적 결과물을 내놓는 데 더 적합한 것처럼 보인다. 어째서 그러하며 그들은 어떻게 그렇게 될 수 있을까?

　고도의 창의력을 발휘하는 사람들에 관한 연구를 통해 창의적 천재들의 비결을 어렴풋이 알 수 있다. 반 고흐와 노리치의 수도자 율리아나의 공통점은 무엇인가? 심리학자들은 보통 개인차를 둘로 구분한다. 바로 **특성**과 **상태**다. 특성은 성격처럼 시간이 흘러도 비교적 안정적인 측면을 말한다. 상태는 잠시 나타났다 사라지는 특징을 말한다. 물론 이것은 불변의 분류법이 아니다. 어떤 상태는 다른 상태보다 더 오래 지속되며, 특성은 우리가 생각한 것보다 훨씬 더 잘 변할 수 있다. 오늘날 많은 사람은 성격마저 개인이 가진 패턴의 가변적 스펙트럼의 한 극단으로 이해한다. 즉, 기분보다는 덜하더라도 한 사람의 성격도 변할 수 있다는 뜻이다.

　특성의 영역에서 성격을 구성하는 다섯 가지 전형적 차원들이 연구를 통해 밝혀졌다. 앞 글자를 따서 오션OCEAN이라는 두문자어로 표현한다.

① **경험에 대한 개방성**Openness to experience: 새로운 아이디어와 기회에 대한 호기심과 인식.

② **성실성**Conscientiousness: 극기와 외부 제약에 대한 순응성.

③ **외향성**Extraversion: 외향적인 사람들은 사회적 상호 작용을 즐기고 대개 에너지가 매우 많다. 반대는 내향성introversion이다.

④ **우호성**Agreeableness: 타인과 잘 지내려는 전반적인 기질. 우호적이지 않은 사람들은 사회적 조화보다 자기 이익을 우선시한다.

⑤ **신경증**Neuroticism: 전형적으로 불안, 분노, 우울과 같은 부정적인 기분을 느끼는 정서적 불안.

경험에 대한 개방성은 가장 현저하고 일관되게 창의력과 관련된 성격 특성이다. 심지어 '창의적 성격의 핵심'이라고 불린다. 이 특성을 나타내는 많은 정의에는 창의력이 포함된다. 하지만 뇌에서 개방성은 어떻게 창의력으로 이어질까?

2016년 미국과 오스트리아의 심리학자들은 fMRI 데이터를 이용해 DMN의 기능에서 경험에 대한 개방성이 담당하는 역할을 고찰하는 실험을 실시했다. 연구자들은 개방성이 높은 사람은 다른 회로와 공유하기 위해 DMN에서 정보를 보다 효율적으로 처리한다는 것을 발견했다. 이 과정은 창의적 결과물을 만들어

내는 데 도움이 된다. 아울러 회로들은 신경전달물질이라고 불리는 화학적 분자를 통해 서로 소통한다. 대표적으로 도파민은 DMN과 집행 통제 회로를 연결하는 신경전달물질 가운데 하나다. '보상 분자'로도 알려진 도파민은 정상적인 쾌락과 약물에 의해 유도된 쾌락을 담당한다. 이는 창의력과 개방성의 유전학을 연구할 때 가장 많이 등장하는 신경전달물질이기도 하다. 대단히 창의적인 사람과 높은 개방싱을 가진 사람 모두 도파민 수용기의 수, 도파민 흐름 경로, 전전두피질의 도파민 수준에서 현저한 유전적 차이를 보인다. 대단히 창의적이고 개방적인 사람들은 도파민의 작용으로 새로운 아이디어에 대해 쾌락을 아주 많이 경험하기 때문에 새로움을 추구한다는 설이 있다.

이러한 연구 결과를 통해 경험에 대한 개방성, 창의력과 그에 따른 뇌의 변화에 대해 중요한 사실을 알 수 있다. 하지만 이러한 특성을 갖고 태어난 사람만이 대단히 창의적일 수 있다는 뜻인가?

꼭 그런 건 아니다. 다섯 가지 성격 가운데 경험에 대한 개방성은 유전의 영향을 가장 많이 받는 특성이다. 하지만 유전성은 21%에 불과하다. **경험에 대한 개방성의 정도를 결정짓는 것은 대부분 유전과 무관하다**는 뜻이다. 실제로 개방성의 여러 측면들은 훈련될 수 있다.

그중 한 가지가 인지적 민첩성이다. 이는 하나하나에 주의를 집중하면서도 동시에 열린 탐색을 유연하게 할 수 있는 능력을 말한다. 창의력 테스트는 보통 인지적 유연성을 핵심 기술로서 측정한다. 문제에 대한 새로운 접근법을 모색하기 위해 참조의 틀을 전환할 수 있는지, 새로운 정보를 토대로 아이디어들을 수정할 수 있는지, 상충하는 정보들을 감내할 수 있는지 등 이러한 질문들의 답을 찾는 과정이다. 만약 정신적으로 유연하다면 다양한 입력 정보를 받아들이기 위해 필요에 따라 정보를 의식에서 꺼냈다 넣었다 할 수 있고, 그러고 나서 필요한 곳에 집중할 수 있다. 4장에서 우리는 회복탄력성을 찾기 위해 인지적 민첩성을 키울 수 있는 방법들을 살펴봤다. 그 방법들을 사용하면 경험에 대한 개방성과 창의 역량이 크게 확장된다.

우리가 분석한 회복탄력성의 동인 가운데 다수는 창의력을 키우는 과정에서 이중적 역할을 공유한다. 낙관주의와 감정 조절을 보라. 무언가를 활성화시키는 가운데 낙관적이며 긍정적인 기분은 창의력을 촉진한다. 동시에 감정 조절을 잘할 수 있다면 특정 유형의 부정적 기분도 창의력에 도움이 될 수 있다. 감정 조절을 잘하면 부정적 결과에 압도되지 않은 채 시급성만을 받아들여 부정적 에너지를 창의력의 촉진제로 활용할 수 있다.

자기 효능감은 회복탄력성의 또 다른 동인이다. 경험에 대한 개방성과 더불어 창의적인 자기 효능감, 즉 자신의 창의적 노력에 대한 자신감은 창의적 결과물을 얻는 데 가장 중요한 예측 변수 가운데 하나다. 창의적인 사람들은 비판을 듣거나 실패하더라도 전진할 수 있다. 물론 그 과정이 어려울 수 있지만 그들은 모호성과 불확실성 속에서 불편함을 느끼지 않은 채 살아갈 수 있다. 따라서 대부분 교육 현장에서 교사는 학생의 창의적 자기 효능감을 끌어올리도록 이끄는 데 초점을 맞춘다. 인지적 민첩성과 마찬가지로, 낙관주의와 감정 조절, 창의적 자기 효능감은 계발될 수 있다.

창의력과 회복탄력성의 동인은 상당 부분 비슷한 모습을 띤다. 지속적으로 뭔가를 만들어 내려면 실패를 반복해야 한다. 소위 하룻밤 사이의 성공이라고 해도 사실 20년의 노력 끝에 이룬 것이다. 실패 후 회복하고 다시 도전하는 능력이 창의적 성공의 가능성을 높여준다고 보는 게 타당하다.

2020년 봄과 여름, 팬데믹은 그 어느 때보다 더 혹독하게 우리의 회복탄력성을 시험했다. 당시 베터업 연구소는 실증적으로 시험하기로 했다. 우리는 이미 다양한 연구를 통해 회복탄력성이 좋은 노동자들이 더 높은 생산성과 웰빙을 유지한다는 걸 알고 있었다. 하지만 그들은 어떻게 창의력에서도 높은 점수를 받을 수 있을까?

결과는 놀라웠다. 매우 다양한 창의력 척도들을 사용한 결과, 회복탄력성이 좋은 노동자들은 사실상 더 높은 창의력 점수를 받았다. 자신이 생각한 아이디어가 얼마나 참신한가를 묻는 참신성 영역에서 회복탄력성이 좋은 사람들은 회복탄력성이 낮은 사람들보다 20% 더 높은 점수를 받았다. 그들의 아이디어는 11% 더 유용했다. 더불어 그들의 영향력은 다른 사람들에게까지 확장됐다. 그들이 속한 팀도 18% 더 창의적이었다. 우리가 개발한 회복탄력성-혁신 지수Resilience and Innovation Index는 개인과 조직이 회복탄력성과 혁신에서 공통적으로 가진 기저 동인들을 측정할 수 있는 평가 방법이다. 이를 통해 살펴본 회복탄력성과 혁신 사이의 관계는 사실 너무나 밀접하다.

지금까지 우리는 인지적 민첩성, 낙관주의, 감정 조절, 자기 효능감이 모두 창의력의 개인차를 만드는 원천이라는 걸 살펴봤다. 여기에 더해 개인 차원의 또 다른 중요한 변수가 있다. 바로 동기다. 창의적인 사람들은 종종 자기 자신을 창조하도록 동기 부여돼 있는 상태라고 묘사한다. 과연 그런 동기는 어디서 얻는 것인가?

하버드경영대학원 테레사 아마빌레Teresa Amabile 명예 교수는 1970년대 이후로 줄곧 이 문제를 연구했다. 5장에서 언급한 동기의 두 가지 종류, 즉 내재적 동기와 외재적 동기 사이의 차이를 떠올려 보라. 창의적 일에 대한 내재적 동기는 혁신을 하려는 내부 동기다. 우리가 어떠한 도전에 앞서 만족과 의미를 끌어내고 열정을 느끼는 것을 떠올리면 이해하기 쉽다. 외재적 동기는 종종 금전적 보상의 형태로 타인에게서 얻을 수 있다. 아마빌레는 내재적 동기를 가진 사람들이 외재적 동기를 가진 사람들보다 창의력을 훨씬 더 강력하게 키운다는 사실을 발견했다. 아마빌레는

1998년에 〈하버드 비즈니스 리뷰〉에 발표한 글 "창의력을 죽이는 법How to Kill Creativity"에서 잘못된 유형의 외부 보상 체계는 창의적 결과물을 늘리기는커녕 줄어들게 할 수 있다고 조언했다.

아마빌레의 발견은 자기결정이론의 창시자인 라이언과 데시의 발견과도 일치한다. 내재적 동기에 대한 그들의 정의는 창의력 자체를 위한 정의가 될 수도 있다. 즉, '참신성과 도전을 추구하고, 개인의 역량을 확장하고 행사하며, 탐색하고 학습하려는' 자연 발생적 경향성이라는 뜻이다. 그들은 이 경향성이 웰빙과 수행의 가장 강력한 예측 변수 가운데 하나임을 증명했다.

우리는 앞서 의미, 중요시하기, 목적이 일터에서 내재적 동기를 갖게 하는 주요한 동인임을 확인했다. 회복탄력성이 그러하듯이 중요시된다는 느낌을 높여주는 조건들은 창조력을 강화하는 효과도 발휘한다. 코브는 농담 덕분에 급여가 인상되지 않았다(정말로 사우스웨스트 항공으로부터 받은 게 없다. 물론 엘런 드제너러스가 그녀에게 수표를 주긴 했지만 그건 별개의 이야기다). 그녀는 승객들의 하루를 밝혀주고 동료들의 업무량을 줄여주고픈 마음에 즉흥 유머를 구사했다. 그녀는 통로에서 울던 젊은 여성을 종종 떠올리며 자신의 유머가 그 승객에게 얼마나 **중요했는지** 생각한다. 아울러 조직으로부터 자신의 솔선수범에 대해 인정받고 지지를 받는다고 느낀다. 중요시된다는 느낌은 그녀를 더욱 행복하고 혁신적인 직원으로 거듭나게 해 주변에 선행을 베풀도록 이끌었다.

○　창의적인 아이디어

창의력이 개인마다 모두 다르듯이 창의적인 아이디어도 각양각색이다. 창의력을 극대화하려면 독창적으로 생각하는 법이 다양하다는 것을 먼저 인정해야 한다. 우리는 독창적 사고의 네 가지 유형을 파악했다. 이러한 유형들을 이해하면 자신의 창의적인 재능을 좀 더 잘 이해할 수 있다.

유형 1. 통합

통합은 서로 다르게 보이는 것들이 실제로는 동일하고, 그것들을 모두 설명하는 근본적인 과정이 있다는 개념이다. 통합은 몇 가지 개념을 하나로 묶는 협소한 통합과 광범위하게 묶는 거대한 통합으로 나뉜다.

아이작 뉴턴은 통합의 천재였다. 그는 매우 통합적인 이론인 미적분을 공동으로 발명했다. 뉴턴과 사과 이야기는 널리 알려져 있지만 잘 알려진 대로 사과가 뉴턴의 머리에 직접 떨어진 것은 아니다. 당시 스물두 살의 뉴턴은 흑사병이 창궐하던 1665~1666년 사이 혼자만의 시간을 갖기 위해 케임브리지를 떠나 가족 소유의 농장에 머물고 있었다. 그는 자신의 머리 위로 약 6m 떨어진 곳에 매달려 있는 약 5cm짜리 사과가 창문 너머에서 떠오르는 달과 같은 시각적 공간을 차지하고 있는 것을 알게 됐다.

뉴턴은 이렇게 생각했다. "사과를 땅으로 끌어당기는 힘이 무엇이든 그것은 달을 궤도에 머물게 하는 힘과 같은 게 아닐까?" 뉴턴의 놀라운 통합적 사고는 위대한 역제곱의 법칙을 탄생시켰다. 즉, 두 물체 사이의 중력은 둘 사이 거리의 제곱값에 반비례한다. 모든 물체, 달, 사과에 적용되는 역제곱의 법칙은 광범위한 통합의 선형석인 예다. 광범위한 통합은 혼란에 질서를 부여한다. 바로 과학이 지향하는 고귀한 목표 가운데 하나다.

통합은 오늘날 산업에서 중심이 되는 혁신이다. 아이폰은 심오할 정도로 강력한 단일 도구로 표현된 협소한 통합의 예다. 휴대전화가 전화기, 인터넷, 뮤직 플레이어, 카메라까지 모두 결합한 하나의 장치가 되는 통합의 1단계는 2000년대 초반에 성행했다. 첫 번째 아이폰은 기술과 개념을 모두 통합해 쾌거를 이뤘다. 카메라와 전화기 같은 도구들을 디지털화한다는 것은 각 장치가 모두 데이터를 포착하고 전송한다는 뜻이다. 과거에는 한 가지 특정 유형의 데이터를 포착하고 전송하는 기계를 발명했다. 하지만 기술의 발전과 함께 기존의 생각들이 재정비되고 수백 명의 발명가들이 각 장치의 디지털화를 이끌어 냈다. 아이폰에 통합된 혁신의 절반은 단일 기기에서 상호 작용이 가능할 거라는 인식에서 출발했다. 40년 전, 벽에 걸려 있던 전화기는 탁상용 미니 오디오와 필름 현상을 위해 맡긴 카메라와는 아무런 관련이 없었다. 오늘날 우리는 스마트폰 덕분에 각각의 도구들이 데이터를 처리한 다는 걸 직관적으로 이해하며 그 모든 걸 하나의 디바이스로 해 결할 수 있다는 데 감사해한다.

아이폰의 두 번째 통합은 2008년 애플이 도입한 앱스토어App Store에서 현실화됐다. 당시 스티브 잡스는 통합된 전체를 보기 위해 다른 사람들의 도움이 필요했다. 초기에 잡스는 제삼자인 개발자들을 통해서가 아니라 애플이 만든 앱만으로 앱스토어를 채우길 원했다. 잡스가 꿈꾼 앱스토어의 완벽한 비전에 따르면 여행 사이트부터 미디어 플레이어, 콘텐츠 하우스, 코딩 플랫폼까 지 모든 웹 애플리케이션이 한 사람의 스마트폰에서 무리 없이 작동되는 서비스가 필요했다. 또한 그렇게 하려면 각각의 앱들을 하나의 플랫폼에 모아두는 게 타당했다. 잡스는 자신이 구상한 새로운 공간을 애플의 제품만으로 제한하길 원했다. 하지만 다른 이해당사자들은 앱스토어가 모든 잠재력을 제대로 달성하려면 제한하지 말아야 한다며 그를 설득했다.

유형 2. 분할

통합과 정반대인 창의적 사고도 있다. 바로, 분할이다. 과학과 산업 분야에서 흔히 찾아볼 수 있는 개념으로 분할은 겉보기에 같아 보이지만 실제로는 다르거나 흔히 전체로서 취급되는 항목

이 구성 부품으로 좀 더 유용하게 나눌 수 있다는 사실을 인식하는 과정을 말한다.

의학의 역사에서 무수히 많은 분할의 사례를 찾아볼 수 있다. 전염성이 있고 보기에도 흉한 천연두가 대표적이다. 천연두가 발병하면 처음엔 등의 통증, 갑작스러운 고열, 두통을 보인 후 피부와 입안 병소에 발진이 나타난다. 천연두에 걸리면 1~2주 안에 사망한다. 천연두를 설명하는 세균 유래설에 따르면 단일 바이러스인 대두창이 원인으로 지목된다. 하지만 증상을 나타내는 사람들 가운데 사망하지 않는 사례도 발견됐다. 왜 그럴까? 좀 더 면밀하게 조사한 결과, 그들은 좀 덜한 형태인 경증형 소두창에 감염된 것으로 밝혀졌다. 그렇게 하나의 질병이 치명적인 것과 그렇지 않은 것으로 나뉘었다. 천연두에 걸렸다가 생존하면 다시 걸릴 가능성이 작기 때문에 바이러스를 구분할 수 있다는 사실은 환자를 진료하는 과정에서 매우 중요하게 작용했다. 즉, 심각하지 않은 소두창 감염을 통해 대두창에 노출된 환자를 보호할 수 있다는 뜻이다. 또한 두 바이러스의 유사성은 면역 효과를 높여주지만 둘 간의 차이로 인해 서로 다른 치료법이 필요했다.

또 역사를 통틀어 가장 큰 산업적 혁신 가운데 하나는 바로 조립 라인의 분할을 통해 이뤄졌다. 사업 혁명 전에는 기능공이 생산 과정을 처음부터 끝까지 모두 감독해야 했다. 하지만 분업 덕분에 더 빠르고 일관되게 생산해 낼 수 있었다. 노동의 분할은 스웨덴의 발명가 크리스토퍼 폴헴Christopher Polhem이 시계 부품을 생산하기 위해 최초로 도입한 **호환성**이라는 혁명적인 제조 개념을 통해 이뤄졌다. 호환성이란 부품들이 완성품과는 별개로 완결성을 갖고 있다는 뜻이었다. 처음에는 사람들이 다른 도구들 사이에서 부품을 서로 바꿔 사용할 수 있다는 걸 믿지 않았다. 가령 총은 목재 작업, 금속 작업 등에 전문 기술을 가진 각각의 기능공이 같이 제작한 물건으로 여겨졌다. 1785년, 프랑스인 오노레 블랑크Honore Blanc가 호환할 수 있는 부품들 더미에서 부품을 골라 총을 조립해 내자 사람들은 충격을 받았다. 프랑스 정부는 부품 호환을 통해 제작한 총을 주문했다. 토머스 제퍼슨Thomas Jefferson은 미국에서도 그와 같은 총을 만들 수 있길 기대하며 기계 발명가인 엘리 휘트니Eli Whiney에게 이 소식을 전했다. 하지만 부품 호환이 되는 총을 만들기는 어려웠다. 휘트니는 수년간 실패한 끝에 마침내 총을 제작했고 전쟁의 양상을 바꿨다.

양자역학은 물질을 최소 구성 요소로 분할하고 단일 분자가 복수의 상태로 존재한다는 것을 전제로 한다. 양자이론을 산업에 적용하자 전자, 암호학, 양자 컴퓨터에서 크나큰 발전이 이뤄졌다. 양자 컴퓨터를 활용하면 특정 문제들을 해결할 때 고전 컴퓨터보다 앞설 수 있다. 고전 컴퓨터에서 비트(데이터를 나타내는 최소 단위−옮긴이)는 한 번에 하나의 위치만 차지할 수 있지만, 양자 컴퓨터의 큐비트는 동시에 여러 위치를 점할 수 있어 컴퓨팅 파워를 기하급수적으로 확장시키기 때문이다. 2019년 구글은 양자 프로세서 시카모어Sycamore를 내놓으며 '양자 우월성'을 증명해 보였다. 시카모어는 고전 컴퓨터가 완수하려면 1만 년이 걸리는 일을 200초 만에 완수했다.

유형 3. 전경-배경 역전

'전경-배경 역전'이라는 용어는 시각 연구에서 나왔으며 주의를 전경에서 배경으로 전환해 전체적으로 다른 그림을 얻게 되는 능력을 말한다. 다음과 같은 그림들은 인간의 마음이 둘 사이를 어떻게 왔다 갔다 하는지 잘 보여준다.

전경-배경 역전은 셜록 홈즈를 유명하게 만든 창의적인 천재

성과 관련이 있다.《경주마 실버 블레이즈》에서 홈즈는 런던 경찰국에서 나온 형사와 야밤의 침입자 사건에 대해 이야기를 나눈다.

> "탐정님이 생각하기에 제가 신경 써야 할 점이 있습니까?" 형사
> 가 물었다.
> "한밤중에 개에게 일어난 의문의 사건에 신경 쓰십시오." 홈즈
> 가 답했다.
> "개는 야밤에 아무것도 하지 않았습니다." 형사가 반발했다.
> "그래서 의문의 사건인 겁니다."

때론 놓친 부분이 가장 중요하다. 잘 보이지 않지만 거대한 가치를 지닌다.

전경-배경 역전은 코브가 자주 선보이는 창의력의 일종이다. 그녀는 아무도 원치 않는 일, 가령 안내 방송을 듣고, 비행기 뒤편으로 이동하고, 쓰레기를 치우는 일을 불행이 아닌 기쁨의 원천으로 뒤바꿔 전경에 배치한다. 숨긴 탑승권의 사례에서 그녀는 승객들이 쓰레기를 찾을 뿐만 아니라 치우도록 유도하기 위해 재미있는 속임수를 썼다. 위트 있는 안내 방송을 통해 제품 관리자들이 '불만 요인pain point'이라고 부르는 것, 즉 지루하고 따분한 안전 메시지를 고객들이 가치 있게 여길 만한 재미있는 유머로 전환시켰다.

DMN의 발견도 뇌 영상에서 전경-배경의 역전을 통해 이뤄졌다. 지난 장에서 살펴봤듯이 연구자들은 과업에 집중함으로써 활성화된 신경 회로를 연구하고 있었다. 하지만 좀 더 흥미로운 결과는 뇌가 '휴식 중'에 하는 일이었다.

우리가 이미 다룬 또 다른 사례인 긍정심리학이라는 분야는 임상심리학과 정신의학의 전경과 배경을 역전한 결과로 발생했나. 수십 년간 임상심리학과 정신의학은 병을 고치는 데 주력했다. 인간의 경험에서 부정적 측면에 집중하는 것은 웰빙을 개선시키는 데 별 도움이 되지 않았다. 하지만 긍정심리학을 통해 얻은 통찰은 행복과 건강한 정신이란 적극적으로 노력해서 얻는 것이지 단순히 질병이 없는 **상태**가 아니라는 사실이었다. 병을 없애는 것만으로는 충분하지 않다. 긍정적 정서, 참여, 좋은 관계, 의미와 성취를 만드는 기술은 대개 우울, 불안, 분노와 싸우는 기술과 다르다. 하지만 긍정심리학은 그러한 기술들을 키우는 일을 전경으로 이끌어 낸다.

산업 현장에서도 전경-배경의 역전 현상을 자주 볼 수 있다. 아마존은 자사의 인프라를 효율적으로 확장하고자 팀을 꾸려 아마존 웹 서비스를 개발했다. 이 과업을 이끈 소프트웨어 개발자 크리스 핑크햄Chris Pinkham과 벤저민 블랙Benjamin Black은 사람들이 원하는 해법을 재빨리 깨닫고 구상에 들어갔다. 만약 자신들의 구상이 실현된다면 대단히 훌륭한 제품이 나올 거라 예상했다.

배경에 해당되던 인프라를 위해 만들어진 기술은 이제 그 자체로 전경 사업으로 전환돼 2020년 한 해에만 450억 달러의 매출을 올렸다. 비슷한 예로, 최근 누구나 사용하는 메시징 플랫폼인 슬랙Slack은 스튜어트 버터필드Stewart Butterfield의 회사 타이니 스펙Tiny Speck이 비디오 게임 개발을 지원하기 위해 만든 사내 제품이었다. 비디오 게임은 용두사미가 돼버렸지만, 슬랙은 메신저 애플리케이션으로 개발됐고 2019년에 회사는 상장됐다. 그리고 2021년, 세일즈포스Salesforce가 슬랙을 280억 달러에 인수했다.

유형 4. 급진적으로 사고하기

마지막으로, 급진적으로 사고하기는 현실과 아주 다른 것들을 상상하는 기술이다. 대부분의 창의적 천재들은 다른 사람들이 지금 보는 것과 급진적으로 다른 무언가를 구상할 수 있는 사람으로 묘사된다. 위대한 니콜라 테슬라Nikola Tesla도 그의 발명 과정을 다음과 같이 묘사한 적이 있다.

> 아이디어가 떠오르면, 나는 일단 상상 속에서 그것을 키워나간다. 구조를 바꾸고, 더 좋게 만들고, 마음속으로 그 장치를 작동해 본다. 내가 만든 터빈을 머릿속으로 작동시킬지 내 가게에서 시험해 볼지는 내게 전혀 중요하지 않다. … 내가 발명에서

생각할 수 있는 모든 가능성을 구체화해 더 이상 결함이 없을
때, 비로소 나는 뇌가 만든 이 최종 제품을 구체적 형태로 탄생
시킨다.

테슬라는 이처럼 급진적 사고를 통해 라디오, 네온램프, 교류
전력, 수력 발전 같은 발명품을 만들어 냈다.

혁신가의 상상력이 시대를 너무 많이 앞선 나머지 시장에서
받아들일 준비가 돼 있지 않을 때도 있다. 달리 말하면 아직 관객
을 찾지 못해 아직 상상의 단계에 머무는 것이다. 컴퓨터 과학자
이자 암호학자인 데이비드 차움David Chaum은 1983년 논문에서
익명의 디지털 캐시를 발명했다. 당시에 PC가 인기를 얻고 있었
지만 오늘날 우리가 잘 아는 인터넷이 자리 잡기 훨씬 전이었다.
1994년, 차움의 회사인 디지캐시DigiCash에서 최초의 전자 결제
서비스를 내놓았다. 하지만 디지털 화폐가 광범위하게 채택되기
위해 뒷받침돼야 할 경제와 기술 분야의 생태계가 아직 존재하지
않은 탓에 회사는 1998년에 결국 문을 닫았다. 신기술에서 많은
'퍼스트무버first mover'(새로운 분야를 개척하는 선도자 - 옮긴이)들이
그렇듯이, 차움은 비트코인과 같은 후발주자들을 위해 길을 닦아
줬지만 정작 자신은 극히 미미한 상업적 성공만을 누렸다.

시대를 앞서가는 급진적 발명가들은 간극을 메우는 식으로 세
상을 바꾼다. 그들은 다음의 두 가지 방법 가운데 하나를 사용한다.

첫 번째 전략은 홍보, 파트너십, 고객 맞춤형 제품을 출시해 시장의 성숙을 가속화하는 방법이다. 페이팔PayPal이 대표적인 예다. 오늘날 우리는 무언가를 사기 위해 돈을 지불할 때 페이팔이나 다른 결제 서비스를 사용한다. 하지만 1999년에 페이팔이 출시됐을 때, 사용률은 낮았다. 페이팔은 야심 찬 비전을 지속적으로 서둘러 제시하기보다 사용자 기반을 키우기 위해 디지털 결제를 표준으로 삼고 있는 플랫폼인 이베이eBay에 전략의 초점을 맞췄다. 페이팔과 이베이의 공생 관계는 너무도 완벽해 결국 2002년에 이베이는 페이팔을 인수했다. 2014년 무렵, 두 회사는 다시한번 분할됐다. 페이팔이 오히려 더 많이 사용되고 초기에 설정한 목표치를 넘어서자 두 회사의 이해관계가 상충되었기 때문이다. 오늘날 페이팔은 200개 국가에서 사용되고 있다. 2021년 연매출은 250억 달러에 달했다.

시장을 앞서가는 급진적 혁신가들이 택하는 두 번째 전략은 우리가 후방backwards 혁신이라고 부르는 것이다. 즉, 즉시 시장에서 판매할 수 있고, 성숙도 곡선에서 이해당사자들의 위치를 이동시켜 발명품을 받아들이도록 하는 중개 기술을 개발하는 것이다(이것은 역reverse혁신과 다르다. 역혁신은 개발도상국 경제를 위해 제품을 만든 후 선진국 소비자들을 위해 제품을 적절하게 수정해 가져가는 관행을 말한다). 자율주행차가 유용한 사례다. 자율주행차가 아직 보편적으로 보급되지 않은 이유는 기술과 규제의 장벽, 인프라의 제약 등으로 다양하다. 그중 고객의 불신은 이미 존재하는 기술이 광범위하게 채택되는 흐름을 막는 대표적인 장애물이다. 즉, 고객들은 아직 운전대를 첨단 기술에 넘겨줄 준비가 돼 있지 않다. 후방 혁신은 운전자가 직접 수행하는 주행과 운전자가 없는 주행 사이에 발판이 돼줄 제품들을 아우른다. 가령 오토파일럿과 자율주차와 같은 제품이다. 사람들은 이러한 점진적 제품들을 사**용할 것이다.** 테슬라는 운전자들에게 전통적인 오토파일럿과 그들이 '풀 셀프 드라이빙 기능Full Self-Driving Capability'이라고 부르는 버전을 모두 제공한다. 후자의 경우, 차가 더 많은 통제력을 가진다. 테슬라가 구상하는 '완전 자율full autonomy', 즉 운전자가 전혀 개입하지 않는 조작 기술은 아직 도입되지 않았다. 그 대신 오토파일럿과 풀 셀프 드라이빙 기능을 완전 자율로 가기 전 단계로서 포지셔닝하고 있다. 소비자들은 둘 중 편안한 것을 받아들이고 이후 완전 자율로 넘어갈 수 있다. 이렇게 머스크 제국은 우리에게 결국 테슬라의 비전을 완전히 받아들이도록 훈련시키고 있다.

당신은 통합, 분할, 전경-배경 역전 그리고 급진적 사고에 이르는 창의적 스타일 가운데 무엇을 갖고 있다고 생각하는가? 아마도 한 가지 이상일 것이다. 스타일마다 고유한 우위를 제공하며, 잠재적 맹점도 포함하고 있다. 우위를 극대화하고 맹점을 최소화하기 위해 우리가 가진 기술과 상호 보완되는 기술을 가진 사람들을 찾아야 한다. 현실에서는 직장이나 한 팀 안에서 이런 일이 이뤄져야 한다. 이제 집단 안에서 성공적 혁신의 역학을 살펴보자.

○　창의적인 팀

고전적 관점에서는 창의력이 레오나르도 다빈치와 조지아 오키프와 같은 천재의 마음속에 있다고 본다. 조슈아 울프 셍크Joshua Wolf Shenk가 저서 《둘의 힘》을 통해 널리 알린 또 다른 관점에서는 창의적인 한 쌍, 즉 2인조를 강조한다. 가령 마리 퀴리와 피에르 퀴리, 게오르게 발란친과 수잔 패럴, 워런 버핏과 찰스 멍거가 대표적이다. 2인조의 창의력은 아이디어를 서로 주고받고 탐색하고 비판하고 가다듬는 과정에서 발생한다.

창의력의 세 번째 단위는 팀이다. 외로운 천재에 비하면 덜 낭만적이지만, 오늘날 거의 모든 기업의 혁신이 팀을 통해 이뤄진다. PC, 인공지능, 스마트폰 모두 집단이 아이디어를 정교화한 끝에 등장했다. 팀 수준의 혁신은 복수의 뇌를 통해 이뤄지므로 개인의 혁신보다 모델링하고 이해하기에 훨씬 더 복잡하다. 하지만 수년간의 연구를 통해 우리는 창의력으로 성공한 팀들의 공통된 특징들을 찾아냈다.

첫째, 창의적으로 훌륭한 팀은 이질적이다. 방금 살펴봤듯이 창의적인 존재가 될 수 있는 여러 방법이 있으며, 팀 내에서 기술과 지식을 서로 보완해 줄 때 최고의 결과물을 뽑아낼 수 있다. 더불어 경험이 많은 팀은 자신들이 접근할 수 있는 아이디어의 범위를 넓혀 스튜어트 카우프만Stuart Kauffman이 말한 '인접 가능성adjacent possible'(새로운 변화가 일어날 때마다 발생할 가능성의 문이 열리는 다른 변화-옮긴이)을 확장시킨다. 카우프만에 따르면 자연 세계의 복잡성은 당장 손에 넣을 수 있는 자원을 이용한 잦은 재조합을 통해 점진적으로 진화한다. 우리는 DMN에서 인접 가능성을 끌어올려 가시화하기 위해 개인의 차원에서 뇌 회로가 어떻게 기능하는지 살펴봤다. 일터에서 창의적인 팀이란 인간이 집단으로 인접 가능성을 예시화한 것이다. 따라서 재조합의 기회가 많은 환경, 가령 참조점과 다양한 경험을 가진 팀이 혁신을 일으킬 가능성이 높다.

세상의 어떤 아이디어도 팀 구성원들이 공유할 수 없거나 공유하지 않으면 쓸모없다. 이러한 이유에서 탁월한 소통과 정보 공유는 창의력으로 성공하는 팀들의 두 번째 특징이다. 소통은 창의력의 중간 단계, 즉 초기의 아이디어에 살을 붙여 쓸모 있는 제품으로 만드는 과정에서 특히 중요하다. 또한 소통을 잘하면 창의적인 아이디어를 더욱 효과적으로 평가할 수 있다.

열린 소통을 막는 가장 큰 장애물 가운데 하나는 낮은 심리적 안전감이다. 반대로 높은 심리적 안전감은 고도로 혁신적인 팀의 세 번째 특징이다. 심리적 안전감은 실수를 하거나 모험을 해도 망신을 당하거나 처벌받지 않으리라는 믿음이다. 혁신은 위험으로 가득하다. 팀 구성원들이 나쁜 아이디어를 냈을 때 망신당하거나 처벌받을 수 있다고 느낀다면 아이디어를 내는 데 소극적일 수밖에 없다. 심리학자 에이미 에드먼슨Amy Edmonson 등은 높은 심리적 안전감이 팀 학습, 혁신, 전반적인 수행에서 더 좋은 결과를 낳는다는 걸 실험을 통해 보여줬다.

심리적 안전감을 제공하기 위해 필요한 것들 가운데 일부는 6장과 7장에서 소속감을 다루면서 이미 살펴봤다. 창의적 협업 환경에서 안전한 분위기를 조성하는 책임은 대개 팀 리더에게 있다. 모든 팀원들이 새로운 아이디어에 대한 팀 리더의 반응을 곁에서 지켜본다. 리더는 팀이 느끼는 안전감을 저해하지 않은 채 제시된 아이디어를 다듬어 줄 건설적인 피드백을 제공하는 법을 훈련받아야 한다.

가령 새로운 소프트웨어 제품 개발팀의 디자이너가 좀 더 고무적이고 참신한 비주얼 방향을 제시했으나 정해진 일정 안에 실행하는 게 불가능할 때, 팀의 리더인 제품 관리자가 어떻게 할지 상상해 보자. 이 시나리오는 세계 곳곳에서 기업들이 매일 겪는 상황이다. 대개 제품 관리자는 좌절하며 반응한다.

"이걸로 뭘 어쩌라고? 제품 출시까지 고작 3주 남았는데…."

제품 관리자의 반응은 납득할 만하지만, 방어, 두려움, 창의력 차단과 같은 좋지 않은 결과를 초래할 수 있다. 그러면 디자이너는 다음번에 과감한 아이디어를 제시하는 걸 재고할 것이다. 그가 느끼는 불편함이 팀의 다른 구성원들에게도 확산돼 창의력 부진이라는 부정적 피드백의 악순환을 낳을 수 있다. 단박에 거절당할 걸 알면서 누가 아이디어를 제시하고 싶겠는가?

더 나은 접근법은 제품 관리자가 질문을 던지고, 제안된 접근법의 핵심을 이해한 후, 디자이너에게 주어진 시간 안에 최선의 특징들이 가장 먼저 다뤄질 수 있도록 초점을 맞추라고 요청하는 것이다. 이런 유형의 피드백을 하는 리더들은 호기심이 많고 긍정적이며 팀의 심리적 안전감을 저해하지 않고 팀의 창의적 결과물을 개선한다. 이런 스타일은 7장에서 살펴본 빠른 라포 전략을 통해 가르칠 수 있다.

이질성, 탁월한 소통, 심리적 안전감과 함께 창의적으로 성공한 팀의 마지막 특징은 충분한 계획이다. 팀을 운영하는 일은 너무도 복잡하기 때문에 기회를 놓칠 가능성이 매우 많다. 따라서 누구나 이해할 수 있는 명확한 역할, 책임, 이정표를 세워야 한다. 여기서 다시, 팀 리더가 중추 역할을 한다. 리더는 문제의 어느 부분이 누구의 책임인지 결정해야 한다. 팀원 가운데 누가 어떤 자원을 가지고 함께 일하는가? 각각의 과제, 즉 통합, 분할, 전경-배경 역전 또는 급진적 사고에서 어떤 과정이 가장 중요한가? 성공의 기준은 무엇인가? 처음에는 확산적으로 시작한 후 그다음에 수렴하는 방향으로 각 구성원이 각 단계에서 적절한 역할을 맡도록 프로젝트의 단계들을 명확하게 설정해야 한다.

오클라호마대학교의 심리학자 마이클 멈퍼드Michael Mumford 교수가 이끄는 멈퍼드 연구단Mumford Research Group은 창의적 계획 과정을 네 단계로 나눴다.

① 해당 프로젝트에 필요한 기술과 자원을 파악한다.
② 가능한 장애물들을 파악하고 완화 계획을 세운다.
③ 팀의 적응에 지침이 될 수 있는 대안 체계를 만든다.
④ 성공을 정의한다.

본질적으로 이런 종류의 계획은 2단계 예측에 해당된다. 이것을 그로우의 팀 혁신 버전으로 생각할 수 있다. 창의적인 일에서 우리는 종종 1단계 예측, 즉 다양하고 참신한 가능성들을 내놓으며 무언가를 발생시키고 확산시키는 직관에 초점을 맞춘다. 하지만 멈퍼드와 동료들이 연구를 통해 증명한 바와 같이, 너무 많은 마음이 작동하는 집단 환경에서는 좀 더 느리고 사색적인 2단계 예측 작업이 1단계 못지않게 중요하다.

지금까지 혁신적인 개인과 팀의 특징을 살펴보면서 프리즘을 구성하는 네 가지 구성 요소도 살펴본 것을 눈치챘을 것이다.

① **회복탄력성**: 인지적 민첩성, 창의적 자기 효능감, 낙관주의, 감정 조절은 모두 회복탄력성의 동인이자 창의력의 동인이다.

② **중요시하기와 의미**: 혁신하려는 내재적 동기를 불어넣는다.

③ **사회적 지지 구축을 위한 빠른 라포**: 다양한 개인들 사이에서 신뢰와 소통을 마련하기 위해 우리가 사용하는 기술로, 팀이 최선을 다해 혁신할 수 있게 이끈다.

④ **예측력**: 창의력은 예측력의 부분 집합으로, 확산적이고 DMN이 주로 작동하는 1단계 상상과 좀 더 사색적인 2단계를 모두 활용한다.

우리가 창의력과 앞 장들에서 다룬 모든 역량 사이에 근본적 관계가 있다는 것을 발견한 건 우연이 아니다. **이러한 기술을 연마한다면 급류에서 번영하는 능력을 키우는 동시에 창의적 역량을 간접적으로 끌어올리는 두 가지 임무를 한 번에 수행할 수 있다. 이를 통해 또 다른 경쟁 우위가 생긴다.**

그럼 개인, 팀, 조직 차원에서 혁신을 좀 더 직접적으로 끌어올릴 기술들을 지금부터 살펴보자.

○   창의적 근육 키우기

창의력을 연마하려면 의식의 가장자리까지 가보고 그 경계 너머를 들여다봐야 한다. 100년 전, 몰도바 태생의 생리학자 너새니얼 클라이트먼Nathaniel Kleitman이 다른 목적으로 그와 유사한 여행을 떠났다. 뉴욕시로 이주한 젊은 이민자인 클라이트먼은 의식에 대한 호기심을 해소하고자 의식의 정반대인 잠을 연구했다. 그는 잠든 정신을 이해할 수 있다면 깨어 있는 시간에 대해 더 깊은 통찰을 얻을 수 있을 것이라 확신했다.

클라이트먼의 연구로 수면 연구라는 새로운 분야가 탄생했다. 그는 자고 있는 정신이 휴식과 활동의 주기를 계속해서 오가는 것을 증명해 REM 수면의 발견에 큰 역할을 했다. 그의 생각 가운데 '수면 위생'이라는 개념은 수면의 질을 높이기 위해 갖춰야 하는 습관과 관행의 집합을 말한다. 가령 우리는 이제 주말에도 정해진 시간만큼 깨어 있으면 뇌가 안정적인 수면 리듬을 유지하는 데 도움이 된다는 걸 알고 있다. 낮잠이 밤잠의 패턴을 방해한다는 것도 알고 있다. 누구나 잠들기 전에 스마트폰을 하지 않으면 삶의 질에 큰 변화를 줄 수 있다. 스마트폰의 블루라이트가 멜라토닌 분비를 방해해 피로감을 초래하기 때문이다.

수면 위생은 의식적 행동을 이용해 의식이 없는 마음에 영향을 주는 법에 관한 모델을 제시한다. 인간은 잠들라고 또는 잠든 상태를 유지하라고 스스로에게 명령할 수 없다. 그 대신 수면 위생을 통해 스스로 통제할 수 있는 요인들에 집중해야 한다.

수면과 창의력은 매우 유사하다. 수면처럼 창의력도 아주 복잡하고 완전히 의식적이지 않은 뇌 기능의 영향을 받는다(여기서 의식적이지 않다는 말은 우리가 인지하지 못하고 자발적으로 통제할 수 없지만, 행동에 영향을 주는 정신적 과정을 말한다). 창의적인 뇌는 고도의 집중과 백일몽, 안내에 따른 문제 해결과 확산적 브레인스토밍 사이에서 균형을 잘 잡는다. 우리가 스스로에게 자라고 명령할 수 없듯이 창의력을 발휘하라고 명령할 수도 없다. 하지만 우리는 창의력을 촉진하는 행동과 조건 그리고 그것을 방해하는 행동과 조건을 파악할 수 있다. 간단히 말해 우리는 개인, 팀, 조직으로서 창의력을 둘러싼 '위생'을 개선할 수 있다.

○ 개인의 창의력

창의력을 직접적으로 높이고 싶은 사람들을 위한 세 가지 전략은 다음과 같다.

참신함을 추구하라

저널리스트 데이비드 엡스타인David Epstein은《늦깎이 천재들의 비밀》에서 가장 재능 있는 혁신가들은 전문가가 아니라는 사실을 매우 설득력 있게 보여줬다. 그들은 광범위한 경험에서 이례적인 연관성을 찾아낸다. 창의력과 지능 연구가인 로버트 스턴버그Robert Sternberg도 전문가의 협소한 시야 때문에 발생하는 터널 비전(특정한 것만 바라보고 나머지는 보지 못해 주변의 대부분을 놓치는 현상-옮긴이)이 창의적 사고의 확산성을 저해한다고 밝혔다. DMN의 주요 기능은 여러 시공간에 걸쳐 각기 다른 개념들을 놀라운 방식으로 병치시키는 것이고 경험에 대한 개방성이 큰 사람들은 자연스럽게 참신성을 추구한다는 걸 기억하라. 따라서 우리는 다양한 소재를 최대한 많이 저장해 둬야 한다. 카우프만의 말을 빌리자면, 우리는 우리의 DMN을 위해 인접 가능성을 키우길 원한다.

참신성을 찾는 과정에서 반드시 삶에서 큰 변화를 겪을 필요는 없다. 스카이다이빙을 하거나 에베레스트산에 오르거나 스페이스 X의 우주여행을 신청하지 않아도 된다. 목표는 그저 오래된 패턴을 깨뜨리고 새로운 패턴이 자리 잡을 토대를 마련하는 것이다. 참신한 자극은 참을성 있게 버티며 독서를 하는 모습일 수도, 자신의 목표와 관련된 지식과 경험을 가진 새로운 친구들을 사귀는 모습일 수도 있다. 출근할 때 늘 다니던 길이 아닌 다른 길로 가보는 것처럼 단순한 시도도 뿌리 깊은 습관에서 벗어나게 할 수 있다.

일상생활 속에서 참신성을 찾는 간단한 방법들은 다음과 같다.

- 교우 관계를 넓힌다. 파티에서 모르는 사람 곁에 자리를 잡는다. 놀이터에서 다른 부모에게 자기소개를 한다. 엘리베이터 안에서 사람들에게 말을 건다. 멀리 사는 오랜 지인에게 연락한다. 몇 해 전에 있었던 디너 파티에서 켈러만은 잘 모르는 사람 옆자리에 앉았다. 알고 보니 그 사람은 일러스트레이터이자 꼭두각시 인형 제작자였고, 심지어 그녀도 몰랐던 팔촌이었다!

- 다른 경로를 따라간다. 집까지 다른 길로 운전해서 간다. 혼자 출퇴근하지 말고 카풀을 한다. 걷는 곳마다 새로운 길로 가본다. 익숙한 경로를 새롭게 만들 방법을 찾는다.

- 검색의 범위를 넓힌다. 오프라인 서점이 남아 있다면 가보거나 도서관을 가서 전에 한 번도 살펴보지 않은 구역을 가본다. 당신이 고민하고 있는 문제와 관련된 섹션에 있는 책을 찾아본다. 교육에서도 이런 방법을 쓰면 효과적이다. 가령 다양한 분야의 데이터 사이에서 연관성을 찾는 학생들이 좀 더 창의적인 작품을 내놓는다. 위키피디아를 검색한다. 제대로만 사용하면 위키피디아는 혁신에 필요한 우연한 발

견을 방해하는 적이 아니라 도움을 주는 친구가 될 수 있다. 인터넷에서 여러 링크들을 따라가 본다. 인내심을 발휘하라. 웹 검색 시 평소 잘 쓰지 않는 언어, 구글의 렌즈를 전환시키거나 확장시킬 언어를 사용해 본다.

- 전략적으로 깊게 파고든다. 등장인물이 당신과 유사한 문제로 고민하지만 다른 시대나 문화, 지역이 배경인 소설을 읽는다. 데이트 앱을 개발한다면 브론테 자매들의 작품을 읽는다. 대학생들을 위한 제품을 만들고 있다면 무라카미 하루키의 《노르웨이의 숲》을 읽어본다(개발 시작 단계고 지식을 쌓아가고 있다면, 당신의 주제 문제에 밀접한 소설이나 논픽션이 좋은 출발점이다. 우리는 위험할 수 있는 특정 분야의 혁신에 대해 충분히 알아야 한다).

부화기를 최대한 활용하라

창의력의 의식적 작업과 비의식적 작업은 미세한 균형을 이루며 존재한다. 가령 집중 연구나 브레인스토밍을 할 때는 초점을 덜 맞춘 숙고의 시간과 창의적으로 생각하는 시간을 가져 상쇄시켜야 한다. 연구에 따르면 창의적인 일을 완수하는 과정이 복잡할수록 숙고의 시간에 많은 것을 얻는다고 한다. 또한 집중해야 하는 일이 먼저 주어졌을 때 딴생각하기가 가장 생산적인 결과를 내놓는다는 것이 여러 연구를 통해 밝혀졌다. 그러니 문제 해결부터 시작한 후 휴식을 가져라. 집중하는 동안 우리의 집행 통제 회로는 DMN이 얻을 아이디어들을 의식적으로 탐색한다. 집행 통제 회로에서 DMN으로 되돌아간다는 걸 기억하라. 이것이 순환 구조가 그토록 중요한 이유다.

또 숙고의 시간이 휴식과 같지 않다는 걸 알아야 한다. 보통 아무것도 하지 않은 채 누워 있으면 창의적인 아이디어가 탄생하는 순간을 맞이할 수 없다. 그다지 힘들지 않은 일을 하고 있을 때 창의적인 아이디어가 가장 많이 떠오른다. 캘리포니아대학교 조너선 스쿨러Jonathan Schooler 교수 연구팀은 10년 넘게 마음의 배회를 연구하고 있다. 2012년에 이뤄진 연구에서 연구자들은 가장 효과적인 숙고의 시간이 언제인지 살펴보기 위해 실험을 실시했다. 참가자들에게 몇 분간 창의적 문제 해결 활동을 하라고 지시한 후 잠시 활동을 멈추게 하고 네 집단으로 구분했다. 힘든 새로운 일을 맡은 집단, 힘들지 않은 일을 맡은 집단, 휴식하는 집단, 쉬는 시간이 없는 집단으로 구분했다. 잠시 후 모두 방금 전에 지시를 받았던 창의적 문제 해결 활동을 다시 수행했다. 네 가지 집단 가운데 힘들지 않은 일을 하는 참가자들이 숙고의 시간 이후 최고의 수행 성과를 나타냈다. 달리 말해, 숙고의 시간은 아무것도 하지 않는 게 아니라 **아주 조금씩** 하는 것이다.

직장에서 가장 흔하게 이뤄지는 활동은 이메일 작성과 회의 참석이다. 이런 활동에 파묻히면 지나치게 힘들어서 좋은 아이디어를 위한 숙고의 시간을 가질 수 없다. 집행 통제 회로가 완전히 집중하고 있으므로 DMN이 꺼져 있기 때문이다. 반면 산책, 독서, 목욕, 운동, 글쓰기는 충분히 애를 많이 쓰지 않아도 되므로 DMN이 활성화되고 제 속도로 작동할 수 있는 여지가 생긴다.

놀랍게도 효과가 **없는** 한 가지 활동은 마음챙김이다. 마음챙김은 어떤 면에서 마음이 배회하는 것의 정반대 상태다. 이것은 의식적 주의력을 순간의 감각과 느낌에 집중하는 반면, 딴생각하기는 좀 더 직관적으로 미래에 집중하며 점검 과정 없이 아이디어를 자연적으로 떠올린다. 마음챙김은 감정 조절에 탁월한 도구이며 불안을 해소하는 데 큰 도움이 될 수 있다. 하지만 스쿨러 연구소가 제시한 증거에 따르면, 마음챙김은 주의력을 지나치게 많이 흡수하므로 창의력을 저해한다.

모호성을 수용하라

많은 사람이 창의력을 발휘하는 프로젝트의 초기 단계에서 보이는 전형적 특징인 모호성을 불편해한다. 8장에서 우리는 이런 사람들이 중요한 선택지들을 성급하게 배제하지 않으려면 다양하고 확장적이며 직관적인 1단계 예측의 도움을 가장 많이 받아야 한다는 걸 살펴봤다. 고도로 창의적인 사람들은 모호성을 감내하고 심지어 즐기기까지 한다. 스턴버그는 학교에서 창의력 개입을 실시해 모호성에 대한 인내력을 높이려고 했다.

모호성에 대한 인내력을 높이는 간단한 방법은 해법을 선택하기 전 탐색 시기를 구조적으로 연장하는 것이다. 단지 모호성 속에 있는 시간을 늘려서 모호성에 대한 수용력을 확장하고 대단한 아이디어를 구상할 가능성을 높일 수 있다. 1단계 예측에 쓰는 시간을 확장하는 것이다.

라이언은 북부 캘리포니아에 소재한 소셜미디어 회사의 제품 관리자다. 그는 매우 구조적 환경에서 아주 잘 지내며, 골치 아픈 문제들을 명쾌하게 정리해야 하는 제품 관리자의 역할에 익숙하다. 어떤 제품 관리자들은 문제의 해결책을 찾고자 여러 팀이 함께 브레인스토밍을 하는 제품 개발의 초기 단계를 좋아한다. 반면 라이언은 팀이 선택한 방법이 아주 명확하게 제품의 요건에 반영돼 제작이 진행되는 실행 단계를 더 좋아한다.

안타깝게도 라이언은 회사에서 더 이상 승진을 못 하고 있다. 꼭 최종 명단에서 제외됐다. 라이언의 상사는 라이언이 적은 수의 팀원을 데리고도 제품을 빠르고 믿음직스럽게 개선하지만 그보다 복잡한 일에서는 힘겨워한다고 설명했다. 그러면서 라이언에게 더 성장하려면 코칭을 받아보라고 귀했다.

코칭의 목표와 배경을 설명하는 세션을 마친 후 라이언의 코치인 한나는 라이언에게 숙제를 내줬다. 한나는 라이언에게 회사의 소셜미디어 앱 사용자들이 좀 더 많은 친구에게 앱을 추천하게 만드는 방법을 고안해내는 것과 같이 가장 복잡한 일을 하면서 팀을 이끌었던 경험을 회상해 보라고 했다. 무엇이 잘됐던가? 잘되지 않았던 건 무엇인가? 그리고 무엇보다 그 프로젝트의 문제를 발견하고 완수하는 각 단계에서 어떤 감정을 느꼈던가?

"그 프로젝트를 하면서 무엇을 배웠나요?" 한나가 물었다.

"제가 이 프로젝트를 정말 싫어한다는 걸 깨달았어요." 라이언이 웃으며 말했다.

"처음부터 끝까지 악몽과 같았어요."

"그걸 깨닫다니 좋네요!" 한나가 말했다.

"당신이 원한다면, 덜 복잡한 제품만 맡고 지금의 역할에만 머물 수 있는 것 같네요. 그걸 원하나요?"

"그게 분명 더 쉽겠죠. 하지만 그걸 원하진 않습니다. 저는 더 큰 조직의 리더가 되고 싶어요. 그러려면 이걸 더 잘해야 해요."

"좋습니다. 목표가 분명하군요." 한나가 말했다. 그녀는 라이언이 전진하기 위해 필요한 내재적 동기를 확인했다.

"그렇다면 프로젝트의 어떤 단계에서 구체적으로 어떤 감정이 들었는지 말씀해 보세요."

프로젝트 내내 라이언을 지배하던 감정은 불안이었다. 그는 문제를 해결할 수 없을까 봐 두려웠다. 무엇보다 시원하게 해법을 내놓을 수 없었을 때 무척 괴로웠다. 일단 팀이 실행 단계에 이르자, 그는 자신들이 만든 해법이 목표를 달성하지 못할까 봐 걱정했다.

"실제로 통하지 않았어요." 라이언이 말했다.

"앱을 소개하는 사람이 전혀 늘지 않았어요. 우리는 더 많은 시간을 투자해서 적합한 해법을 찾아내야 했지만 그러지 않았어요."

"그렇군요." 한나가 고개를 끄덕였다.

"왜 그렇게 하지 않았나요?"

"우리는 앞으로 나아가야 했어요. 일단 해법을 만드는 일을 시작해야 했으니까요. 너무 많은 시간을 아이디어를 내는 데 낭비했거든요."

"한편으로 적합한 해법을 만들기 위해 더 많은 시간을 투자했어야 했다고 말하면서 다른 한편으로는 아이디어를 내는 데 너무 많은 시간을 낭비했다고 말하고 있네요. 해법을 발견하는 데 적절한 시간은 어느 정도라고 생각하나요?"

"흠, 1~2주 정도요. 그런데 저는 대개 우리가 무엇을 해야 하는지 사전에 알고 있어요. 저는 거의 팀과 보폭을 맞추죠."

"무엇을 해야 할지 모를 때는 어떤가요?"

"흠…" 라이언은 생각했다. "무엇을 개발해야 할지 정말 모를 때는 얼마나 걸릴지 알 수 없어요. 저는 이 경우에 무엇을 해야 할지 정말 **몰랐어요.** 지금도 그렇고요."

"꼭 알았어야만 했을까요?"

라이언은 생각했다. "아니요."

"그렇다면 좋습니다. 그런데 팀이 어떻게 끝까지 해낸 거죠?"

라이언은 불확실성이 자신을 불안하게 만들기 때문에 발견하기까지가 가장 힘들었다고 차근차근 이해하게 됐다. 그의 강점은 팀이 혼돈을 뚫고 나가 해법을 만들도록 밀어붙이는 것이었다. 새롭게 자기를 인식한 덕분에 라이언은 모호성에 대한 인내력을 높이는 데 도움이 될 만한 과업들을 시작할 수 있었다. 한나는 라이언에게 발견 단계의 기간을 연장해 덜 복잡한 제품부터 시작해보라고 조언했다. 비록 라이언이 해결 방법을 홀로 찾을 수 있다 해도, 그는 새로운 가능성을 가져오는 1단계 예측의 기술을 반드시 배워야 한다. 그리고 그가 이미 구상한 결론과 맞지 않더라도 팀원들이 제안한 특이한 아이디어들을 진지하게 고려해야 한다. 아울러 그는 아이디어에 대한 개방성을 높이고 대안을 모색하도록 자기 자신에게 도전 과제를 제시해야 한다. 일단 좀 더 평범한 제품과 관련된 발견에 능숙해지면, 그는 더 복잡한 제품들에 대해서도 같은 작업을 시작할 수 있다.

첫 목표는 모호성에 대한 불편감을 줄이는 것이다. 시간이 흐르면서 모호성을 잘 다루게 되면 라이언은 모호성을 즐길 수 있게 될 것이다.

○ 팀과 조직의 창의력

라이언이 관리자였기 때문에 모호성에 대한 인내력을 높이려는 그의 노력은 개인인 그 자신에게 도움이 될 뿐만 아니라 조직인 팀도 도움이 될 것이다. 관리자는 팀의 창의력을 높이기 위해 이용할 수 있는 가장 중요한 부분 중 하나다. 지금까지 우리는 고도로 창의적인 팀의 네 가지 특징들을 살펴봤다.

① 보유한 기술과 창의적 사고 유형 및 배경의 이질성
② 효과적인 소통
③ 높은 심리적 안전감
④ 팀 리더의 신중한 계획

우리는 이 목록에 관리자들이 좀 더 직접적으로 팀의 창의력을 강화할 수 있는 두 가지 전략을 더했다.

팀 구성원들의 창의적 자기 효능감을 키운다

"창의적인 사람들은 스스로 달성할 수 있다고 생각하는 만큼 달성할 수 있습니다." 경영학과 교수인 파울라 티어니Paula Tierney와 스티븐 파머Steven Farmer가 내린 결론이다. 우리는 창의적 자기 효능감이 창의적 결과물에 어떻게 영향을 주는지 살펴봤다. 자신을 믿을수록 더 눈부신 혁신을 달성할 수 있다.

관리자, 교사, 부모 모두 한 사람의 창의적 자기 효능감에 큰 영향을 줄 수 있는 특권을 가지고 있다. 매니저는 팀 구성원의 창의적 성과에 대해 공개적으로든 개인적으로든 인정을 전함으로써 그들의 창의적 자기 효능감을 끌어올릴 수 있다. 반복iteration, 즉 조금씩 개선을 더한 반복과 같은 작은 일에 주목하라. 그리고 자신이 팀원들이 이룬 개선의 진가를 인정한다는 것을 직접 알려야 한다.

반대로 일이 잘못됐을 때, 신중하게 피드백을 제공해 팀원의 창의적 자기 효능감을 저해하지 않도록 주의한다. 실수는 학습의 기회다. 다음번에는 다르게 처리할 수 있는 방법에 주목하면서 동시에 부정적 결과로 이어진 생각도 중요하게 다뤄야 한다. 관리자는 혁신에 대한 팀의 열정에 찬물을 끼얹으면 안 된다. 팀원들이 창의적 정체성에 대해 안정감을 느낄 때, 중요한 발견에 필요한 창의적 모험성을 더 많이 감수할 수 있다.

가능성의 영역을 확장한다

어떤 행동에 대한 집단의 기준은 우리가 인식하는 것보다 훨씬 빠르게 형성된다. 한 집단이 함께 일하는 데 익숙해지면 혁신의 초기 단계에서 다양한 생각을 충분히 내놓지 못하고 침체될 수 있다. 단합이 잘되는 창의적 팀에게 주어진 과제 가운데 중요한 한 가지는 오래된 패턴을 깨부수는 것이다.

아마존 웹 서비스의 인재개발담당 부사장인 마이클 아레나Michael Arena는 조직 역학으로 박사 학위를 받은 인물로, 기업에서 새로운 아이디어가 어떻게 출현하는지를 연구한 뛰어난 학자다. 네 가지 핵심 요인들 가운데 하나는 그가 발견의 연결점이라고 부르는 것이다. 연결점이란 바로 한 회사 내에서 복수의 네트워크를 연결시켜 팀이 더 광범위한 아이디어에 접근할 수 있게 해주는 개인을 말한다. 그들은 팀의 인접 가능성을 확장시킨다. 그렇게 함으로써 그들은 다른 사람들에게서 다양성을 고취시킨다. 따라서 관리자는 발견의 연결점들을 창의적 팀에 적극적으로 도입해야 한다.

제이즌 'JZ' 바이아나 멘데스Jeizzon 'JZ' Viana Mendes는 베터업의 디자인팀 리더로, 그가 참여하는 다양한 제품개발단에서 연결점의 역할을 자주 맡는다. 그는 디자인팀과 멀티미디어 스튜디오 팀에 모두 속해 있으며, 베터업 연구소에서 과학적 연구를 맡는 직원들과도 주기적으로 협업한다. 그는 명료하고 자신감 넘치는 태도로 온화하게 아이디어들을 연결시켜 사람들이 각각의 아이디어를 녹립적으로 생각하기보다 경청하도록 이끈다.

그는 복수의 팀 사이에서 가교 역할을 할 뿐만 아니라 급진적 사고도 한다. 그는 광범위하고도 자유로운 생각을 토대로 평범한 제품의 브레인스토밍에 메타버스, 웜홀, 고대 유물을 도입한다. 멘데스와 같은 팀원들은 팀이 느끼기에 자신들이 차지하는 인접 가능성의 범위를 확장시킨다. 반대로 노력의 범위를 지나치게 좁게 제한하는 팀은 시작도 하기 전에 실패할 수밖에 없다.

창의적 집단이 탐색할 가능성의 영역을 확장한다는 것은 발견의 연결점과 급진적 사고를 하는 사람을 찾거나 고용해 가치 있는 팀에 그들을 전략적으로 투입한다는 뜻이다.

일터에서 그토록 많은 창의력이 팀 수준에서 채택되거나 사라진다. 이때 주변 조직이 창의력을 키우는 일을 촉진하거나 방해하는 분위기를 조성할 수 있다. 기업 차원의 창의력 '위생'은 행동의 지침이자 공유된 가정들의 집합인 문화에 의해 가장 강력하게 전파된다. 가령 사우스웨스트 항공의 사내 문화에는 직원들이 유머 감각과 창의력을 발휘해 문제를 해결해야 한다는 가정이 깔려 있다. 전사적 혁신을 늘리는 데 도움이 되는 두 가지 조직 수준의 전략은 다음과 같다.

위험 감수를 칭송하라

위대한 창의적 성과를 얻으려면 항상 위험이 뒤따른다. 팀 수준에서 심리적 안전감을 보장하면 직원들이 위험을 감수하도록 이끌 수 있다. 회사 수준에서 위험 감수를 칭송하는 것도 또 다른 방법이다.

일부 기업들은 실패 사례에 대해 상을 수여하는 식의 위험 감수 모델을 활용한다. 켈러만이 일했던 디지털 건강 기업인 캐스트라이트 헬스Castlight Health는 눈에 띄는 실패, 즉 발상은 좋지만 위험해 실패한 계획들에 대해 상을 수여한 적이 있다. 상을 수여하는 고위 임원은 수상자의 용기와 탁월함을 칭찬하고, 수상자는 사람들 앞에서 발언할 기회를 가졌다. 보통 수상자는 자신을 도와준 사람들에게 감사의 말을 전하고, 잘못된 부분에 대해 뒤늦게나마 깨달은 재미있는 일화를 들려준다. 시상식에 모인 사람들은 수상자의 등을 두드리며 격려한 후 팀으로 돌아가 혁신이라는 어려운 일을 계속한다.

베터업에서 실시하는 분기별 인사이트풀 아이디어Insightful Idea 대회의 목적도 유사하다. 베터업의 직원이라면 누구나 창립자들에게 사업을 개선시킬 수 있는 아이디어를 제출할 수 있다. 제품을 개선하는 방법부터 최고의 인재를 모집하는 새로운 방법까지 다양하다. 직원들은 회사 내 어떤 부서에든 아이디어를 제안할 수 있다. 전 직원이 참여하는 회의에서 창립자들이 수상자를 발표하고, 수상자는 해당 아이디어의 실제 실행 여부와 상관없이 소액의 보너스를 받는다. 이 행사의 목적은 위험을 무릅쓴 사람들을 칭송하는 것이다.

창의 인재로 취급하라

특정 부서에만 '창의'라고 이름 붙인 기업에서는 그렇게 팀의 성격을 규정했기 때문에 다른 팀들의 창의력이 떨어진다 해도 할 말이 없을 것이다. 그런가 하면 사우스웨스트 항공은 모든 직급의 직원이 조직의 성공에 창의적으로 기여하도록 장려한다. 이러한 기업들은 변동성이 크고 세계화가 심화되는 상황에서 경쟁 우위를 점할 것이다. 또한 각 회사의 직원들은 여유 시간을 투자해 자신감을 갖고 회사에 필요한 날카로운 혁신을 발견해 이끌 것이다. 그리고 성공할 때마다 해결해야 할 커다란 문제들이 뒤따르므로 그들은 점점 더 큰 과제를 추구할 것이다.

모든 노동자는 창의적인 존재가 되기 위해 필요한 하드웨어를 가지고 있다. 그러니 우리는 창의적으로 거듭나야 한다. 미래의 일은 말도 못 하게 복잡할 것이다. 앞으로의 난국에 대처할 만큼 충분한 자신감과 낙관주의, 회복탄력성을 가진 직원이라면 누구라도 난해한 퍼즐을 해결하고 매우 참신한 제품을 출시하거나 고약한 고객의 불만을 해결해 기쁨을 누리게 될 것이다.

창의적인 일은 개인적이고 자기성찰적이다. 우리는 손가락의 지문만큼 지극히 개인적인 비의식의 과정으로부터 이익을 끌어내야 한다. 내가 가진 창의적 아이디어는 개인적 경험과 나만의 고유한 상상력에서 발생하며, 나의 가치 렌즈를 통해 제시되고 해석되며, 나의 목적의식에 의해 실행으로 옮겨진다.

하지만 일터에서 혁신은 보통 단독으로 이뤄지지 않는다. 우리는 통합, 분할, 전경-배경 역전과 급진적 사고라는 보완적 스타일의 과정으로 동료들의 인접 가능성에 접근해야 한다. 우리에겐 관리자의 격려와 조직의 지지가 필요하다. 결국 개인, 팀, 조직적 차원을 모두 망라하는 복잡한 생태계가 창의적인 일의 성공을 결정한다.

이러한 변화의 일부는 일부 기업에서 이미 시작됐다. 사우스웨스트나 어도비Adobe와 같은 기업들은 창의력을 이미 핵심 리더십 기술로 삼았다.

아울러 대부분의 기업들이 아직 인식하지 못한 다른 유형의 조직적 변화가 발생해야 한다. 직원들의 잠재력을 백분 활용하려는 기업들은 조직의 설계와 프로세스에 그 염원을 반영해야 한다.

10장

미래에도 유능한
노동력

우리는 그 어느 때보다 도움이 절실하다. 미국 노동자의 절반이 번아웃을 경험한다. 직장 내 스트레스로 해마다 수십만 명이 안타깝게 사망한다. 그 스트레스가 우리의 웰빙에 너무도 중요한 관계까지 망치고 있다. 급류에 휘말리는 바람에 번영하지 못하고 약해지고 있다. 인사 부서는 직원들을 지원하는 역할을 가장 명시적으로 표방하는 부서다. 지금까지 살펴본 것처럼, 오늘날 일터에서 성공하려면 투모로마인드를 갖춘 사람의 프리즘으로 무장해야 한다. 인사 부서는 이러한 노력에서 가장 큰 동맹군이다.

1880년, H. J. 하인즈의 공장에서 피클을 만드는 노동자였던 애그니스 매클루어 던Agnes McClure Dunn이 승진했다. 서른에 불과했지만 던은 파란만장한 삶을 살았다. 처음에는 자신이 태어난 아일랜드에서 살았다. 미국으로 이민을 온 후 그녀는 십 대였지만 남북전쟁 당시 군수품 공장의 조립 라인에서 일했다. 전쟁이 끝나자 공장은 문을 닫았다. 돈을 벌기 위해 그녀는 좀 더 전통적인 역할인 재봉사가 돼 10년간 일했다. 그러던 중 더 큰 성장과 안정을 약속하는 하인즈 공장에 자리가 나자 이직했다.

계획은 바뀌고 또 바뀌었다. 하인즈에 입사한 후 얼마 되지 않아 던은 결혼을 해 살림을 도맡아 하기 위해 공장을 그만뒀다. 하지만 상황은 생각했던 것과 다르게 흘러갔다. 남편이 갑자기 죽는 바람에 편찮으신 아버지와 아직 아기였던 아들을 홀로 먹여 살려야 했다. 던은 다시 피클을 만드는 일에 뛰어들었다.

던의 사연은 대단하면서도 평범하다. 그녀 말고도 수백 명의 여성들이 하인즈 공장의 카라라 유리 탁자 앞에 앉아 나무 주걱으로 능수능란하게 피클을 쓸어 담아 깨끗한 병을 채웠다. 그들은 새로운 공장의 삶에 잘 적응한 이민자, 전쟁미망인, 시골 소녀들이었다. 모두 사회적, 정치적, 개인적 풍파를 겪고 있었다. 모두 수없이 많은 장애물이 깔린 길을 걸어왔다.

헨리 하인즈Henry Heinz는 이러한 어려움을 잘 알고 있었다. 19세기 대부분의 기업인들과 마찬가지로 하인즈도 높은 이직률 때문에 사업에 어려움을 겪었다. 주로 공장 일이 몹시 고되기 때문이었다. 하지만 대부분의 기업인들과 달리 그는 눈앞의 문제를 해결할 수 있다고 믿었다.

그래서 1880년, 하인즈는 던을 '홈 플랜트Home Plant(던을 엄마라고 부르는 데서 알 수 있듯이, 집과 같은 공장이라는 뜻에서 붙인 이름-옮긴이) 소녀들'의 총감독직으로 승진시켰다. 노동자들의 복지 개선을 전담하는 최초의 전일제 자리를 만든 것이다. 던은 '엄마'라고 불리며 탈의실 옆에 놓인 흔들의자에 앉아서 감독했다. 지위는 올라갔지만 그녀는 다른 여공들처럼 공장 에이프런을 입고 모자를 썼다. 그녀는 모든 하인즈 여공들을 대상으로 모집, 면접, 채용과 상담을 맡았다. 누군가 과로로 인한 병치레로 병원 영수증을 가져오면 던은 그것을 담당 임원에게 넘겼다. 가정 방문도 했다. 어떤 달에는 무려 스무 건의 결혼식에 참석했다.

"하인즈 사장님이 내게 돌보라고 한 소녀들은 던의 복제품이나 마찬가지였어요!" 한번은 던이 이렇게 말했다. "그들은 제가 막 지나온 오래되고 험난한 길을 여행하고 있었어요. 그 애들은 정말 저와 같아서 저는 그 애들을 이해할 수 있었어요. 그 애들도 저를 이해했고요."

던은 51년 동안 하인즈에서 일한 후 1924년 폐렴으로 사망했다. 그녀의 장례식이 있던 날 오후, 미국과 캐나다, 영국 전역에 있는 60개의 하인즈 공장 직원들이 그녀를 기리며 가동을 멈췄다.

던의 유산은 오늘날 모든 주요 기업의 인사 부서에 살아 있다. 수백 명 또는 수천 명이 한때 던이 홀로 담당한 다양한 역할들을 맡고 있다. 현대의 기업들은 보편적으로 직원들의 건강과 웰빙에 투자하면 직원들이 더 큰 성공을 실현할 수 있다고 믿는다. 하인즈가 가진 생각은 오늘날에도 예외가 아니라 반드시 갖춰야 할 기본자세이다.

우리는 그 어느 때보다 도움이 절실하다. 미국 노동자의 절반이 번아웃을 경험한다. 직장 내 스트레스로 해마다 수십만 명이 안타깝게 사망한다. 그 스트레스가 우리의 웰빙에 너무도 중요한 관계까지 망치고 있다. 급류에 휘말리는 바람에 번영하지 못하고 약해지고 있다. 인사 부서는 직원들을 지원하는 역할을 가장 명시적으로 표방하는 부서다. 지금까지 살펴본 것처럼, 오늘날 일터에서 성공하려면 투모로마인드를 갖춘 사람의 프리즘으로 무장해야 한다. 인사 부서는 이러한 노력에서 가장 큰 동맹군이다.

하지만 스트레스와 번아웃 통계가 보여주듯이 대개 기업들은 노력을 쏟지 않는다. 그들이 제대로 못하는 데에는 여러 이유가 있다. 그 가운데 하나는 인사 부서 조직의 면면에 너무도 깊이 자리 잡아 눈치를 채는 사람이 거의 없을 정도다. 바로 던의 시대에서 기인한 구조적 문제다. 그 시절에 직원의 번영과 가장 밀접한 관련이 있는 복리 후생과 학습 및 개발이라는 인사 부서의 두 기능이 각기 다른 역사적 전통에서 진화했고, 오늘날 서로 분리된 채 남아 있다.

이 장에서는 인사 부서에서 다루는 생소한 두 갈래 문제의 윤곽을 그리면서 시작할 것이다. 바로 그 두 갈래 구조가 기업들이 전체적으로 번영하는 것이 어렵다고 믿는 이유와 각각의 접근법만으로는 불충분한 이유를 보여줄 것이다. 그러고 나서 번영을 가로막는 또 다른 조직 내 장애물들을 고찰한 후 해법을 제시할 것이다.

○ 고통받는 자를 지원하다

1장에서 우리는 19세기와 20세기 초 공장 노동의 열악한 조건이 어떻게 알코올 중독의 급속한 확산을 초래했는지 살펴봤다. 또한 시카고의 사업가인 로버트 로가 1863년 알코올 중독인 직원을 자신의 집으로 데려가 술을 끊게 한 이야기도 살펴봤다. 던과 마찬가지로 로는 직원들을 자신이 보살펴야 하는 대상으로 봤고 신체적, 심리적 위해 요소로부터 그들을 보호하고 싶어 했다. 이런 온정주의 전통에서 성장한 인사 부서는 오늘날 복리 후생이라는 이름으로 통한다. 복리 후생(혹은 급여 체계까지 감독한다면 복리 후생 및 급여) 담당 부사장은 대개 회사의 최고인적자원책임자CHRO에게 보고하고, CHRO는 CEO에게 보고한다.

역사적으로 직원의 정서적 웰빙과 가장 관련 있는 복리 후생 팀이 담당하던 두 종류의 서비스가 있었다. 바로 EAP와 건강 보험이다. 1장에서 언급한 대로 로의 프로그램과 같은 사내 금주생활 프로그램이 점점 더 확산되자, 조직들은 EAP라는 완곡하게 표현한 프로그램들을 받아들였다. 시간이 흐르며 이 프로그램은 약물 남용을 넘어 점점 확산되는 심리적 질병에 대한 조직 차원의 지원까지 포함하게 됐다. 현대의 EAP는 우울, 불안, 양육, 관계의 문제와 직장 내 폭력 등에 대한 상담을 제공한다. 대기업 중 97%가 직원들에게 EAP를 제공하는데, 대개 무료 상담을 제공하고 정신의학과에 환자를 의뢰한다.

이제 EAP가 광범위하게 확산됐지만 안타깝게도 활용도는 낮다. EAP를 이용하는 데 따르는 낙인이 장벽이 된 것이다. 직원들은 평가를 두려워하거나 회사를 통해 정신건강 서비스를 받고서 고용주로부터 처벌을 받을까 봐 두려워한다. 오늘날 전체 노동자의 4%만이 EAP 서비스를 이용한다. 이는 프로그램으로부터 혜택을 누릴 수 있는 수에 훨씬 못 미치는 수준이다. 비밀 개인 서비스로 고안된 EAP는 여전히 교정이라는 아주 강력한 오명을 갖고 있다.

EAP와 더불어 복리 후생팀은 직원들이 건강 보험을 통해 정신건강 서비스를 받을 수 있게 지원한다. 심각한 정신질환에 대해서는 EAP를 통해 보험이 적용되는 치료사나 정신과 전문의를 소개받을 수 있다. 고용주의 건강 보험은 제2차 세계대전 후 기업들이 정부의 임금 통제에도 불구하고 직원들을 지원하기 위해 제공했던 연방세 우대 조치의 결과로 탄생했다. 현재 임상의료 서비스가 한 기업의 정신건강 서비스에 대한 총 지출에서 가장 많은 부분을 차지한다. 보험은 테라피, 정신의학, 입원환자 정신과 치료, 향정신약에 적용된다. 심지어 많은 EAP가 같은 모기업이 관리하는 건강 보험 범위 안에 속한다.

이 모든 것은 직원들이 EAP와 정신건강 서비스를 어려운 상황에 처한 사람들을 위한 프로그램으로 간주하게 됐다는 뜻이다. 직원들은 던의 시대에는 꿈에 불과했던 서비스를 받을 수 있다는 데 감사한다. 하지만 그들은 회사가 제공하는 서비스 가운데 '정신건강'이라는 이름이 붙은 것을 두고 정신병을 완곡하게 표현한 것으로 해석하는 경향이 있다. 그 결과 복리 후생팀이 대단히 창의적이고 헌신적인 노력과 투자로 번영을 이끄는 게 아니라 교정을 제공한다는 인식을 전환하기가 어려울 수 있다.

○ 유능한 인력 업스킬링

복리 후생과 마찬가지로, 학습 및 개발의 역사는 산업혁명과 함께 시작됐다. 이전 노동자들은 일을 하면서 배우거나 일대일 도제 교육을 통해 배웠다. 하지만 산업화 이후 공장 경영자는 유례없이 빠른 생산을 이루기 위해 노동자 집단에게 교육을 제공하기 시작했다. 수업 현장은 대개 공장 바로 옆 공간이었다.

많은 사람을 빠르고 효율적으로 배치해야 한다는 생각은 당시 유행하던 '과학적 관리법Scientific Management'의 원칙과 잘 들어맞았다. 과학적 관리법의 대표적 주창자는 기계공학자인 프레더릭 테일러Frederick Taylor였다. 테일러는 기계가 생산의 효율성을 크게 끌어올린 이후 논리적으로 접근할 수 있는 다음 단계는 기계를 작동시키는 인간의 효율성을 끌어올리는 것이라고 주장했다. 그의 주장에 따라 실증 연구로 모범 사례를 개발해 능률을 올리고 생산성을 극대화할 수 있었다. 테일러의 아이디어는 점차 현대 인사 부서 조직의 학습 및 개발Learning & Development, L&D 팀의 업무로 변형됐다. L&D는 수행과 생산성을 위한 직원 교육,

업스킬링Upskilling(현재 수행하는 업무를 위해 새 기술을 배우는 것-옮긴이), 학습, 직업적인 성장을 담당한다. 인재 또는 인재 개발 부사장으로도 불리는 L&D 담당 부사장은 대개 CHRO에게 보고하며 복리 후생 담당 부사장과 동급이다.

테일러의 학문적 배경을 고려할 때, 그가 생각한 방법이 본질적으로 기계 중심이라는 것은 불가피하다. 그는 심리과학의 연구 결과보다 산업공학, 사업 프로세스 관리, 물류학의 연구 결과를 우선시했다. 사람을 일종의 기계처럼 취급해 노동에서의 인간적 측면을 간과했다. 몇몇 단점에도 불구하고 테일러의 시스템은 수십 년간 영향력을 유지하고 있으며, 그 여파는 오래 지속되고 있다.

오늘날 많은 현대적 기업에서도 교육과 관련해 인간이 어떻게 실제로 학습하고 변하는지를 계속 간과하고 있다. 기업 교육 설계에서 공통적으로 발견되는 두 가지 문제는 다음과 같다.

① 비교적 짧은 세션을 시간을 두고 여러 차례 반복하는 게 아니라 장시간의 일회성 세션으로 이용한다. 테일러와 동시대 인물인 심리학자 헤르만 에빙하우스Hermann Ebbinghaus는 반복이 없으면 인간은 한 번 배운 것을 거의 모두 잊는다는 걸 그 시절에 이미 증명했다. 사람들은 학습 이후 한 달 이내에 교육 받은 내용 중 최대 90%를 망각한다. 더구나 기업 교육의 대부분은 긴 워크숍의 형태로 이뤄진다. 한 번에 대

용량의 데이터를 업로드할 수 있는 기계에나 통하는 방법일
뿐, 인간에게는 결코 통하지 않는다.

② 천편일률적인 방법을 사용한다. 학습자는 장점, 동기 수준,
지식 수준이 모두 다르다. 개별 학습자를 똑같은 톱니로 취
급하는 대규모 교육은 지루할 뿐이다. 심지어 쉽게 이해하
지 못하고 학습할 준비가 아직 돼 있지 않은 대다수는 학습
의 의지를 잃고 만다.

하버드경영대학원 마이클 비어Michael Beer 교수는 효과적이
지 못한 교육에 엄청난 돈을 낭비하는 기업을 '교육이라는 큰 강
도Great Training Robbery'라고 표현했다. 기업이 계획한 학습 가운
데 최대 90%는 효과를 기대할 수 없으며 또 다른 설계상의 결함
을 겪고 있어 교육의 유효성도 지극히 적다. G20 국가들의 기업
들도 이러한 프로그램에 해마다 약 4000억 달러를 쏟아붓는데,
그 가운데 3600억 달러가 그냥 낭비되고 있는 셈이다.

○   **직원 성장을 위한 조직적 접근법**

온정주의에서 출발한 방법과 생산성에 초점을 맞춘 방
법에는 공통점이 거의 없다. 현대의 많은 인사 부서는 부분적으

로 또는 완전히 기능을 구분해 한쪽에서는 직원의 건강에 주력하고, 다른 한쪽에서는 직원의 수행력에 주력하는 하위 부서를 운영한다.

하지만 두 갈래 접근법이 발생한 역사적 이유는 이미 오래전에 무의미해졌다. 급류 속에서 정서적 웰빙과 직업적 발전의 욕구는 긴밀하게 서로 얽혀 있다. 우리가 엄청난 불확실성과 싸우는 동안 스트레스를 관리하기 위해 필요한 기술들은 경력을 성장시켜 주는 기술들과 똑같이 작동한다. 예를 들면, 오늘날 직업인들이 경력상의 혼란을 해소하지 않고서는 불안을 잠재울 수 없는 것처럼 감정 조절 없이는 리더로서 성공할 수 없다. 번아웃, 외로움, 소속감과 같은 오늘날 가장 시급한 노동자 문제들이 방치돼 있다.

감사하게도 우리와 파트너가 돼 연구를 통해 많은 것을 알게 해준 복리 후생 및 인재 담당 임원들은 빈번한 소통과 협력으로 이 간극을 좁히려고 애쓰고 있다. 그들 역시 온정주의와 생산성의 역학을 이해하고 조직의 최상단에서 협업의 모델이 되고 있는 CHRO에게 보고한다.

하지만 많은 기업에서 복리 후생과 L&D의 구분은 번영에 대한 전체론적인 접근법에 방해가 되는 주요 문제로 남아 있다. 2017년, 켈러만은 미국에 소재한 대기업들을 선별해 이 간극을 조사했다. 그녀의 목표는 각 부서가 다른 부서와 업무가 중첩되는 것에 대해 어떻게 생각하는지 파악하는 것이었다. 대다수 부서들이 서로에 대해 아는 게 별로 없어서 대답을 듣기 힘들었다. 가령, 큰 소매기업에서 장기 근속한 복리 후생 담당 리더는 최근에 L&D 부서에서 제공하는 회복탄력성 관련 강의에 관한 이메일을 받았는데 직원의 회복탄력성은 그녀의 소관이라고 생각했다. 그녀는 정확히 누가 L&D 부서에 있는지 알지 못했다. L&D 부서의 고위급 임원을 제외하곤 이름을 댈 수 없었다. 이런 종류의 부서 내 혼선은 비일비재하다. 상대 부서원들의 이름과 직책이 주어졌을 때조차 그들은 대체로 알지 못했다.

때때로 이런 간극은 심지어 영역성Territoriality(물리적인 영토를 소유한 개인이나 집단이 그 영토에 대해 배타적이고 독점적인 영향력이나 지배력을 행사하는 것-옮긴이)까지 낳을 수도 있다. 영역성은 같은 업무에 대해 두 부서가 각각 자기 부서의 정당한 업무라고 믿는 조직에서 발생한다. 일종의 회복탄력성 훈련인 스트레스 관리 프로그램이 유용한 사례다. 오늘날 모든 EAP에는 어떤 형태든 스트레스 상담이 포함된다. 게다가 일부 복리 후생팀은 일회성 스트레스 관리 해법이나 회복탄력성 교육 해법에 투자한다. 정신건강상 어려움을 겪고 있는 사람들이 스트레스에 대처하는 데 힘들어하고 대개 회복탄력성이 떨어지기 때문에 이런 투자는 타당하다. 또한 우리는 회복탄력성을 키우는 게 생산성과 직원 유지를 위해 좋고, 관리자와 리더는 팀의 웰빙에 지대한 영향을 미친다는 사실을 알고 있다. 이러한 이유에서 리더가 이 분야에서 교육을 받는 건 타당하다. L&D에도 맞는 일종의 관리자 교육인 것이다.

팬데믹이 확산되기 직전, 포천 100에 속한 한 기업의 L&D팀이 CHRO에게 리더를 위한 회복탄력성 교육을 제안했다. 복리후생팀이 이 사실을 알았을 때, 그들은 CHRO에게 스트레스 저감을 위한 회복탄력성 프로그램을 이미 실시했다고 알렸다. 또 다른 프로그램을 더하면 직원들이 혼란스러울 수 있었다. CHRO는 제안된 모든 프로그램을 실시하는 대신 제안된 아이디어를 폐기했고, 그 결과 리더들은 좀 더 효과적인 프로그램을 접할 수 없었다. 돌이켜보면 팀이 역경을 헤쳐나가도록 지원하는 리더의 역량을 구축하기에는 그때가 적기였다.

코로나19를 겪으면서 인적 자원 관리를 중심으로 협력 관계가 증가했다는 점은 굉장히 희망적이다. 팬데믹으로 노동자와 그 가족들 모두 심리적 도움이 필요해졌기에 전 세계 인사 부서들은 그들을 지원하느라 정신이 없었다. 종종 도움이 필요한 직원들을 응대하느라 주말도 반납하고 일했다. 처음으로 우리는 복리 후생 담당 부사장, L&D 담당 부사장과 함께 화상 통화를 했다. 코로나19와 대치하는 참호 속에서 정서적 대혼란을 막기 위해 싸우고 있었고, 서로가 몹시 필요한 동맹군이라는 걸 깨달았다. 코로나19로 인한 혼란은 모든 직원의 수행에 영향을 미치고 있었기 때문에 L&D팀의 소관이었다. 하지만 동시에 깊은 심리적 위험이 있었기 때문에 복리 후생팀의 소관이기도 했다.

이런 분위기 속에서 협력을 가로막는 새로운 과제가 등장했다. 복리 후생팀과 L&D팀은 각자의 책무에 맞춘 서로 다른 성공 지표를 사용했다. 복리 후생팀은 의료비 지출을 철저하게 관리해야 하므로 종종 보험계리인들을 고용한다. 그들의 관점에서 번영과 관련된 프로그램은 치료사나 정신과 전문의를 만날 필요가 있는 직원의 수를 줄여줄 때만, 달리 말하자면 −10을 피해야만 효과적이다. 반면 L&D팀은 의료비 기록을 추적하는 건 말할 것도 없고 그에 대한 접근권조차 없다. L&D팀에게 가장 중요한 지표는 생산성, 혁신, 직원 유지다. 달리 말하자면, +10으로 상승해야 하는 것이다.

이상적으로 볼 때 이 차이는 전체론적 접근법에서 창의적인 긴장감을 발생시킨다. 복리 후생 담당 부사장이 L&D 담당 부사장과 머리를 맞대고 앉아 두 팀의 목표를 달성하는 해법을 함께 설계하고 후원하는 걸 상상할 수 있다. 사실 번영을 위한 프로그램은 의료비 지출과 수행 지표를 모두 개선할 수 있지만, 처음부터 그렇게 설계됐을 때만 가능하다.

우리의 경험에 따르면, 안타깝게도 현실에서는 두 팀 중 한 팀이 이끌어야 이러한 차이를 효과적으로 해소할 수 있다. '둘 중 어느 쪽'이든 프로그램의 자금을 지원하는 쪽이 자연스럽게 프로그램의 설계와 성공 지표를 주도하게 된다. 그리고 우리가 다른 결과 대비 하나의 결과를 선호한다면, 예를 들어 생존 대 번영의 관계에 따라 조직이 얻는 이점과 프로그램의 초점은 협소해질 것이다.

○　앞을 내다보는 조직

　　EAP와 대규모 공장 교육 모두 사후 대처일 뿐이었다. 이런 대응적인 태도는 오래전부터 내려온 유산의 일부다. 하지만 3장에서 살펴봤듯이 가장 효과적인 의료 개입은 1차 예방이다. 질병이 발생하는 걸 미연에 방지해야 한다. 우리가 미래에 발생할 가능성에 초점을 맞춰 당장 행동할 용기가 있는 한, 1차 예방이 가장 효과적이며 비용도 적게 든다. 달리 말하자면, 직원의 번영을 전담하는 부서들은 개별 노동자들과 같이 예측력을 갖춰야 한다. 시장의 주기가 끊임없이 바뀌는 상황에서 기업의 리더들은 인적 자본에 대해 항상 몇 걸음 먼저 생각하고, 다가올 변화가 노동자들에게 어떻게 영향을 줄지 이해해야 하며, 혼란을 완화해 줄 기술을 파악하고, 그에 맞게 직원들을 교육시켜야 한디.

　신체적 건강의 영역에서는 복리 후생팀이 미래 지향적 사고를 주도한다. 그들은 건강 보험이 예방접종과 같이 정부가 권장하는 예방적 처치 서비스를 모두 보장하도록 애쓴다. 예방과 건강 증진 분야의 최신 트렌드에 대한 지침을 얻기 위해 전문가와 최고 의료책임자엑 조언을 구한다. 직원들이 심장질환을 예방하는 데 도움을 주고자 스포츠센터 회원권과 폐암을 예방하기 위한 금연 코칭과 같은 후생을 적극적으로 제공한다. 이렇게 하면 직원의 수명을 연장하고 개인과 기업의 의료비를 줄여 진정한 윈윈으로 이어질 수 있다.

심리적 번영의 영역에서는 1차 예방 접근법을 대개 달성하기가 어렵다. 왜 그럴까? 답은 다면적이다. 우리는 이미 그 일부를 봤다. 질병에 의한 비용 관리(복리 후생)와 성장 지표 관리 L&D 사이의 구조적 분열은 사전 예방에 필요한 전체론적 관점을 가로막는다. 신체 건강을 위한 L&D는 존재하지 않는다. 직원들이 아프지 않은 상태에서 건강을 증진하는 걸 지원하는 데 주력하는 별도의 인사 부서는 없다. 심리적 번영의 영역에서 교정과 성장을 구분하면 두 과정에 모두 좋지 않을뿐더러 둘을 합치는 핵심 기술을 목표로 삼는 걸 어렵게 만들 수 있다.

1차 예방의 실시를 막는 두 번째 장애물은 인간 심리에 대한 뿌리 깊은 믿음에서 기인한다. 기업 내에서 영향력 있는 소수의 기업 지도자들은 여전히 직원의 심리적 웰빙을 기업의 책임으로 보지 않는다. 아마도 그들은 직원을 지원하는 문화가 없는 기업에서 그 자리에 올랐을 것이다. 어떤 면에서 번영하는 노동자들이 더 좋은 수행을 보인다는 걸 인식할지라도, 그들은 상황을 바꿀 이유로 보지 않을 수 있다. 이렇게 생각할 수 있다. **'나는 그런 지원이 없었어도 잘만 됐잖아.'** 일부는 EAP 활용도가 낮은 것, 즉 오명과 일부 질 낮은 서비스의 잔재를 직원들이 도움을 원치 않는 증거라고 지적한다.

세 번째 장애물은 심리적 웰빙을 위한 예방 프로그램의 투자 수익을 증명하기 어렵다는 데 있다. 모든 인사 부서의 프로그램에는 예산이 필요하고, 회복탄력성 코칭이나 혁신 교육과 같이 비용이 많이 드는 항목들은 궁극적으로 최고재무책임자CFO나 그 직책을 대리하는 사람의 결재를 받아야 한다. CFO에게는 효율성이 중요하다. **"이 클라우드 서비스를 구매해서 서버 비용으로 지불하는 것보다 더 많은 비용을 절약하세요."** 또는 이렇게 말할 것이다. **"이 고객 매출 관리 서비스를 계약해 영업직원들의 일일 근무 시간의 25%를 되찾도록 하세요."**

번영의 강점은 효율성이 아니라 유효성이다. 효율적인 해법은 같은 결과를 좀 더 빨리, 낭비를 최소화하며 목표를 달성하게 한다. 또한 **최선**의 결과를 안겨준다. 빠른 라포와 예측력과 같은 기술들은 나쁜 결과를 예방하며 동시에 수행과 직원 유지를 개선시킨다. 인과성의 사슬을 증명하려면 통계적 회귀 모델과 일반직인 심리 측성 척도에 대한 지식과 정신병의 역학에 관해 어느 정도 이해하고 있어야 한다. 복잡하기 때문에 투자 가치가 없다고 치부되기 쉽다.

또한 번영에는 시간이 걸린다. 근시안적으로 단기 이익에 집중하는 기업 문화는 번영을 위해 투자하는 걸 반기지 않을 것이다. 단기주의는 직장이 번영하는 것을 막는 적이다. 그러므로 수행, 생산성, 지속적인 성공의 적이기도 하다. 반면, 직원의 번영에서 비롯된 생산성의 장기적인 증가는 투자된 금액의 몇 배를 돌려줄 것이다.

물론 커다란 아이러니 가운데 하나는 기업들이 이미 효율적이지도, 효과적이지도 않은 프로그램들에 많은 돈을 쓴다는 데 있다. 그런데도 이런 프로그램은 어떤 식으로든 자금 지원을 받는다. 허공에 사라진 3600억 달러를 기억하는가? 어떻게 CFO의 결재를 받아냈을까?

이 정도 수준의 투자는 대부분의 기업들이 **무언가**를 하고 있어야 한다고 믿는다는 뜻이다. 그건 희소식이다. 하지만 조달, 재무, 법률과 심지어 인사 부서의 여러 주요 투자를 승인하는 데 관여하는 핵심 인물들에게 보통 무엇이 눈에 띄는 변화를 가져올지 판단할 수 있는 전문성이 없다. 실제로 증거 기반으로 바람직한 것과 문서상 좋아 보이는 것을 구분하기란 쉽지 않다. 비전문가는 특징을 가장 길게 적은 가장 저렴한 선택지를 택하기 쉽다. 한 프로그램이 수행과 웰빙에 미치는 영향을 다른 프로그램과 견줘 비교할 수 있는 능력이 없는 터라 보기 좋으라고 덧붙여 놓은 특징들이 프로그램의 가치를 대신해 결재자의 판단에 영향을 미친다.

이 모든 것은 직원의 번영을 위해 앞을 내다보는 접근법을 가로막는 네 번째와 다섯 번째 장애물과 연관이 있다. 바로 행동과학 연구 결과를 실행에 옮기는 것에 대한 우려다. 이런 주장을 하는 사람들은 어떤 심리적 기술이 오늘뿐만 아니라 미래의 성공을 위해서도 중요한지 파악하기 위해 우리가 충분히 알고 있는지 묻는다. 아울러 심리적 질병의 위험을 낮출 수 있는지, 이 행동과학이 투자의 지침이 될 만큼 충분히 정확한지 묻는다.

앞서 9장까지 설명한 대로, 우리는 물론 그렇다고 자신 있게 말할 수 있다. 우리는 심리적 웰빙과 수많은 정신적, 신체적 질병에 걸릴 위험 간의 관계를 기록하고 효과적인 개입을 자세히 설명하는 30년 치의 데이터를 보유하고 있다. 응용과학의 측면에서 우리 산업은 직원의 성장과 웰빙을 지원하는 참신한 개입 모델과 플랫폼, 도구, 서비스의 3~4세대를 경험하고 있다. 여기까지 오는 동안 많은 것을 배웠다. 우리는 이 책에서 노동자들이 점점 더 변동성이 커지는 산업에서 성공하기 위해 필요한 다섯 가지 심리적 기술을 정리했다. 조직들은 이러한 문제들을 모두 한 번에 해결할 수 없을지 모른다. 하지만 우리는 연구를 통해 도출한 모든 증거를 가지고 있다.

비즈니스 사례의 복잡성, 교정과 성장의 분리, 행동과학을 실천에 옮길 때 느껴지는 불편감과 같은 장벽들 때문에 기업들이 직원의 웰빙에 대한 1차 예방법을 취하는 게 어렵다는 건 충분히 이해할 만하다. 하지만 이러한 장애물들은 극복할 수 있다.

그렇다면 대안은 어떤 모습인가?

우선, 우리는 번영 자체를 주된 목적으로 삼은 유수의 기업들로부터 배울 수 있다. 그러한 기업들은 리더십의 최상부에서 협력을 통해 복리 후생과 L&D 사이의 간극을 좁히기 위해 노력한다. 힐튼이 대표적인 사례다. 힐튼의 L&D와 복리 후생 담당 리더들은 서로 협력해 직원들에게 가장 필요한 지원에 대해 전체론적으로 생각하고, 공통적으로 바라는 번영의 모습에서 출발해 역으로 업무를 수행한다. 결과는? 힐튼은 전 세계적으로 가장 일하기 좋은 기업 중 하나로 꾸준히 이름을 올리며, 이익이 더 높았던 기업들을 제치고 칭송받고 있다. 힐튼의 성공은 직원의 경험에 더 지출하는 게 아니라 **스마트하게** 지출하는 것이 핵심임을 보여준다. 퍼팅 연습장이나 드라이클리닝 같은 서비스는 필요 없다. 힐튼의 CHRO 로라 푸엔테스Laura Fuentes는 이렇게 표현했다.

"나에게 이것은 일의 경험이나 직원의 경험을 만드는 게 아니라 사람들이 환영받고, 그들의 말이 경청되고, 보살핌을 받아 그들도 그들의 가족과 사랑하는 사람들을 보살피며, 그들 자신보다 더 큰 무언가에 소속돼 있다고 느끼는 경험을 만드는 것입니다." 이 정도로 과감한 비전이 실현되려면 기업의 모든 분야를 아우르는 협력이 필요하다.

비자의 CHRO로 근무한 마이클 로스Michael Ross는 베터업의 고문이자 스탠퍼드경영대학원의 강사다. 그는 번영에 대한 전체론적 접근법을 도구부터 프로세스, 지표에 이르는 인사 부서의 전체 업무에 주입해야 한다고 강조한다. "그렇게 하지 않으면 말로만 끝날 것"이라고 그는 말한다. 가령 앞을 내다보는 조직에 대한 믿음은 직원들이 번영하지 않으면 그들의 직업적 잠재력을 달성할 수 없을뿐더러 조직도 최고의 수익을 실현할 수 없다는 것이다. 그렇다면 노동력의 수행과 잠재력을 대상으로 하는 전략적 계획에는 L&D와 인재, 복리 후생까지 포함돼야 한다.

"정신건강에 대한 지원부터 수행 코칭까지 직원의 웰빙에 대한 필요성에 좀 더 전체론적 관점을 취해야 한다. 그렇게 할 때 현대의 인사 부서 팀들은 직원들이 수행과 잠재력을 극대화하도록 지원하고 진정으로 번영할 수 있는 문화를 조성하기 위해 협력할 수 있다"라고 로스는 설명한다.

다른 조직에서는 기존의 체계와 프로세스를 이용하는 것만으로 충분하지 않을 수 있다. 이런 경우 좀 더 급진적 접근법이 필요하다. 이 접근법은 복리 후생과 L&D를 포함해 노동자의 번영을 책임지는 단위들을 구조적으로 합쳐서 우리가 직원번영팀Employee Thriving Team, ETT이라고 부르는 단일 조직으로 만드는 것이다. ETT는 개별 직원의 신체적, 정서적 건강, 개인의 성장 그리고 직업적 성장을 책임질 것이다. 투자자부터 고객, 고위 임원에 이르는 다양한 이해당사자들은 회사의 가장 소중한 자산인 직원들이 최상의 상태를 유지해 예상치 못한 난국이 닥쳐도 기꺼이 맞이할 준비가 되도록 ETT에 의지할 것이다. 이 팀의 성공을 나타내는 주된 지표에는 페르마와 같은 척도, 조직의 중요시하기, 회복탄력성, 혁신, 예측력이 포함될 것이다. 이 팀의 투자는 1차 예방에 초점을 맞추고 행동과학에 능통한 의사결정권자들이 검토하고 승인할 것이다. 어떤 프로그램을 계속 지원할지 말지는 직원 유지, 수행, 의료비와 같은 ETT의 가장 중요한 지표에서 측정할 수 있는 개선이 있었는지에 따라 결정될 것이다. 이 중요한 구조적 변화를 실현하려면 오늘날 복리 후생과 L&D의 소관인 기능들 가운데 어느 기능을 이 팀의 초점을 유지하기 위해 도려내야 하는지 신중하게 생각해야 한다.

구조조정이든 아니면 L&D와 복리 후생팀 사이의 긴밀하고 잦은 협력을 통해서든 인사 부서의 실질적인 재편은 CHRO뿐만 아니라 CEO의 승인, 심지어 이사회의 승인도 필요하다. 이러한 리더들은 직원의 번영과 민첩성을 미래의 불확실성에 대비할 회사의 가장 강력한 장벽으로 인정해 공동의 비전으로 공유해야 한다.

아마도 언젠가 우리 아이들은 이 책에서 설명한 기술들로 이미 무장한 노동력에 동참할 것이다. 이 책에서 다룬 많은 역량들, 즉 회복탄력성, 인지적 민첩성, 감정 조절, 창의적 자기 효능감, 높은 사회적 기술은 사실 어릴수록 획득하기 쉽다. 우리가 어떻게 생각하는지, 왜 그런 선택을 하는지, 어떻게 변하는지, 건강하고 의미 있는 삶을 살기 위해 어떤 인지적 역량들이 필요한지는 우리 세대에게는 선택할 수 있는 주제가 아니다. 이러한 질문에 대한 답은 우리의 생존과 성공에 반드시 필요하다. 산업 혁명의 마지막 단계에서 우리 선조들은 새로운 형태의 일에 학생들을 대비시키도록 지원하고자 대규모 교육 개혁을 단행했다. 오늘날 전 세계에 있는 열성적이고 미래 지향적인 교육가, 행정가, 법률가들이 스스로의 감정 노동과 급류로 인한 혼란을 관리하면서 모든 수준에서 번영이라는 주제를 교육 현장에 도입하기 위해 애쓰고 있다. 그들에게는 우리의 지지가 필요하다. 부모로서, 공동체 구성원으로서 우리는 다음 세대가 뛰어난 회복탄력성을 갖고 앞으로 나아갈 준비가 되도록 지원하는 데 투자해야 한다.

나가며

변화무쌍한
일의 세계에서 살아남기

최근 우리는 종종 CEO나 CHRO로부터 팬데믹이 우리의 사고를 어떻게 재편했는지 질문을 받곤 한다. 코로나19는 일을 어떻게 변화시켰는가? 이 새로운 시대에 성공과 관련해 그러한 변화는 무엇을 의미하는가? 탈코로나 시대를 살아나가는 데 어떤 심리적 역량이 필요할까?

이러한 시급한 문제들에 대해 답하려면 전경-배경 역전이 필요하다. 팬데믹은 극단적인 버전의 급류이지만, 이미 벌어지고 있는 혁명과 종류 면에서 다르지 않다. 코로나19가 우리 경제에 미친 광범위한 영향은 기존에 경제가 가지고 있던 성격, 즉 세계성, 우발성, 불확실성 때문에 가능했다.

1918년부터 1920년까지 발생한 스페인 독감을 생각해 보라. 당시 전 세계적으로 4천만 명, 즉 세계 인구의 2%가 사망했다(오늘날의 인구를 기준으로 환산하면 1억 6천만 명이 사망한 것으로, 코로나

19 첫 두 해간 발생한 최대 추정치의 10배 이상이다). 스페인 독감으로 인한 상상을 초월한 대규모 사망에도 그것이 경제에 미친 영향은 비교적 미미해 GDP의 6~8%만이 하락했다. 진정한 글로벌 경제가 아직 자리 잡기 전이었기 때문에 경제난은 주로 지엽적이었다. 스페인 독감의 영향은 그 시대에 존재한 일의 세계의 모습으로 나타났다.

우리의 세상은 달라 보이며, 코로나19의 영향으로 일의 세계가 뒤바뀌었고 이미 벌어지고 있는 혼란을 앞당겼다. 우리는 세상이 예전에도 빠르게 변화하고 있었다고 생각한다. 코로나19는 우리에게 변화가 얼마나 더 빨리 올 수 있는지를 보여줬을 뿐이다. 맥킨지 글로벌 연구소의 추정에 따르면, 팬데믹은 직업 전환을 무려 25%나 가속화할 것이다(이 수치를 얻기 위해 맥킨지는 팬데믹에 의해 발생한 3대 트렌드로부터 나온 800개 직업상 이직률의 변화를 모델링했다. 3대 트렌드는 인공지능 채택의 가속화, 전자상거래와 배달의 증가, 일터의 위치와 여행의 변화다). 우리는 이미 빠른 속도로 춤추고 있었다. 하지만 이제 음악은 25% 더 빨라지고 있다.

우리는 실직, 이직, 역할 변화를 향해 25% 더 빠르게 이동하고 있다. 특히 저임금 계층에 속한 노동자들의 경우, 유통기한이 얼마 남지 않은 기존 기술들은 25% 더 빠르게 사라질 것이다. 우리는 그러한 변화가 인간에게 얼마나 큰 대가를 치르게 했는지 봤다. 실직한 해에 사망률은 50~100% 상승한다. 자살, 우울, 약물 남용, 불안 모두 실업과 함께 극적으로 상승한다. 이 모든 것이 인구 전반에 걸쳐 25% 더 빨라질 것이다.

수억 명의 세계 노동자들은 지난 몇 년간 이 가속화되고 있는 불확실성을 몸소 경험했다. 슬픔, 두려움, 무기력함, 초점의 상실, 끊임없는 걱정, 불안과 우울의 증상들은 팬데믹이 시작된 이래로 특히 청년층, 유색 인종, 필수 인력 사이에서 무려 400%나 상승했다. 약물 남용과 자살 사고도 늘었다. 이 중 일부는 실직과 이직의 1차 물결에 따른 것이었다. 실제로 불안과 우울의 비율은 팬데믹 동안 실직한 사람들 가운데서 현저하게 더 높다. 하지만 일과 역할이 변하지 않는 사람들조차도 사회적 격리, 불확실성, 끊임없는 변화를 보이는 주변 분위기 때문에 큰 정서적 혼란을 겪었다. 우리는 희생될 필요가 없으며, 희생돼서도 안 된다.

현재 우리는 새로운 경로를 제시하는 극히 드문 역사적 우월성을 지니고 있다. 거대한 노동의 변천을 겪은 후 약물 남용과 불안으로 괴로워하던 산업 혁명기 노동자들과는 다르다. 또한 농업으로의 전환이 일상의 노동과 진화한 일 사이에 발생시킨 최초의 부조화를 겪은 **호모 사피엔스**와도 다르다. 오늘날 우리에게는 자기계발에 도움이 되는 풍부한 증거가 있으며, 이 증거는 계속 늘어가고 있다.

아마도 인간의 뇌가 존재한 수만 년 동안 가장 큰 변화를 일으킨 결과물은 우리가 스스로 만든 비인간적 조건에 따른 법과 관련된 지식일 것이다. 기술 혁신 덕분에 삶은 더 빠르게 이동하고 더 오래 지속하게 됐다. 거대한 부도 창출했다. 하지만 우리를 번 영시키지는 못했다. 행동과학은 혼돈 속에 생명줄을 제공한다. 좀 더 즐겁고 충만한 삶으로 가는 문을 열어준다.

우리는 다가올 수십 년 동안 일에서 번영하기 위해 어떤 기술 이 필요할지 알고 있다. 무엇보다 웰빙에 대한 극단적인 도전을 받고도 해를 입지 않고 오뚝이처럼 일어설 수 있게 하는 높은 수 준의 심리적 회복탄력성이 필요할 것이다. 이 역량의 핵심은 개 인으로서 조직으로서 새로운 기회를 포착하고 들여다보는 인지 적 민첩성이다. 즉, 일터와 가정에서 모두 적응하려는 노고에 연 료를 제공할 강력하고도 꾸준한 문제의식이 필요할 것이다. 점점 더 복잡하고 상호 의존적으로 바뀌어 가는 현대의 노동력 가운데 성공하도록 서로 지원해 줄 동료, 리더, 친구가 필요할 것이다. 또 한 사회적 고립이라는 병폐로부터 우리를 보호하기 위해 관계가 필요하다. 우리에게는 지지를 받고 의지할 수 있을 만큼 끈끈한 공동체가 더 이상 없다. 그렇지만 우리는 이 극심한 혼돈에서조 차 빠르게 교감하기 위해 필요한 기술들을 키울 수 있다.

덧붙여, 급류와 같은 세상은 그로 인한 모든 심리적 과제에 대 해서도 우리에게 두 가지 고유한 슈퍼파워를 계발할 수 있는 기 회를 제공한다. 바로 예측력과 창의력이다. 산업 혁명기에 톱니바 퀴처럼 끊임없이 돌아가던 일의 성격은 노동자들을 비인간적으로 만들었다. 이와 완전히 대조적으로, 현재 일어나고 있는 변화는 우리가 번영하려면 가장 인간적이고 창의적인 역량을 가지고 다시 교감해야 한다고 요구한다. 예측력은 모든 시대의 메타 기술이다. 예측력이 좀 더 정교하고 정확하게 확장될수록, 끊임없는 변화의 시대에 자기 결정력은 더 커질 것이다. 뛰어난 예측력을 가진 개인, 팀, 조직은 미리 예측하고 창의력을 발휘하기만 한다면 급류가 몰아쳐도 매번 잘 이겨낼 것이다. 창의성은 더 이상 예술가나 엘리트 사상가만의 무기가 아니다. 오늘날 모든 노동자는 창의적이어야 하며, 새로운 트렌드를 관찰하고 혁신적인 대응책을 찾아야 한다. 모든 직급에서 창의력을 키우는 조직들이 큰 수익을 거둘 것이다. 그렇지 않는 조직들은 뒤처질 것이다.

개인으로서 우리는 프리즘의 힘, 즉 예측력, 회복탄력성과 민첩성, 혁신과 창의력, 빠른 라포를 통한 사회적 교감, 중요시하기를 키울 수 있다. 이 기술들은 이 책을 읽는 모든 독자가 스스로의 노력으로, 코치와 교육자와의 작업을 통해, 또는 동료 및 친구들과의 연습을 통해 달성할 수 있다. 투모로마인드를 향한 여정을 시작한 개인은 이 책을 집필한 우리의 노력이 보람되게 만들 것이다.

이 새로운 관점에서 볼 때, 조직적 변화를 통해 훨씬 더 극적으로 번영을 가속화할 수 있다. 전 세계적으로 해마다 노동자 교육에 약 4천억 달러가 투입된다. 대개 조만간 유통기한이 끝날 기술들을 연마하기 위해 쓰인다. 미국의 기업들은 정신질환으로 고통받는 직원들을 위해 매해 1인당 1만 5천 달러를 추가로 지출한다. 노동자들의 직업적 요구와 심리적 요구를 분리하는 것을 중단하고 대신 이 책에서 제시한 인간적 역량들을 미리 내다보고 전체론적으로 초점을 맞추기 위해 조직을 재편하면 비용은 대폭 줄어들 것이며, 지속 가능한 수행과 혁신의 형태로 커다란 수익을 거두게 될 것이다.

인본주의 심리학의 창시자인 매슬로는 생애 마지막 10년 동안 관심을 일터로 돌렸다. 1965년 발표한 저서 《인간욕구를 경영하라》에서 그는 이러한 관심사의 전환을 다음과 같이 설명했다.

"나는 심리치료를 통해 세상을 살기 좋은 곳으로 만들거나 인간종 전체를 더 낫게 만들 가능성을 오래전에 이미 포기했다. 실행할 수 없기 때문이다. 사실, 그것은 정량적으로 불가능하다. … 그리고 나서 나는 유토피아적인 목적으로 인간종 전체에 도달하는 한 방법으로서 교육을 찾게 됐다. … 겨우 최근에 와서야 교육만큼 또는 교육보다 더 중요한 것은 개인의 직업적 삶이라는 생각이 들었다. 모두가 일을 하기 때문이다. 심리학, 개인의 심리치료, 사회심리학 등이 주는 교훈이 인간의 경제적인 삶에 적용될 수 있다면, 그에 따른 깨달음이 인도하는 방향이 주어져 모든 인간의 신조에 긍정적인 영향을 주길 바란다."

60년이 지난 지금, 심리학, 정신의학, 조직행동론, 행동경제학, 신경과학 등을 아우르는 수십만 건에 달하는 연구 덕분에 우리는 매슬로의 비전을 실현하기 위해 필요한 과학을 가지고 있다. 급류에서 번영하는 게 가능할 뿐만 아니라 개개인이나 조직 모두 번영할 수 있다. 존재하는 도구들을 손에 쥐고 투모로마인드를 계발하기 위한 노력에 적용하기만 하면 된다.

변화는 매일 조금씩 더 빨라진다. 당신은 어떻게 대응할 것인가?

옮긴이 **이 현**

한국외국어대학교 통번역대학원 한영과를 졸업하고 금융, 법률 등 다양한 분야에서 산업 번역
사로 활동하다 오랜 세월 목표로 했던 출판번역가가 되었다. 현재 출판번역 에이전시 '글로하
나'에서 인문, 경영경제, 자기계발 등 다양한 분야의 영미서를 번역하고 리뷰에 힘쓰면서 출판
번역가로 활발하게 활동하고 있다. 역서로는 《정원의 철학자》, 《AI 2041》, 《게으르다는 착각》,
《최고의 체력》, 《우리는 모두 돌보는 사람입니다》가 있다.

프리즘

1판 1쇄 인쇄 2024년 1월 24일
1판 1쇄 발행 2024년 2월 10일

지은이 가브리엘라 로젠 켈러만, 마틴 셀리그만
옮긴이 이현

발행인 양원석 **편집장** 박나미 **책임편집** 김율리
디자인 강소정, 김미선 **영업마케팅** 이지원, 한혜원, 정다은, 박윤하

펴낸 곳 ㈜알에이치코리아
주소 서울시 금천구 가산디지털2로 53, 20층 (가산동, 한라시그마밸리)
편집문의 02-6443-8862 **도서문의** 02-6443-8800
홈페이지 http://rhk.co.kr
등록 2004년 1월 15일 제2-3726호

ISBN 978-89-255-7539-1 (03320)